두 글자로
신학하기

일러두기

1 이 책의 성경구절은 새번역 성경에서 인용했다. 다른 역본을 사용한 경우 별도로 표기했습니다.

2 외국의 인명과 지명은 국립국어원의 외래어 표기법을 따르되, 책 제목과 같이 이미 나온 출간물 인용은 그대로 두었습니다.

3 이 책에 인용된 저작물은 해당 저작권자의 허락을 받아 게재하였으나 부득이하게 저자와 연락이 닿지 않아 허락받지 못한 저작물도 있습니다. 관련 저작물에 대해서는 출판사로 연락주시기 바랍니다.

두 글자로 신학하기
구미정 지음

1판 1쇄 인쇄 2013. 9. 23 | **1판 1쇄 발행** 2013. 9. 27 | **발행처** 포이에마 | **발행인** 김도완 | **등록번호** 제300-2006-190호 | **등록일자** 2006. 10. 27 | 서울특별시 종로구 북촌로 63-3 우편번호 110-260 | 마케팅부 02)3668-3246, 편집부 02)730-8648, 팩시밀리 02)745-4827

값은 뒤표지에 있습니다. ISBN 978-89-97760-58-9 03230 | **독자의견 전화** 02)730-8648 | **이메일** masterpiece@poiema.co.kr | 좋은 독자가 좋은 책을 만듭니다. 포이에마는 독자 여러분의 의견에 항상 귀를 기울이고 있습니다.

이 도서의 국립중앙도서관 출판시도서목록(CIP)은 서지정보유통지원시스템 홈페이지(http://seoji.nl.go.kr)와 국가자료공동목록시스템(http://www.nl.go.kr/kolisnet)에서 이용하실 수 있습니다.(CIP제어번호: CIP2013018528)

두 글자로

JESUS

신학하기

구미정

포이에마
POIEMA

차 례

신학은 동사다

어느 유명 역사평론가의 출판기념회에 초대를 받아 간 적이 있다. 지인들끼리 송년모임을 가지도록 출판사에서 마련해준 조촐한 모임이었다. 귀한 자리에 나 말고 또 누가 왔는지, 참석자들의 면면을 둘러봤다. '역사 하는 사람', '철학하는 사람', '신학하는 사람', '목회하는 사람' 등이 보였다. 왕팬을 자처한 어느 여자 분은 묻지도 않았는데 제 발로 나를 찾아와, 저는 그냥 살림하는 사람이에요, 한다.

그때 문득 스치는 생각. 왜 지금 나는, 아니 우리는 저마다 자기 전공 뒤에다 '하다'라는 동사를 붙이고 있는가. 또 어째서 이런 식의 표현이 역사학도니 철학도니 신학도니 혹은 목사니 주부니 하는 말보다 훨씬 더 생동감 있게 들리는가.

열려 있어서 그렇다. 역사학도, 철학도, 신학도, 목사, 주부, 그런 말들은 크게 보아 직업명사에 해당할 터. 한 사람의 다양한 정체성을 특정한 직업 또는 전문 분야와 동일시하는 것만큼 '닫힌 폭력'이 어디에 있을까. 그보다는 역사를 '하고', 철학을 '하고', 신학을 '하고' 등으로 표현하는 것이 더 유연하지 않은가. 이때 '한다'는 말 앞에는 또다시 여러 가지 명사가 포함될 수 있다는 점도 흥미롭다. 역사를 '공부'한다, 역사를 '탐구'한다, 역사를 '사유'한다, 역사를 '실천'한다…. 이 얼마나 다채로운가.

생각이 여기에 미치니, 또 다른 '딴생각'이 꼬리를 문다. 어느 신학자가 '하느님'을 '하는님'으로 발음하게 되는 우리의 언어 관습에 주목하여, 하느님이야말로 '～하는 님Lord doing'이라고 기가 막히게 풀이한 것이다.[1] 이를테면, 하느님은 창조하는 님이다. 또한 해방하는 님이며 구원하는 님이다. 치유하는 님, 용서하는 님, 심판하는 님…. 도대체 못 들어갈 단어가 없을 것 같다. 성서에 나타난 하느님의 '활동'이 오죽 다양하고 폭넓어야 말이지.

그러므로 내가 오래전부터 '신학은 동사'라고 믿었던 건 또 이래서 일리가 있다.[2] 신학은 명사일 수도 없고, 명사여서도 안 된다. 특정한 교리 또는 교조주의적인 개념을 암기하는 것이 신학의 전부일 수는 없다. 소위 신학의 대상이라는 하나님은 그렇게 명사 안에 갇혀 계실 분이 아니다.

사실 나는 이 대목에서도 살짝 거북한 느낌이 드는 걸 피할 수가 없다. 신학을 한다는 사람들은 곧잘 신학theology을 '하나님theos에 대한 말logos'이라고 쉽게 정의하지만, 인간이 어찌 속세의 언어를 가지고 거룩하신 하나님에 대해 말할 수 있는가 싶은 것이다. 말하자면, 존재의 층위가 질적으로 다르다. 그렇기 때문에 우리가 사용하는 어떤 언어로도 신의 존재 혹은 현실을 모조리 담아낼 수 없다는 한계부터 겸손히 인정하고 들어가야 한다는 생각이다.

더욱이 '대상'이라는 말도 나는 선뜻 사용하기가 망설여진다. 대상이라는 말은 그야말로 나와 뚝 떼어놓는다는 뜻이다. 사유하는 주체인 나와 사유되는 대상인 너 또는 그것이 완전히 분리된다. 이러한 주객도식

7

에서는 주체가 대상보다 우위에 있을 수밖에 없다. 대상을 인식하기 위해서는 주체가 자신이 '보는 대로' 대상을 조각내고 분석하고 규정짓는 작업이 필수적이기 때문이다. 그러니 이러한 횡포와 독단이 또 어디에 있단 말인가.

나는 하나님을 '대상화'해서는 좋은 신학이 나올 수 없다고 믿는다. 아니 살아 계신 하나님은 아예 대상화 자체가 불가능한 분이라 믿는다. 살아 있다는 것은 끊임없이 약동하고 흐르고 변화하고 열려 있다는 뜻이다. 그걸 어떻게 하나의 '상象'에 붙잡아둔단 말인가. 그렇다면 신학이란 언감생심 '하나님에 대한 말'이라기보다는 나/우리 또는 이 세상과 관계하시는 하나님의 활동에 대한 이야기라고 말할 수밖에 없을 것 같다. 아니면 하나님을 찾을 수밖에 없는 인간의 현실에 대한 이야기쯤으로 규정하는 게 정직할 것 같다.

강조하건대, 하나님은 죽은 신이 아니다. 끊임없이 이 세상을 위해 무언가를 하는 님이다. 무엇을 '한다'고 하는 이 행위동사가 빠지면, 그만큼 생명과는 거리가 멀다는 뜻이겠다. 어린아이들을 떠올려보라. 한시도 가만히 있지를 못하고 쉴 새 없이 꼼지락거린다. 어른들이 아무리 가만 있으라고 눈을 부라리고 주의를 주고 심지어 벌을 세워도, 틈만 나면 움직인다. 그만큼 생명력이 왕성하다는 증거다.

건강한 신학도 그래야 하리라. 나/우리 또는 이 세상과 관계하시는 하나님의 행위와 방식은 그야말로 '때마다 시마다' 적절한 모양새를 갖추지 않겠는가. 그러니 어찌 동일한 타령을 반복할 수 있겠는가. 내가 자라감에 따라 하나님의 뜻을 헤아리는 정도도 깊어질 것이다. 우리의 삶터가 끌어안고 있는 문제의 성격에 따라 요청되는 하나님의 행위도 달라질 것이다. 그러므로 신학은 모름지기 움직여야 한다. 하나님이 추고 계시는 우주적인 춤의 리듬을 타고 유연한 곡선의 스텝을 밟아야 한다.

하여, 동사로서의 신학은 신학하는 이로 하여금 자신이 배우고 깨친 바를 몸으로 실천하도록 자극하고 고무하고 격려한다. 기독교의 핵심사상이자 중심교리인 '성육신成肉身'이라는 말뜻이 바로 그것이다. 몸을 입지 않은 사상, 몸으로 살아내지 않는 신앙은 다 가짜다. 요컨대, 삶 속에서 하나님을 살아내지 못한다면, 그건 죽은 신학이요 박제화된 관념일 뿐이다.

그러므로 할 수만 있다면, 죽는 날까지 '움직이는' 신학動學을 하고 싶은 게 나의 소박한 바람이다. 생각을 젊게 가꾸어 끊임없이 질문하고 의심하고 도전하는 삶을 살고 싶다. 어쭙잖게 다 아는 척, 점잖은 척하지 않으련다. 함께 놀자고 자꾸만 유혹하는 하나님의 부르심에 어린아이처럼 쪼르르 달려 나가 신나게 뛰어놀련다. 그런 의미에서 신학은 또한 유학遊學이라 믿는다.

나이 사십이 되던 해에 나는 무엇에라도 홀린 듯이 '한 글자'에 빠졌었다. 정, 통, 줄, 달, 물, 몸, 길, 살, 색, 문, 신, 공. 한 달에 한 글자씩 모두 열두 단어를 가지고 그 안에 담긴 신학적 사유를 풀어내는 작업이 얼마나 신기하고 신이 났는지 모른다. "세상에서 가장 소중한 것은 모두 한 글자로 되어 있다"[3]는 말을 실감하며 지냈다. 그 무렵, 어느 곁님이 '한 글자 신학'이 끝나면, '두 글자 신학'으로 넘어갈 거냐고 농을 했다. 내 대답은 이랬다. 두 글자는 싫어요. 사랑, 자유, 정의, 평등… 어유, 그런 단어들은 피를 요구하는 것 같아서 무서워요.

그랬던 내가 지금 '두 글자로 신학하기'를 기꺼이 실험하고자 하니,

사람은 역시 오래(?) 살고 볼 일이다. 어차피 인간은 모순덩어리 아니겠
냐고 <u>스스</u>로 변명해본다. 두 글자로 된 한 단어, 그것을 해체하면 또 어
떤 새롭고도 다양한 생각들이 펼쳐질까. 이 낯선 사유 여행에 곁님들을
초대한다. 모든 여행이 그렇듯이, 이번에도 가슴이 콩닥거리는 걸 보면,
맞다, 나는 그분 앞에서 영락없이 어린아이다.

놀이

노는 게 제일 좋아. 친구들 모여라! _뽀로로

올림픽
유감

2012년 런던 올림픽[1]에서 우리나라는 미국, 중국, 영국, 러시아에 이어 세계 5위를 차지했다. 역대 최고 성적이었다. 지금 생각해도 기적 같은 일이다. 독일이나 프랑스 같은 선진강대국들보다 우리가 더 잘했다니 말이다. 홍명보 감독이 이끄는 올림픽 축구팀이 일본을 꺾고 동메달을 땄을 때의 흥분은 지금도 잊히질 않는다. 올림픽에서 얻는 이러한 감격은 2016년 브라질 리우데자네이루 올림픽에서, 그리고 2018년 우리나라 평창 동계올림픽에서, 또 최근에 발표된 2020년 일본 도쿄 올림픽에서 또다시 맛보게 될지도 모른다.

그런데 4년마다 개최되는 올림픽이 이렇게 지나친 순위 경쟁과 과도한 물질 보상, 그리고 애국주의 혹은 민족주의로 도배되어도 되는 것인가, 생각하면 갑자기 우울해진다. 잘 알려져 있듯, 올림픽은 고대 그리스에서 제우스 신을 위한 종교행사의 일환으로 기원전 776년에 시작되었다. 그리스의 펠로폰네소스 반도 서부 연안에 위치한 올림피아에서 열렸다고 하여 올림픽이라 부르게 되었다. 당시 선수들에게 승리의 표시로 주어진 것은 달랑 월계관 하나뿐이었다. 그것은 돈으로 환산할 수 없는 고귀한 정신과 명예의 상징으로, 머리에 쓴 자나 바라보는 자 모두에게 경외감을 불러일으켰다.

서기 393년까지 4년에 한 번씩 꼬박 열리다가 중단된 올림픽을 다시 부활시킨 이는 프랑스 출신의 피에르 쿠베르탱(1863-1937)이다. 그는 나폴레옹이 워털루전투에서 영국군에게 패배한 까닭이 영국 청소년 교육의 중심에 스포츠가 있기 때문이라 여기고, 올림픽 부흥운동을 펼쳤다.

그러한 노력이 결실을 맺어 마침내 1894년에 국제올림픽위원회IOC가 조직되었고, 그로부터 2년 뒤 아테네에서 제1회 근대 올림픽의 막이 올랐다.

하지만 동기야 어땠든 서구 자본주의 발전 과정과 궤를 나란히 한 것이 근대 올림픽의 태생적 한계가 아니었나 싶다. "스포츠 제전을 통해 세계 청년이 한자리에 모여 우정을 나누며 세계평화를 꽃피운다"는 올림픽 정신을 되새기는 이는 드물다. 그저 자기네 나라 선수들이 메달을 몇 개 땄는지만 중요한데, 그 메달이란 것이 순수한 '아마추어' 선수로서는 도저히 손에 쥘 수 없다는 데 문제가 있다.

아마추어는 프로에 대비되는 말이다. 사전을 찾아보니 "예술이나 스포츠, 기술 따위를 취미로 삼아 즐겨 하는 사람"[2]이라고 나온다. 취미는 말 그대로 놀이 삼아 하는 일이다. 취미로 음악을 하는 사람이 음반 판매를 고민할 턱이 없다. 취미로 낚시를 하는 사람은 물고기가 잡히지 않아도 그저 '세월'을 낚는 것에 만족한다. 그렇다고 취미가 마냥 가볍기만 한 것은 아니다. 입으로는 취미로 하는 일이라고 겸양을 떨지만, 전문가 못지않은 실력을 자랑하는 이가 부지기수다. 그러니까 취미는 직업과 반대말인 것이다. 그 일이 정말 좋아서, 누가 시키지 않아도 자발적으로 몰두하는 사람은 자신이 하는 일이 경제적 동기로 오염되는 것을 오히려 모욕으로 여길 터다.

올림픽 특수를 노린 LG전자의 '손연재 에어컨'이 불티나게 팔렸다고 한다. 삼성전자의 '김연아 에어컨'에 맞불 놓기 작전을 펼친 것이 유효했다는 후문이다. 우리나라를 대표하는 양대 재벌 회사는 이렇게 올림픽 스타들을 앞세운 '매복 마케팅'에 성공했다. 올림픽에 출전하는 선수들이 순수 '아마추어'가 아니라는 건 이제 알 만한 사람은 다 안다. 선수 뒤에는 기업이 있다. 올림픽 메달 획득을 개인의 영광으로 간주하기보다는 국위선양과 연관 짓는 나라일수록 국가까지 나서서 선수를 뒷바라지한다. 선수와 기업, 나아가 국가의 공생관계 없이는 메달이 나오기가 어려운 실정이다.

〈우리 생애 최고의 순간〉(2008)이라는 영화에서 우리나라 국가대표 여자 핸드볼 선수들이 실업팀 해체 소식에 대성통곡하는 장면을 생각해보라. 올림픽 연속 2연패를 달성한 '효녀 종목'임에도 불구하고 비인기 구기종목이라는 이유로(게다가 '아줌마' 선수들이 뛴다는 이유로) 찬밥 신세를 면치 못한다. 스폰서 하나 없이 취미로 운동을 했다가는 메달은커녕 생존마저 위태로운 현실이 고스란히 담겨 있다. 이와 더불어 올림픽 공식 후원기업인 나이키 같은 스포츠용품 회사가 '글로벌' 브랜드 가치를 자랑하는 것도 소홀히 여길 문제는 아니다. 나이키라는 이름 자체가 승리의 여신 '니케'에서 왔다지 않은가. 올림픽 메달에 새겨진 조각이 바로 니케다.

그러고 보니, 왜 마라톤 경기를 '올림픽의 꽃'이라 하는지 조금은 알 것 같다. 마라톤은 기원전 490년, 그리스가 페르시아제국의 침입에 맞서 승리한 소식을 알리기 위해 휘디피데스라는 병사가 마라톤에서 아테네까지 42.195킬로미터를 달렸다고 하여 생겨났다. (이 마라톤 전투에서 패배한 페르시아제국의 왕이 바로 다리우스 1세인데, 그의 아들인 크세르크세스 1세가 구약성서의 에스더에 등장하는 아하수에로 왕이다.) 아무래도 인간의 지구력과 정신력을 시험하는 경기의 특성상 자본력이 침투할 여지가 적기 때문일 것이다. 지난 런던 올림픽에서 마라톤 금메달은 우간다의 스테판 키프로티치 선수에게 돌아갔다. 케냐 선수 두 명과 앞서거니 뒤서거니 사이좋게 달리다가 막판에 스퍼트를 냈다. 세 아프리카 선수가 그렇게 상술로 도배된 올림픽의 마지막 자존심 역할을 담당했다.

간
때문이야

올림픽 메달을 따기 위해 어려서부터 금욕적으로 자기와의 싸움을 벌였을 선수들의 노력을 폄하하려는 것이 아니다. 다만 올림픽의 아마추어 정신은 온데간데없고, 그 자리에 덩그러니 남은 자본의 고약한 악취가 혐오스럽다는 말이다. 교육학자 출신인 쿠베르탱이 고대올림픽을 부활시켜야겠다고 마음먹은 것은 청소년기에 공부와 운동의 조화가 얼마나 중요한지를 절감했기 때문이었다. 그러나 올림픽 메달을 목표로 운동을 하는 선수가 공부를 병행하기란 쉽지 않다. 결과에 연연하지 않고 과정 자체를 즐기는 모습도 찾아보기 힘들다. 무조건 (금)메달만 따라는 사회적 압력이 팽배할수록 운동은 어린 선수들에게 일찌감치 '직업'으로 각인된다.

나는 이게 슬프다. 아직도 악을 쓰고 아등바등 세계 등수에 목을 매는 우리의 모양새가 천민자본주의를 내면화한 사회의 콤플렉스인 것 같아 안타깝고 부끄럽다. 인생에서 가장 빛나는 시절을 통과하는 스무 살 안팎의 어린 선수들이 좀 즐기면서 운동하면 안 되나. 꼭 그렇게 목숨 걸고 진지하게 해야 하나. 운동만이 아니다. 공부도 똑같다. 놀이하듯 즐겁게 공부하는 아이들을 만나기란 하늘에서 벼락을 맞을 확률과 비슷하다. 다

16

들 마지못해 하고, 죽지 못해 산다.

지하철과 버스에서 활기차고 발랄한 표정으로 옆자리 승객과 대화하거나 그윽하고 여유로운 모습으로 창밖 풍경을 감상하거나 책을 읽는 사람들을 본 게 언제였더라. 모두들 가슴팍에 코를 박은 채 꾸벅꾸벅 존다. 출근길에도 졸고, 대낮에도 졸고, 퇴근길에도 졸고, 오밤중에도 존다. 전 국민이 수면 부족이다. 어쩌다 깨어 있더라도 귀에 이어폰을 끼고서 휴대폰을 들여다보느라 정신이 없다. 대개는 디지털멀티미디어방송DMB을 시청하며 혼자 실실거린다. 스마트폰이 보편화된 이후로는 '카톡'을 통해 실시간 대화를 즐긴다고 하지만, 손가락으로 '치는' 대화에 얼마나 깊이가 있으랴. 모름지기 대화란 상대방의 눈을 바라보며 가슴으로 해야 한다. 모르긴 몰라도 휴대폰의 진화와 사람 사이의 친밀도는 반비례한다는 것이 내 생각이다.

우리나라 자살률이 세계 1위라는 사실이 이런 추측을 뒷받침해준다. '모바일 강국'인 우리나라의 휴대폰 보급률이 세계 1위라는 것은 널리 알려진 사실이다. 2013년 5월 기준으로 국내 이동통신 가입자 수가 무려 44,579,411명이나 되어 국민 1인당 1휴대폰 시대에 들어섰다. 한편, 같은 해 기준 경제개발협력기구OECD 국가의 평균 자살률이 인구 10만 명당 12.9명으로 집계되었을 때, 우리나라는 그 두 배를 기록했다.[3] 휴대폰이 인간관계를 밀착시키는 데 기여한다는 가설에 찬물을 끼얹은 결과다. 물질적으로는 분명 풍요로워진 게 맞는데, 이제는 어느 모로 보나 세계 강대국들과 어깨를 나란히 할 만큼 국가경쟁력이 높아진 것 같은데, 왜들 이렇게 사는 게 고단하다고 아우성인지 모르겠다.

초강력 탱크 엔진을 달고 축구장을 누비는 '차미네이터' 차두리에 따르면, 이 모든 건 '간 때문'이다. 그가 슈퍼맨 복장을 하고서 "간 때문이야!"를 외친 덕분에 해당 의약품이 날개 돋친 듯 팔렸다고 한다. 그의 말이 진리다. 간이 나쁘니까 피로가 풀리지 않고, 피로가 계속 쌓이니까 틈만 나면 조는 것이다. 온 국민이 집단 간염에 걸려 있다.

이 대목에서 〈간장 선생〉(1998) 이야기를 하지 않을 수가 없다. 칸영화제 황금종려상을 두 번이나 수상한 일본 영화계의 거장 이마무라 쇼헤이今村昌平 감독이 만든 반전反戰영화다. 주인공이 의사라, 언뜻 보기에는 흔하디흔한 의료영화처럼 보이는데 어째서 반전영화의 백미로 꼽히는지 알아채는 것이 이 영화의 감상 포인트다.

때는 바야흐로 1945년, 히로시마와 나가사키에 원폭이 투하되기 두 달 전이다. 도쿄대 의대를 졸업하고 변두리 외딴 마을에서 내과의원을 개업해 살아가는 아카기(에모토 아키라 분)는 '발'로 뛰는 의사다. 가정집을 겸한 그의 병원에는 이런 글귀가 적힌 액자가 걸려 있다. "개업의는 발이 생명이다. 한 다리가 부러지면 다른 다리로 달리고, 두 다리가 부러지면 손으로 달리고, 죽기 살기로 달리고 또 달리고, 죽을 때까지 달려야 한다."

환자가 있는 곳이면 어디든지 달려가다 보니, 마을 사람들이 사는 형편을 손바닥 보듯 훤히 꿰는 그다. 배운 것이 변변치 못한 마을 사람들은 그에게 가정사를 상담하는 등 앞에서는 존경하다가도, 뒤돌아서면 명문 의대 출신이 맞나 의심한다. 그가 진단한 모든 환자는 어김없이 '간염'으로 분류되기 때문이다. 그의 별명, '간장 선생'은 이런 맥락에서 나왔다. 사람들이 보기에 아카기는 신체 장기 중에서도 유독 간장에 '미친' 돌팔이 의사다. 그가 얼마나 간에 집착하는지는 한 가지 에피소드만 봐도 안다. 왕진을 가던 길에 감기 환자가 마을회관에서 국기 게양대에 일장기를 다느라 쩔쩔매는 모습을 보더니 이렇게 말한다. "무리하지 말게. 그러다 간염 걸리네."

노동이 너희를
자유롭게 하리라?

그 장면에서 일장기는 애국주의 내지 군국주의의 상징이다. 지금이 어느 때인가. 전쟁은 국가의 이름으로 개인의 기본권을 마구 침탈하는 것이 허용되는 초비상 사태다. 전시에는 징용도, 정신대도, 생체실험도, 가미카제도 모두 묵인된다. 국가를 위해서라면, 천황폐하를 위해서라면, 하물며 자식을 잃는 슬픔마저도 기꺼이 감내해야 한다.

그런 와중에 '무리하지' 말라니, 무리하다가는 꼼짝없이 간염에 걸린다니 말이 되는 소린가. 간염은 무조건 잘 먹고 잘 쉬어야 낫는 병이다. 다른 처방은 일시적일 뿐, 근원적인 해결책이 되지 못한다. 그러니까 무리하지 말라는 아카기의 말은 궁극적으로 전쟁의 명분에 저항하고 국가의 권위에 도전하는 불온한 전언일 터다. 달리 말하면, 집단의 광기에 맞서 개인의 존엄과 욕망을 옹호하는 표현이겠다.

이런 관점에서 볼 때, 〈간장 선생〉의 진정한 주인공이자 이마무라 쇼헤이 감독의 분신은 어쩌면 아카기의 조수인 소노코(아소 구미코 분)인지도 모른다. 가난하고 못 배운 어린 '창녀' 출신의 소노코는 글자 그대로 활기차게 약동하는 생명, 곧 앙리 베르그송이 말한 '엘랑비탈^{élan vital}'4의 화신이다. 영화 말미에 저 멀리 하늘 위로 원폭 투하 때 생긴 버섯구름이

19

피어오르는 장면에서 고래를 잡으러 맨몸으로 바다에 뛰어드는 소노코를 보라. 바다는 만물을 잉태하고 포용하는 여성성의 상징으로, 버섯구름이 암시하는 남성적 폭력문화에 대비된다. 바다와 소노코의 합일은 충일한 여성성의 극치다. 그녀의 매력은 무엇보다도 체제에 길들여지지 않은 야생의 생명력에 있다. 소노코는 준엄한 사회적 명령이나 도덕적 의무 따위에 전혀 얽매이지 않는 인물로, 그녀를 움직이는 유일한 힘은 오로지 아무도 강제할 수 없는 자기 내면의 자연스러운 욕망뿐이다.

요컨대, 소노코는 현대 문명이 잃어버린 '호모 루덴스'(Homo Ludens, 놀이하는 인간)의 전형인 것이다. 호모 루덴스는 네덜란드의 문화사가인 요한 하위징아(1872–1945)가 1938년에 지은 책 제목이다.[5] 이미 1919년에 《중세의 가을》[6]을 발표하여 학계의 주목을 끌기 시작한 하위징아는 그의 학문 이력 가운데 최고 걸작으로 꼽히는《호모 루덴스》를 통해 명실공히 세계적인 학자로 거듭나게 된다.

유럽에서 1938년은 어떤 해인가. 아돌프 히틀러가 독일 군부를 완전히 장악하고 오스트리아를 합병한 해다. 이듬해에는 폴란드를 침공하여 제2차 세계대전을 일으켰다. 이처럼 나치의 야만적인 광분이 유럽을 휩쓰는 틈바구니에서 하위징아는 나치즘에 호의적일 수 없었다. 모두가 똑같은 생각을 하고 똑같은 옷을 입고 똑같은 목표를 향해 돌진하는 나치 제국은 '호모 파베르'(Homo Faber, 노동하는 인간)가 도착한 문명의 종착역으로, 인간에게서 호모 루덴스의 특징이 거세되면 어떤 결과가 야기되는지를 여실히 보여준 사례였기 때문이다.

호모 파베르는 산업혁명 이후 근대세계에서 인류가 따라야 할 모범으로 제시된 인간상이다.[7] 개미와 베짱이 우화를 떠올려보라. 부지런히 일만 하고 놀 줄 모르는, 이른바 근면과 성실이 몸에 밴 개미가 이상적으로 예찬된다. 이 호모 파베르는 일하지 않고 놀기만 하는 베짱이, 곧 호모 루덴스를 비난하고 경멸한다. 노동이 숭앙되는 사회에서 놀이는 인간을 가난으로 몰아넣는 악마의 유혹일 따름이다.

그런데 "노동이 너희를 자유롭게 하리라"는 슬로건이 다른 곳도 아니고 아우슈비츠 유대인 수용소 입구에 걸려 있었다는 사실은 아무리 생각해도 아이러니다. 이때의 노동은 강제된 노동으로, 노동하는 당사자의 생존과 복지에 아무 상관도 없는 고역이다. 그런데도 나치는 노동의 신성성을 강조하며 유대인들을 '죽기까지' 부려먹었다. "일하기를 싫어하는 사람은 먹지도 말라"(살후 3:10)는 성서구절은 노동자의 노예화를 위한 구실로 안성맞춤이었다.

노동을 통해 얻는 자유란 다름 아닌 돈을 가리킨다. 돈은 자유의 왕국으로 들어가는 패스포트다. 하고 싶은 것, 먹고 싶은 것, 사고 싶은 것이 있는데 돈이 없어 돌아설 때의 설움은 겪어본 사람이나 안다. 그리하여 노동이 오로지 돈을 벌기 위한, 혹은 돈을 쓰기 위한 수단으로 전락하게 되면, 노동 자체의 의미와 과정은 깡그리 무시되기 마련이다. 그저 노동의 결과만이 중요해져서 과연 이 일이 나에게 얼마나 많은 돈을 가져다 줄 것인지가 좋은 노동과 나쁜 노동을 가르는 유일한 척도가 된다.

노동자가 노동하면서 즐겁지 않은 까닭이 거기에 있다. 목적론적 노동관은 노동을 도구화하기 때문에 노동에 대한 멸시 풍조를 낳게끔 되어 있다. 그에 더하여 자본주의 경제 질서라는 것이 본래 노동자 중심이 아니라 자본가를 중심으로 돌아가도록 설계되었기 때문에, 노동자의 노동은 자본가의 자유를 확대하는 데 기여할 뿐이다. 아무리 쉬지 않고 열심히 일해도 자기 손으로 만든 나이키 운동화 한 켤레를 마음 놓고 사지 못한다니! 카를 마르크스가 유명한 '소외' 개념에 기대어 자본주의를 비판한 연유다.

〈강남스타일〉과
호모 루덴스의 귀환

그렇다고 공산주의가 대안인가 하면 그렇지 않다는 걸 역사가 증명했다. 생산 결과를 똑같이 나누는 마당에 딱히 열심히 일할 동기가 사라진 것이 공산주의 붕괴의 최대 원인이었다. 물론 하위징아는 공산주의 사회의 몰락을 경험하지 못했다. 그럼에도 불구하고 일찌감치 산업자본주의의 폐단을 꿰뚫어보고는 공산주의 대신에 호모 루덴스의 부활을 참된 대안으로 제시했다는 점에서 그의 천재성을 엿볼 수 있다.

따지고 보면, 호모 루덴스는 낯설거나 새로운 인간상이 아니다. 인간은 본래 호모 루덴스로 태어난다. 인간이 다른 동물과 다른 점이 여기에 있기도 하다. 야생의 동물들은 배고프면 먹이를 잡아 '그냥' 먹는다. 누구와 어디서 어떻게 먹을지를 전혀 고민하지 않는다. 반면에 인간 사회는 먹을거리에 따른 조리법과 조리도구들을 다양하게 발전시켰고, 숟가락·젓가락·포크·나이프·사발·잔·접시 등 먹는 도구 역시 복잡하게 발달시켰다.

피라미드와 마우솔레움, 타지마할과 앙코르 와트 등 인류 문명사의 불가사의한 건축물들은 호모 루덴스가 없었던들 생겨나지 못했을 것이다. 이것들은 단순히 무덤의 '기능'에만 봉사하지 않는다. 기능 너머의 그 무엇, 즉 나름의 '스타일'을 추구한다. 스타일을 문화 또는 예술의 총체라 한다면, 우리가 문화·예술이라고 부르는 것들의 대부분은 호모 루덴스의 놀이에서 나왔다고 해도 과언이 아니다.

발표 2개월 만에 세계를 들썩이게 한 싸이의 〈강남스타일〉(2012)을 보라. 노랫말에 묘사된 '강남스타일'에 전부 동의하는 것은 아니나, "정숙해 보이지만 놀 땐 노는 여자"와 "점잖아 보이지만 놀 땐 노는 남자"를 이상화한다는 점에서 이 노래의 인기 요인을 대충 짐작할 수 있다. 그러니까 본인 스스로 천생 호모 루덴스인 가수 싸이는 호모 파베르의 시대가 갔음을 호기롭게 선언하고 있는 것이다. 어제의 '산업역군'들께는 정말로 죄송하지만, 또 하라는 공부는 하지 않고 놀 궁리나 하는 '철부지'들을 향해 그분들이 혀를 끌끌 차는 것도 이해는 되지만, 그래도 어쩔 수 없다고, 이미 세상이 달라졌다고 21세기 신인류를 대변하여 항변한다.

하여 내 눈에는 그 노래에 어우러진 '말춤'이 한때 말죽이나 쑤던 곳이라 하여 말죽거리로 불렸던 양재동의 과거를 복기하려는 단순한 풍자라기보다는 호모 파베르의 기계론적 세계관 아래 짓눌려 있던 호모 루덴스의 원시적 생명력을 복원하려는 살풀이로 보인다. 여기 등장하는 '말'은 전쟁이나 정복 이미지를 재현하기는커녕, 왕성한 리비도libido를 노골적으로 은유한다는 생각이다. 더욱이 말춤은, 뮤직비디오에 나오는 것처럼, 남녀노소가 어우러져 떼로 추는 집단 군무라는 점에서 호모 루덴스적 특징을 강하게 반영한다.

만약에 이 노래가 1970년대에 나왔다면 어땠을까. 국가의 돌진적 산업화 구호에 온 국민이 강제동원당하던 시절, 자고로 건전가요란 이래야 했다. "새벽종이 울렸네. 새 아침이 밝았네. 너도 나도 일어나, 새마을을 가

꾸세." 박정희 작사·작곡으로 되어 있는 〈새마을 노래〉는 2절을 넘어가면서 '대놓고' 맘몬 숭배적 노동관을 설파한다. "초가집도 없애고 마을 길도 넓히고(2절)…소득증대 힘써서 부자마을 만드세(3절)." 게다가 4절에 이르면 노동과 전투가 절묘하게 합체한다. "우리 모두 굳세게 싸우면서 일하고 일하면서 싸워서 새 조국을 만드세."

패잔병의 운명이란 보지 않아도 뻔한 일. 전쟁과도 같은 노동세계에서 낙오된 사람들에게, 그리하여 평생 가난이라는 짐을 떠안게 된 사람들에게 '게을러서 그렇다'는 원산폭격이 가해진다. 노동의 소외와 빈부 불균형을 낳는 경제구조의 불합리성을 따지고 드는 이는 드물다. 10대 아이들의 학업세계도 마찬가지다. 공부가 노동이 되고, 직업 준비 교육이 되고, 피도 눈물도 없는 무한경쟁 시장에서 살아남기 위한 전쟁무기가 되면, 공부에 뒤처진 아이들에게는 영락없이 낙오병 딱지가 따라붙는다. 일제고사가 아이들을 어떻게 집단학살하는지, 비대해진 사교육 시장과 대학입시제도 사이의 기이한 공생관계를 어떻게 풀어야 하는지, 공교육에서 정작 가르쳐야 할 것이 무엇인지는 아무도 절실히 고민하지 않는다.

그러므로 싸이의 행운은 무엇보다도 절묘한 타이밍에 있다고 하겠다. 놀이에서 문화가 나온다는 하위징아의 주장이 꼼짝없이 '배부른 소리'로 매도당했을 박정희 정권 시절에는 꿈도 꾸지 못했을 성공이다. 그때는 "노세 노세 젊어서 노세, 늙어지면 못 노나니. 화무는 십일홍이요, 달도 차면 기우나니라" 같은 노래가 '퇴폐가요'로 분류되어 금지당해야 했다. 전 국민을 호모 파베르라는 단일한 정체성 안에 구겨넣던 시절이므로, 어찌 보면 당연한 조치이기도 했다. 한데 한편으로는 그렇게 놀면 안 된다고 겁박하면서, 다른 한편으로는 이른바 '3S'(Sports, Screen, Sex) 정책을 화끈하게 펼쳤으니, 도대체 독재자의 머릿속에는 어떤 놀이가 들어 있었단 말인가.

놀이와 노동의
결합

오히려 놀이의 공동체적·해방적 속성을 잘 아는 까닭이 아니었을까. 간혹 방구석에서 혼자 '시체놀이'를 즐기는 이들도 없지 않지만, 그건 엄밀히 말해 놀이라기보다는 자조적으로 시간을 '때우는' 방편에 지나지 않는다. 모름지기 놀이는 여럿이 더불어 해야 제격이다. 소꿉놀이, 구슬치기, 딱지치기, 술래잡기 등 모든 놀이에는 반드시 '동무'가 필요하다. 동무끼리는 평등이 제일원칙이기에, 부잣집 아이라고 봐주거나 가난한 집 아이라고 막 대해서는 안 된다. 적어도 놀이공간에서만큼은 모두가 공평하게 순서와 역할을 맡고 공정하게 규칙과 벌칙을 적용받아야 한다. 그런 식으로 놀이는 무한한 상상력에 기대어 현존질서를 뒤집어엎는 비판적·해체적 기능을 담당한다. 그러므로 독재정권이 대중문화 개방이라는 미명 아래 〈뽕〉이나 〈애마부인〉 같은 영화들을 대거 장려한 것은 차라리 놀이에 대한 모욕이라 하겠다. 그렇게 개인화·음지화·산업화된 놀이는 대중 조작의 마취제일 뿐, 그 이상도 이하도 아니다.

돌이켜보면, 어릴 때 나는 참 잘 노는 아이였다. 사업을 하시던 아버지가 1970년대 '오일 쇼크'로 파산하는 바람에, 인천 부개동 근처 공동묘지에서 살게 되었다. 집 근처에 무덤들이 즐비한 산동네였다. 갑자기 닥쳐온 가난이 어른에게는 천형일지 몰라도 아이에게는 축복일 수 있다는 걸 난 그때 처음 깨달았다. 공장 다니느라 바쁜 엄마를 대신해 동생을 챙기고 집안일을 건사해야 하는 막중한 책임감에 시달린 언니와 달리, 나는 매일 무얼 하며 놀아야 잘 놀았다고 소문날까 궁리하며 지냈다. 고삐 풀린 망아지처럼 해가 뉘엿뉘엿 지도록 사내아이들과 전쟁놀이를 하며 온 산을 헤집고 다녔다. 여름이면 어김없이 '납량특집' 귀신놀이 삼매경에 빠져 무덤 사이를 경중경중 뛰어다녔다. 지천이 놀잇거리인지라, 아이들은 모이기만 하면 판을 벌였다. 돌멩이들을 모아 공기놀이를 하고, 종이를 오려 인형놀이를 하고, 아카시아 줄기를 따서 미용실놀이를 했다. 상상력이 부족해서 문제지, 돈이 문제가 아니었다.

그때보다 훨씬 풍요로워진 지금, 우리 사회의 호모 루덴스들은 다 어디로 갔을까. 도시의 아이들은 더 이상 동무들과 함께 뛰어놀지 않는다. 그럴 시간이 없다. 어쩌다 시간이 생기더라도 PC방을 찾거나 놀이공원에 가는 게 전부다. 스스로 놀이를 창조하는 데서 기쁨을 느끼기보다는 돈을 주고 놀이상품을 소비하는 것으로 '잘 놀았다'고 자위한다. 하위징아가 예찬한 놀이정신에서 한참 벗어난 행위다.

〈1박 2일〉이니 〈무한도전〉이니 〈런닝맨〉이니 하는 예능 프로그램들이 인기 있는 이유도 따지고 보면 놀이 본능을 거세당한 호모 파베르의 욕망을 대리만족시켜주기 때문이 아닐까. '연출된' 상황이라는 걸 뻔히 알면서도, 유명 연예인들이 고액의 출연료를 받으며 놀이를 '연기'하는 동안, 수많은 스텝들은 열악한 노동조건에 시달린다는 '불편한 진실'을 모르지 않으면서도 기꺼이 채널을 고정하는 건, 그렇게라도 놀이욕구를 달래주지 않으면 안 될 만큼 호모 파베르의 현실이 억압적이라는 뜻이겠다.

말이 나온 김에 대중문화 비평가 흉내를 더 내보면, 가수들이 노래 경연을 벌이는 비슷한 콘셉트이면서도 〈나는 가수다〉보다 〈불후의 명곡〉이 (적어도 내가 보기엔) 더 재미있었던 이유 역시 프로그램 전반에 배어 있는 놀이정신 때문일 것이다. 현실의 무한경쟁에서 지친 호모 파베르는 〈나는 가수다〉를 지배하는 그 무거운 공기, 즉 어떻게든 '탈락'하지 않기 위해 안간힘을 쓰는 진지한 분위기가 고역이었다. 가수가 자기 노래가 아닌 남의 노래를 불러 점수를 얻는다는 설정 자체는 '노래방'의 풍경일 터. 그 공간이야말로 우리 안의 억눌린 호모 루덴스가 깨어나 미치도록 발광하는 신명난 놀이공간이 아닌가. 거기서마저 '구조조정'당하지 않기 위해 초긴장 상태를 유지해야 한다면, 우리 시대의 호모 파베르는 대체 어디서 넥타이를 풀란 말인가.

한데 말이야 바른 말이지, 노래방에서까지 정해진 시간 안에 더 많은 노래를 부르기 위해 '간주 뛰어넘기' 버튼을 누르고, 점수 확인조차 생략하며, 남이 노래를 부르는 동안 자신이 부를 곡을 찾느라 분주한 것이 우리네 자화상이어서 슬프다. 효율이라는 시장의 가치에 완전히 잠식당해버렸다. 그러니까 호모 파베르에게 고단한 현실을 잠시 잊게 해주는 '소마soma'[8]를 마시는 것으로는 호모 루덴스가 부활할 길이 영영 없겠다.

하위징아 또한 놀이가 특정한 공간과 시간에 한정된 활동으로 전락한 사실에 애통해 마지않으리라. 놀이를 직업 활동이 끝난 뒤에 '남는' 시간을 활용해서 하는 행위로 규정하면, 놀이의 목적은 오로지 노동의 스트레스를 해소하는 것으로 한정될 수밖에 없다. 그러니까 하위징아의 호모 루덴스는 일차적으로 놀이와 노동 사이에 분열이 없는 인간을 가리킨다고 하겠다. 어떤 이익 때문에 일하는 것이 아니라 그냥 좋아서 그 일을 하는 사람, 남이 알아주든 말든 밤새워 일하면서도 얼굴 가득 피곤함보다는 환희가 넘치는 사람이 호모 루덴스다. 삶이 놀이요 놀이가 삶인 사람, 말하자면 한 세상 사는 일을 '소풍놀이'에 비유한 천상병 시인 같은 이가 우리 시대의 희귀한 호모 루덴스겠다.[9]

뽀로로 가라사대,
노는 게 제일 좋아

개인적으로는 예수의 족보를 다윗 왕에게 결부한 마태복음 저자에게 유감이 많다. 족보란 것이 본래 부계혈통을 강조하기 위함인데, 예수는 다윗의 후손인 요셉과 혈연적으로 아무 상관도 없다지 않은가. 그러므로 '하나님의 아들'이자 '마리아의 아들'인 예수를 요셉의 족보와 연결한 근거는 생물학적 논리보다는 마태공동체의 신학적 필요라고 보는 게 옳을 것이다.[10]

어쨌거나 나는 예수를 유대인들의 기억 속에서 가장 강력한 왕으로 자리 잡은 다윗과 나란히 두는 시도가 썩 내키지 않는다. 그럼에도 굳이 그 둘 사이에서 공통점을 찾아야 한다면, '왕'의 이미지가 아닌 호모 루덴스의 전형이라는 점에 주목해야 한다는 생각이다. 정치가로서 다윗을 그리 좋아하는 건 아니지만,[11] 인간적으로는 상당히 '멋'있는 남자임을 부인하기 어렵다. 양치기 출신인 그는 물맷돌 하나로 블레셋의 골리앗 장군을 물리친 전쟁 영웅으로 이름을 날렸다. "눈이 아름답고 외모도 준수한"(삼상 16:12)데다가 악기를 다루는 솜씨마저 출중한 것도 모자라 시까지 썼으니, 어느 여자인들 안 넘어가고 배기겠는가. 노래하고 춤을 추며 예술을 탐닉하는 정열적인 호모 루덴스가 다윗이었다.

마찬가지로 나는 1세기 갈릴리 지방을 무대로 고만고만한 열두 제자를 거느리고 유리걸식한 예수에게서 호모 루덴스를 본다. 어느 계층 사람이든지 쉬이 어울리는 그의 얼굴에서 근엄함을 상상하기란 쉽지 않다. '먹보에 술꾼'(마 11:19; 눅 7:34 참고)이라는 별명이야말로 그의 호모 루덴스다운 면모를 여실히 입증하지 않나 싶다. 안식일에 일을 하면 안 된다는 율법을 뻔히 알면서도, 배곯는 제자들이 밀 이삭을 잘라 먹는 것을 제지하지 않는 그의 태도는 호모 루덴스가 아니고서는 도저히 나올 수 없는 유연성과 호방함이다. 당시 유대사회에서 사람 취급을 받지 못하던 여성과 어린이, 세리와 창녀가 예수 주변을 떠나지 않은 것도 그가 호모 루덴스이기에 가능했던 일이 아닐까.

하루는 예수가 설교하는 도중에 사람들이 어린이들을 데려와서 예수더러 쓰다듬어달라고 부탁했다. 그러자 제자들이 그들을 꾸짖었다. 아마도 원활한 행사 진행을 위한 효율적인 조치였겠다. 하지만 예수는 그런 제자들을 도리어 나무라며 이렇게 말씀하셨다. "어린이들이 내게 오는 것을 허락하고, 막지 말아라. 하늘나라는 이런 어린이들의 것이다"(마 19:14; 막 10:14; 눅 18:16). 또 예수는 "하늘나라에서는 누가 큰 사람입니까?" 따지는 제자들 앞에 어린이 하나를 세우고는 생생한 실물교육을 펼치시기도 했다. "내가 진정으로 너희에게 말한다. 너희가 돌이켜서 어린이들과 같이 되지 않으면, 절대로 하늘나라에 들어가지 못할 것이다"(마 18:3).

왜 하필 어린이인가.[12] 내가 보기에는 어린이야말로 놀이의 주체여서 그렇다. 어른들의 놀이는 철저히 실용주의적이다. 신속하게 재충전해서 더욱 능률적으로 일하기 위해 논다. 심지어 순수하게 놀이를 추구하는 어른은 철부지나 낙오자로 매도당하기 일쑤다. 반면에 놀이가 빠진 어린 시절은 팥소 없는 찐빵과 같다. 놀이는 어린이의 전매특허다. 놀이에 빠져 있는 동안만큼은 시간과 공간을 잊어버릴 정도로 철저히 몰두하는 게 어린이다. 그처럼 완벽한 초월 경험이야말로 사실상 모든 종교인의 로망이 아니던가.[13]

하위징아는 놀이의 반대편에 진지함이 있다고 했다. 그러고 보면, 바리새파 사람들과 예수의 대립구도는 진지한 엄숙주의 대 가벼운 놀이정신이라고 해도 과언이 아닐 것이다. 이때의 가벼움은 천박함과는 거리가 면, 모든 것을 신의 뜻에 맡기는 순명의 태도로 보아야 옳다. 그러지 않고서야 영화 〈니벨룽겐의 반지〉(2004)에 나오는 중세인들의 결혼 방식, 곧 그토록 중대한 인생사마저 내기 경쟁을 통해 결정하는 놀이정신을 어찌 이해하겠는가.

2008년 광우병 파동 때 촛불소녀들이 보여준 발랄한 놀이정신은 그 자체가 문화충격이었다. "대한민국은 민주공화국이다. 대한민국의 모든 권력은 국민으로부터 나온다." 헌법 제1조에 곡을 붙여서 집단 군무를 추는 그네들은 영락없이 호모 루덴스의 화신이었다. 태극기를 옷이나 액세서리처럼 몸에 두르고 거리를 질주하는 그네들을 보면서 국기를 모독한다고 혀를 차는 구세대들은 모르고 있는 것이다. 우리가 놀이하는 인간이기를 망각한 채 시종일관 진지하기만 할 때, 역사는 종종 야만으로 흐른다는 사실을.

아하, 그래서 예언자적인 우리 아이들이 〈뽀롱뽀롱 뽀로로〉에 심취하는구나. 위키백과사전(이 또한 인터넷에서 벌어지는 집단지성의 놀이판이다)의 정보로는, 현재 전 세계 무려 110개국의 어린이들이 〈뽀로로〉를 본다고 한다. 아니, 틀렸다. 보는 게 아니라 '숭배'한다. 아이들은 믿는 것이다. 남극펭귄과 북극곰이, 현실에서는 전혀 이루어질 수 없는 조합이지만, 사랑과 우정만으로 얼마든지 함께할 수 있다는 것을. 무엇보다도 "노는 게 제일 좋아"를 외치는 '뽀느님'의 가르침이 진리라는 것을. 한데 뽀로로 마을 역시 피터팬의 네버랜드처럼 '어른 사절'이라는 사실을 어찌 받아들여야 할지. 돌이켜 어린이들과 같이 되지 않으면 그 땅에도 들어가지 못하겠구나.

희망

두 눈이 다 뽑힌 삼손과 모든 생이 거덜 난 욥. 수직 낙하하는 그 절망이, 그 탄식이, 문학으로
익힌 못된 버릇으로 내 것으로 느껴졌다.… 두 눈이 매일 밤 마음속으로 지옥의 시를 쓰면서도
나는 늘 희망과 양다리를 걸치고 있었다. _노대원

유동적 근대,
불안한 청춘

해가 바뀌고 1월 1일자 신문을 받아 드니 '신년특집'이라 하여 신춘문예 당선작들이 실려 있다. '신춘新春문예'란 겨우내 동굴 속에서 곰삭힌 작품들을 '새봄'에 선보이는 문학의 향연이라야 맞을 것 같은데, 엄동설한에 미리 만난다는 게 어쩐지 생경하다. 이름을 바꿔야 하는 것 아니야? 신춘문예라 하지 말고 차라리 신년新年문예라 하든지, 괜스레 트집을 잡다가 화들짝 놀란다. 한때 자신이 품었던 꿈을 남이 대신 이룬 데 대해 부러움과 시기심으로 마음이 옹졸해지는 고약한 버릇을 새해가 되어서도 여태 고치지 못하다니.

평소라면, 전문서적 읽기도 바쁜 판에 이런 거(!) 읽을 시간이 어딨어, 하면서 짐짓 눈요기만 하고는 그냥 넘겨버렸을 것이다. 한데, 시나 소설은 그렇다 치고, 유독 문학평론 부문 당선작에 자꾸만 눈길이 머무는 거다.[1] 정확히는 신문 한 면의 거의 4분의 1가량을 차지하고 있는 강렬한 그림에서 눈을 떼기 어려웠다고 말하는 게 옳을 것이다. 긴 글을 함축적으로 표현하기 위해 신문사에서 삽입한 그림은 에드바르 뭉크의 〈절규〉였다.

하늘 위로는 붉은 노을이 불의 혀처럼 날름거리고, 절벽 위 검푸른 도시도 거친 강물처럼 어디론가 흐르는데, 그림 속 주인공(어쩌면 화가 자신)이라 할 해골 같은 사내 하나가 양손으로 귀를 막은 채 입을 떡 벌리고 '절규'한다. 다리 난간으로 곧 쓰러질 것 같은 그의 육체 역시 흐느적거리는 모습이어서 불안하기 짝이 없는 이 그림은 가만히 들여다보는 것만으로도 보는 이를 '절규'하게 만드는 묘한 힘을 지녔다. 그림 속 남자는 도대체 무엇 때문에 이리 절규하는가. 자신의 절규와는 상관없이 곧은 신체로 앞서 걷고 있는 다른 사람들 때문인가. 인간 내면의 우울과 광기를 이토록 적나라하게 끄집어낸 화가의 자기체험은 또 무엇이었을까.

이런저런 상념이 머릿속을 헤집는 사이, 내 눈은 어느새 "이색 직업의 탄생"이라는 제목이 붙은 평론 부문 당선작을 관음증 환자처럼 훑어 내려간다. 그림에 낚였다고 해도 할 수 없다. 나는 그 지면의 글이 그림과 어떤 관계인지, 아니 그림 속 사내처럼 '절규'하는, '불안'한, '절망'스러운 나/우리에게 그 글이 도대체 무슨 말을 해주고 있는지 퍽이나 궁금했다.

노대원이라는 이 신예 평론가는 최근 한국 소설 지형도의 의미 있는 변화로 '이색 직업의 탄생'을 꼽고 있었다. 그는 최근 몇몇 젊은 소설가의 작중 인물들이 불과 얼마 전까지만 해도 우리가 전혀 듣지도 보지도 못했던 직업에 종사하고 있다는 관찰에서 '유동적 근대'의 불안을 유추해낸다.

이를테면, 한 인물은 은둔형 외톨이로 살아가는데, 직업은 인터넷 대필 작가다. 얼굴 한번 보지 못한 타인의 자기소개서를 인터넷으로 청탁받아 대신 써주는 식이다. 또 다른 인물은 사상 최악의 실업난 속에서 당장 먹고살기 위해 아무 아르바이트나 시작한 것이 하필이면 몬스터 캐릭터를 그리는 게임 디자인인데, 이 '강제된 노동'을 하면서 자기 몸, 곧 다이어트나 피부 관리 같은 데 전혀 신경 쓰지 않은 제 육체가 '몬스터' 아닌가 괴로워한다. 요컨대, 최근 주로 젊은 층 사이에 등장한 이색 직업들은 삶의 견고한 기반이 와해되어버린 불안한 시대, 그리하여 '고체성' 대신 '액체성'이나 '유동성'의 은유로 집약되는 우리 시대의 청년들이 생존하기 위해 선택한, 아니 발명해낸 직업들이라는 것이다.

대략 지구화라는 말이 유행하면서부터가 아니었을까. 좀 더 구체적으로는 신자유주의 경제질서 혹은 시장원리라는 말이 언론에 자주 오르내리면서부터일 것이다. 정규직의 문이 급격히 좁아졌다. 이른바 '노동의 유연성'을 내세워, 어떻게든 노동자 태반을 비정규직 신분에 옭아매려는 기업의 전략이 교활해지면서, 20대를 일컬어 "88만원 세대"라 이름 붙인 사회학 담론이 유행했다.[2]

기업이 요구하는 '스펙'을 아무리 열심히 쌓아도, 출판시장을 갑자기 점령해버린 자기계발 서적을 아무리 열심히 읽어도, 심지어 연예인 뺨치게 몸매 관리를 하고 얼굴 성형을 해도 '만년 알바'의 꼬리표를 떼지 못하는 그네들의 절망을, '철밥통'을 꿰차는 데 성공한 기성세대가 감히 어찌 알 것인가. 모든 게 불확실하고 불안정하니, 개미처럼 열심히 일해서 '먹을 것 안 먹고 입을 것 안 입으며' 축적했다는 이전 세대의 노동철학이 통할 리 없다. 그저 찰나적인 욕망에 충실하게, 버는 족족 소비하는 것만이 유일한 출구일 뿐이다.

노대원 씨는 "정규직은 '비정규적' 현상이 되고 오히려 비정규직이 사회적 '정규적' 현상으로 변화"한 만성화된 실업사회에서, 젊은 소설가들이 이색 직업을 소재로 글쓰기를 모색하는 것은, 차라리 "액체와 같이 언제 변할지 모르는 불확실한 현실"에 대한 무의식적 응답인지도 모른다고 짚어낸다.[3] 그러니까 불안의 시대를 상상력으로 돌파해보려는 시도는 어쩌면 자기기만이나 환상일 수 있다는 진단이다.

절망,
죽음에 이르는 병

'큰 공부大學'를 하는 위대한 진리의 상아탑이 아니라 고작 기업의 하청업체로 전락했다는 오명을 뒤집어쓴 이 시대의 대학에서 꿈도 목표도 희망도 잃어버린 젊은이들을 바라보며 발을 동동 구르는 나로서는 이 신예 평론가의 '칼 같은' 비평에 공명하는 바 컸지만, 내가 그의 이름을 자꾸만 거명하는 데는 또 다른 이유가 있다. 아직 서른도 채 되지 않은 이 발랄한 평론가가 글쎄, 당선 소감을 이렇게 밝힌 것이다.

> 글을 쓰면서 떠오른 건 삼손과 욥. 영광의 시절이 아닌 비참의 시절을 살아내던 그들. 두 눈이 다 뽑힌 삼손과 모든 생이 거덜 난 욥. 수직 낙하하는 그 절망이, 그 탄식이, 문학으로 익힌 못된 버릇으로 내 것으로 느껴졌다. 무너져가는 그들의 마지막 기도처럼 글을 써낼 수 있기를…. 매일 밤 마음속으로 지옥의 시를 쓰면서도 나는 늘 희망과 양다리를 걸치고 있었다.[4]

성서에 등장하는 다양한 인물 가운데 삼손과 욥을 주목할 수 있는 시선은 필경 인생의 쓴맛을 충분히, 진하게 아는 자의 것이리라. 그런데 그야말로 서른도 안 된 나이에 "모든 생이 거덜 난" 느낌, "수직 낙하하는 그 절망"을 어찌 제대로 안단 말인가. 고작해야 대학입시에 실패했든가, 취업난에 휘말렸든가, 연애전선에 이상이 생겼든가, 뭐 그런 정도의 아픔밖에 안 겪었을 나이가 아닌가.

생각이 여기에 미치니, 문득 내가 입만 열면 '요즘 젊은 것들'을 탓하는 기성세대가 된 것 같아 씁쓸하다. 돌이켜보면, 나만 해도 '그런 정도의 아픔'으로 진짜 '모든 생이 거덜 난' 느낌을 받기에 충분했다. 고등학교 시절, 모의고사에서 한 등수만 아래로 내려가도 땅이 꺼질 듯 '탄식'하던 내가 아닌가. 일기예보에 없던 비가 내리던 날, 곱게 단장한 엄마들이 손에 우산을 들고 하나둘씩 교정에 들어설 때, 아무리 기다려도 우리 엄마는 올 리가 없다는 '사실' 앞에서 통곡이라도 하고 싶던 내가 아닌가 말이다. 어떤 아이는 엄마가 돌아가셨을지도 모르는데, 그래도 우리 엄마는 타지에서 일하느라 못 오는 것이니 얼마나 다행인가, 그렇게 여유 있는 생각을 하기에는 너무 어렸고 또 절박했다.

그러고 보면, 사람은 저마다 자기만의 사연으로 습관처럼 '수직 낙하하는 절망'을 씹으며 사는 게 아닌가 싶다. 인생에 대해 아무것도 모를, 겨우 두서너 살밖에 되지 않은 아이라도 제 밑으로 아우가 태어나는 순간, 그런 느낌에 사로잡힐 터다. 이제까지는 내가 최고였는데, 사람들의 관심이 홀연 동생에게로 옮겨 간다. 나한테는 "이거 하지 마라, 저거 해라" 순전히 명령만 하면서, 하루 종일 앵앵 울기만 하는 동생은 트림을 해도 예뻐하고 똥을 싸도 예뻐한다. 이 조그만 경쟁자의 출현으로 그동안 내가 차지하고 있던 왕자 자리, 공주 자리가 위태롭게 된 것이다. 이거 완전히 죽을 맛이 아닌가.

그러므로 절망은 인간의 삶에서 자연스러운 구성요소인 것 같다. 사람은 쉬이 절망하는 존재인 것이다. 절망은 의미 있는 타인에게 자신이 무의미한 존재라 여겨질 때 찾아온다. 그 타인은 부모나 자식이 될 수도 있고, 친구나 애인이나 동료가 될 수도 있다. 그렇게 공들여 노력했는데, 노력하면 당연히 보상이 따라올 줄 알았는데, 그런 기대가 여지없이 와르르 무너질 때 사람은 절망한다. 자신이 아무것도 아니라는 생각, 이제까지 해온 일이 다 쓸모없는 짓이었다는 생각, 지금 처한 곤경을 벗어나기 위해 내 쪽에서 할 수 있는 게 아무것도 없다는 생각이 들어 죽음만이 유일한 출구처럼 보이는 그 막다른 벼랑 끝, 그 자리가 바로 절망의 자리다.

덴마크 철학자요 유신론적 실존주의자로 널리 알려진 키르케고르가 절망이야말로 '죽음에 이르는 병'이라고 말한 까닭이 거기에 있다.[5] 그에 따르면, 육체적 죽음에 직면해서는 누구나 살기를 바라지만, 절망 상태에서는 차라리 죽음이 희망으로 보이기 때문에, 게다가 죽고 싶어도 죽지 못한다는 무력감마저 겹치기 때문에, 절망이야말로 진정 죽음에 이르는 병이다. 물론 이때 죽음이란 육체적 죽음 이상의 심리적·정신적·영적 죽음을 포괄한다.

유명한 영화 〈쇼생크 탈출〉[6]에 나온 브룩스 할아버지를 보라. 50년을 복역했다. 지옥 같은 쇼생크 감옥에서도 모범수였던 할아버지는 도서관 사서 노릇을 하며 나름 편하게 옥살이를 하던 중이다. 그런 그에게 가석방 명령이 떨어진다. 그러자 '절망'한 할아버지는 출옥 소식을 전해준 동료의 목에 칼을 들이대며, 어쩔 수 없이 지금 살인을 저질러야겠다고, 그렇게라도 해야 감옥에 남을 수 있지 않겠냐고 '절규'한다. 결국 주인공 앤디의 기지로 할아버지는 칼을 내려놓지만, 출옥 후에 자살로 생을 마감하고 만다.

영웅 삼손의
스캔들

브룩스 할아버지의 절망의 근거는 무엇인가. 상식대로라면, 출옥 소식에 너무나 기분이 좋아 춤이라도 춰야 마땅한 일 아닌가. 하지만 바깥사회에서 살았던 시간보다 감옥 안에서 산 세월이 훨씬 길었던 그는, 사회생활보다도 감옥생활이 더 편하고 익숙했던 것이다. 요컨대, 그는 감옥에 '길들여졌다.' 그러다 보니 사회생활에 덜컥 겁부터 난다. 밖에 나가면 아무 짝에도 쓸모없는 '쓰레기'가 될 것만 같다. 이 공포와 불안이 그를 절망으로, 죽음으로 몰아넣었던 것이다.

브룩스 할아버지의 경우를 보며, 삼손과 욥을 다시 생각한다. 절망의 끄트머리에서 그들의 선택은 무엇이었나. 먼저 삼손.[7] 사사기에 나오는 대다수 사사들이 젊은 나이에 넘치는 열정을 주체하지 못하고 혈기를 부리다 종종 문제를 일으키는 것처럼, 삼손도 하필이면 블레셋 여자를 좋아하는 특이한 취향 때문에 인생이 꼬인다.

첫 번째 여자는 딤나에 사는 아무개. 이름조차 기록되지 않은 그녀는 삼손이 첫눈에 반한 여인이다. 이방여자라 안 된다는 아버지를 졸라 혼인 허락을 받았을 정도로 삼손은 그녀가 "맘에 쏙 들었다"(삿 14:3). 하지만 신혼 초야에 삼손이 낸 수수께끼의 답을 블레셋 사람들이 알아맞히자, 삼손은 돌연 홧김에 집단살육을 저지르고는 자기 집으로 돌아가버린다. 이렇게 해서 소박데기가 된 딤나의 여인은 삼손의 들러리로 왔던 친구에게 시집을 가는 비운의 주인공이 된다. 문제는 삼손의 마음이 또 바뀌었다는 것이다. 얼마 뒤 삼손은 새끼 염소 한 마리를 들고 장인을 찾아가 "아내의 침실로 들어가게 해달라"(삿 15:1)고 애걸한다. 이에 장인이 거절하자, 화가 난 삼손은 여우 300마리를 잡아 꼬리를 서로 비끄러매고서는, 그 사이에 홰를 매달아 불을 붙여서 블레셋 사람들의 논밭은 물론 포도원과 올리브 농장을 모조리 태워버리는 복수극을 감행한다. 이 일로 딤나의 여인은 자기 아버지와 함께 블레셋 사람들의 손에 화형당하고 만다.

두 번째 여자는 소렉 골짜기에 사는 들릴라. 수많은 예술가들의 상상력과 영감을 자극한 '삼손과 들릴라'의 그 들릴라다. 그런데 그녀는 딤나의 여인처럼 어리숙하거나 수동적이지 않았다. 블레셋 통치자들이 찾아와서 "당신은 그를 꾀어 그의 엄청난 힘이 어디에서 나오는지, 그리고 우리가 어떻게 하면 그를 잡아 묶어서 꼼짝 못하게 할 수 있는지 알아내시오. 그러면 우리가 각각 당신에게 은 천백 세겔씩 주겠소" 하고 협상을 제안하자(삿 16:5), 선뜻 그에 응한다. 말하자면, 남자와의 사랑보다는 민족에 대한 충성에 더하여 재물까지 챙기는 '마타하리' 같은 영리한 스파이를 자처했다고나 할까. 몇 번 시도 끝에 들릴라는 결국 삼손의 힘의 비밀을 알아낸다. 그녀는 사람을 불러 그 힘의 원천인 머리카락을 자르게 한 뒤 블레셋 사람들의 손에 넘겨주고는 이야기에서 슬그머니 사라진다.

여기까지도 충분히 드라마틱하지만, 삼손 이야기의 백미는 그 다음부터다. 아무도 대적하거나 제어할 수 없는 지존무상의 힘만 믿고 야생 망아지처럼 마음 내키는 대로 살았던 삼손이 졸지에 무력해진다. 당나귀 턱뼈 하나로 블레셋 사람을 1천 명이나 쳐 죽이던 힘은 도대체 어디로 사라져버렸나. 블레셋 사람들이 자신의 두 눈을 뽑는데도 저항하지 못하는 삼손. 머리카락이 잘린 이 영웅은 놋사슬에 묶인 채 감옥에서 연자맷돌을 돌리는 처량한 신세로 전락한다.

성서는 그 다음 구절에 뜬금없이 "그러나 깎였던 그의 머리털이 다시 자라기 시작하였다"(삿 16:22)라는 문장을 삽입했다. 그러고는 곧바로 "블레셋 사람의 통치자들이 그들의 신 다곤에게 큰 제사를 바치려고 함께 모여 즐거워하며 떠들었다"(삿 16:23상)라는 문장으로 넘어간다. 이렇게 전혀 연결감이 없는 두 문장을 연속해서 읽는 사이, 독자들은 시간의 흐름을 감지한다. 머리카락은 통상 하루에 0.3밀리미터, 한 달이면 약 1-1.5센티미터가량 자란다고 한다. 그러니까 삼손의 깎인 머리카락이 다시 자라나려면, 아니 다시 자라났다는 걸 눈으로 확인하려면 시간이 꽤 흘렀어야 한다는 말이다.

나는 그 '시간'이 궁금한 것이다. 물리적으로 정확히 얼마만큼 시간이 흘렀을지가 궁금한 게 아니다. 이런 상황에서 물리적인 시간은 큰 의미가 없기 때문이다. 하루가 천년처럼 길게 느껴질 게 뻔하다. 게다가 눈마저 보이지 않는데 단순노동을 반복하고 있으니, 얼마나 답답하고 지리멸렬할 것인가. 한때 잘나가던 영웅이 몰락하고 추락하여, 분노와 원한, 비탄과 우울, 좌절과 절망의 시간을 보내고 있다. "우리의 원수 삼손을 우리의 신이 우리의 손에 넘겨주셨다!"(삿 16:23하)고 기고만장하게 떠드는 블레셋 사람들의 소리도 들을 만큼 들었다. 그 시간 동안 그의 마음에서 일어났을 심리적·정신적·영적 고투苦鬪는 무엇이었을까. 그런 상황에서 하루하루를 견디게 하는 힘은 도대체 어디서 나오는가. 나는 정녕 '그것이 알고 싶다.'

희망의 필요조건,
믿음

두 눈이 뽑힌 채 놋사슬에 묶여 연자맷돌을 돌리는 비루한 시간 동안에 삼손은 비로소 깨닫는다. 자신이 "모태에서부터 하나님께 바쳐진 나실 사람"(삿 13:5; 16:17)이라는 것을. 자신에게 있었던 가공할 힘은 하나님이 뜻을 이루기 위해 허락하신 선물이었을 뿐, 본래 자기 것이 아니었음을. 모든 것을 다 잃은 줄 알았는데, 실은 가장 귀한 한 가지가 남아 있었다.

다곤 축제 날, 신전을 가득 메운 블레셋 사람들 앞에서 재주나 부려보라고 끌려나온 삼손이 하나님께 이번 한 번만 힘을 주십사고 간절히 기도하는 장면은 눈물겹기 그지없다. 지금 그가 바라는 한 가지 소원은 이스라엘의 사사로서 블레셋 사람들과 함께 죽는 것. 참으로 비장한 결단이 아닌가. 들릴라에 대한 배신감이나 증오심 같은 감정도 연자맷돌에다 갈려나갔다. 방탕하게 호기를 부리고 살았던 젊은 날에 대한 후회도 다 사그라졌다. 바닥까지 떨어질 수는 있어도, 절망에 삼키우지는 않으리라.

바로 그 순간, 알 수 없는 희망이 피어오른 것이다. 하나님이 혹시 은혜를 베푸셔서 나를 기억해주신다면, 한 번 더 힘을 주실지도 모른다는 실낱 같은 희망. 그 희망이 삼손과 하나님 사이의 단절되었던 관계를 다시 잇는다. 그리하여 삼손은 마침내 다곤 신전을 무너뜨리고 명예로운 최후를 맞이한다.

그리고 보면 희망의 필요조건은 믿음이 아닌가 싶다.[8] 아무리 절망스러운 상황에서도 이것이 끝이 아니라는 믿음, 틀림없이 마지막 반전이 있을 것이라는 믿음, 논리적으로나 합리적으로는 설명할 수 없어도 분명 뭔가가 있다는 믿음, 그것이 있어야 절망을 돌파할 기운이 나지 않을까.

믿음과 희망 사이의 미묘한 역학관계를 빼어나게 묘사한 책으로 구약성서의 욥기만 한 것도 없을 것 같다. 욥은, 그가 당한 고난의 정도로만 보면, 가히 '절망의 챔피언'으로 뽑힐 만하다. 그러나 절망에 발목 잡히지 않고 용케 희망의 삶을 꾸려가는데, 그것을 가능케 하는 근거가 바로 믿음이다. 도대체 어떤 믿음이기에 그럴 수 있는가. 믿음은 강도强度도 중요하지만, 그에 못지않게 내용도 중요하지 않은가. 욥이 가졌던 믿음의 내용을 살펴보자.

우선 욥에 관한 개괄적인 정보. 그는 "흠이 없고 정직하였으며 하나님을 경외하며 악을 멀리하는 사람"(욥 1:1)이었다. 아들 일곱과 딸 셋을 둔 다복한 가정의 가장이기도 했다(욥 1:2). 자식 많은 집에 바람 잘 날 없다는 말도 욥에게는 통하지 않았다. 자식들이 얼마나 우애가 좋은지, "그의 아들들은 저마다 생일이 되면, 돌아가면서 저희 집에서 잔치를 베풀고, 세 누이들도 오라고 해서 함께 음식을 먹곤 하였다"(욥 1:4). 여성의 인권이라는 개념조차 없던 시절에, 욥의 아들들은 어찌 그리도 누이들을 살뜰히 챙기는가. 이렇게 자식을 잘 둔 것도 모자라 욥은 재산까지 많아서 "양이 칠천 마리, 낙타가 삼천 마리, 겨릿소가 오백 쌍, 암나귀가 오백 마리나 있고, 종도 아주 많이 있었다. 그는 동방에서 으뜸가는 부자였다"(욥 1:3).

이렇게 남부러울 것 없이 가질 것 다 가진 그에게 차례로 불행이 닥치기 시작한다. 제일 먼저는 하루아침에 알거지 신세가 된 것. 소와 나귀를 다 빼앗기고, 양 떼와 목동들도 다 잃고, 낙타 떼도 약탈당하고, 종들도 살해당한다. 다음으로는 자식 열 명이 한꺼번에 목숨을 잃은 것. 맏아들 집에 다 같이 모여 오순도순 음식을 먹다가 갑자기 집이 무너지는 바람에 모두 깔려 죽는다.

이 정도면 이성을 잃을 만큼 충분히 절망할 법한데, 욥은 예외적으로 차분하다. "모태에서 빈손으로 태어났으니, 죽을 때에도 빈손으로 돌아갈 것입니다. 주신 분도 주님이시요 가져가신 분도 주님이시니, 주의 이름을 찬양할 뿐입니다"(욥 1:21). 과연 '센' 믿음이며, '여여如如한' 믿음이다. 욥은, 사탄이 주장하듯이, 하나님께서 "그가 하는 일이면 무엇에나 복을 주셔서 그의 소유를 온 땅에 넘치게"(욥 1:10) 해주셨기 때문에 하나님을 믿은 게 아니었던 것이다. 사람이 "아무것도 바라는 것이 없이 하나님을 경외"(욥 1:9)하는 게 가능하겠냐는 사탄의 짐작은 적어도 욥의 경우에는 들어맞지 않았다.

이에 심술이 난 사탄은 욥에게 "발바닥에서부터 정수리에까지 악성 종기가 나서 고생하게"(욥 2:7) 만든다. 얼마나 가려우면 잿더미에 앉아서 옹기 조각으로 자기 몸을 긁겠나. 그가 '잿더미'에 앉았다는 건 공동체로부터 격리되었다는 뜻이다. 그렇게 철저하게 버림받고 비참하게 몰락했는데도, 욥의 믿음은 변함이 없다. 남편의 고통을 보다 못한 아내가 드디어 입을 연다. 차라리 죽는 게 낫겠다고. 얼마나 보기 딱하면 그런 소리가 절로 나올까. 자식을 한꺼번에 여읜 이 아낙은, 남편마저 악성 피부병에 걸리자, 홀로 생계를 도맡아야 했을 것이다. 어쩌면 이 집 저 집 전전하며 허드렛일을 거드는 것으로 모진 목숨을 이어가고 있었는지도 모른다.[9]

욥이 절망한
진짜 이유

욥의 아내 역시 남편과 연대하여 고통을 겪어내고 있었다. 이 고마운 아내의 한탄에 욥은 이렇게 응수한다. "당신까지도 어리석은 여자들처럼 말하는구려. 우리가 누리는 복도 하나님께로부터 받았는데, 어찌 재앙이라고 해서 못 받는다 하겠소?"(욥 2:10) 욥의 신앙관은 복을 받는다는 전제가 없으면 하나님을 믿지 않겠다는 식의 '어리석은' 믿음이 아닌 것이다. 그는 자신의 아내 역시 사탄의 꼬임에 넘어가 어리석은 자들처럼 믿음이 천박해지지 않기를 간절히 호소하고 있다.

그러나 그토록 자신의 믿음에 당당하던 욥에게도 절망의 순간이 찾아온다. 자신을 찾아온 친구들 앞에서 욥이 한탄하는 소리를 들어보라.

인생이 땅 위에서 산다는 것이 고된 종살이와 다른 것이 무엇이냐? … 내가 바로 그렇게 여러 달을 허탈 속에 보냈다. 괴로운 밤은 꼬리를 물고 이어갔다. 눕기만 하면, 언제 깰까, 언제 날이 샐까 마음 졸이며, 새벽까지 내내 뒤척거렸구나. …내 날이 베틀의 북보다 빠르게 지나가니, 아무런 소망도 없이 종말을 맞는구나(욥 7:1-6).

그러고는 하나님께 이렇게 애원한다.

잠자리에라도 들면 편해지겠지, 깊이 잠이라도 들면 고통이 덜하겠지 하고 생각합니다만, … 차라리 숨이라도 막혀버리면 좋겠습니다. 뼈만 앙상하게 살아 있기보다는, 차라리 죽는 것이 낫겠습니다. 나는 이제 사는 것이 지겹습니다. … 내 나날이 허무할 따름입니다(욥 7:13-16).

어쩌다가 이리 나약해졌는가. 그 사이에 도대체 무슨 일이 벌어졌는가. 소위 믿음 좋다는 욥의 친구들이 그가 "재앙을 만나서 고생한다는 소식을 듣고, 달래고 위로하려고"(욥 2:11) 방문한 다음이다. 신실한 세 친구 엘리바스와 빌닷과 소발은 욥에게 각각 자신들의 믿음의 내용에 근거해서 한마디씩 거든다.

이를테면, 데만 사람 엘리바스는 죄 없는 사람한테 하늘의 재앙이 내릴 리 없다는 '믿음'으로 욥의 고난을 해석한다(욥 4:7 참고). 하나님은 이유 없이 벌을 내리시는 분이 아닌데, 지금 욥이 벌을 받고 있는 걸 보면 틀림없이 뭔가 지은 죄가 있을 거란다.

수아 사람 빌닷도 대동소이하다. 하나님은 전능하시고 공의로운 분이라 거짓으로 판단하실 턱이 없으니, 네 자식들의 허망한 죽음도 그들이 주님께 죄를 지어 벌을 받은 것으로 이해하는 게 당연하다는 것이다(욥 8:4 참고). 하지만 네가 정말 회개한다면, 하나님이 "처음에는 보잘것없겠지만 나중에는 크게"(욥 8:7) 만들어주실 것이란다.

나아마 사람 소발은 한술 더 떠서 큰소리로 야단까지 친다. 보아하니, 지금 네가 받는 벌도 약하다는 것이다. "너는, 하나님이 네게 내리시는 벌이 네 죄보다 가볍다는 것을 알아야 한다"(욥 11:6)고 협박까지 한다.

이거 완전히 불난 집에 부채질하는 격이 아닌가. "내가 이러한 절망 속에서 허덕일 때야말로 친구가 필요한데, 친구라는 것들은 … 배신감만 느끼게 하는구나"(욥 6:14-15). 욥의 절망은 여기서 비롯된다. '고통을 당해보지도 않은 것들이 불행한 내 처지를 비웃고 있다'(욥 12:5 참고). "내가 내 사정을 호소하는 동안 귀를 좀 기울여" 주면 좋으련만, 친구라는 것들이 "허튼소리"나 일삼는다(욥 13:6-7). 자신들만 하나님을 믿는 양, 자신들만 올바로 사는 양, 자신들만 흠이 없는 양, 그래서 아직까지 건재한 양 위선을 떤다.

그러니까 욥으로 하여금 사는 게 역겹고 지겨울 정도로 깊은 절망에 빠지게 한 진짜 원인은 다름 아니라 위로를 빙자하여 남의 아픈 상처에 소금을 뿌려대는 친구들의 몰인정에 있었던 것이다. 자식 잃고 재산 잃고 건강 잃고, 그렇게 고통스런 절망의 벼랑 끝에 놓여 있는 사람을 보면, 불신자나 무신론자라고 해도 인정미를 발휘할 판이다. 그런데 신앙인이라는 작자들이 마치 자기네가 하나님의 대변인이라도 되는 것처럼 오만방자하게 떠들어대니, 해도 해도 너무하는 것 아닌가. 고난당하는 친구를 '달래고 위로'하기는커녕 도리어 손가락질하며 정죄하고 심판하는 모습에 욥은 그만 아연실색하고 만다.

그런데 확인 사살이라도 하려는 심보인가. 갑자기 엘리후라는 젊은 사람이 나서더니, 욥을 완전히 코너로 몰아간다. 젊은이 말이라고 무시하지 말고 잘 들으란다. 왜냐하면 자신은 지금 진실을 말하려고 하니까(욥 33:3 참고). 어른께 지혜를 한 수 가르쳐드릴 테니, 입 다물고 얌전히 배우기나 하란다. 허, 정말 고연 놈이로구나. 살다 보니 별의별 모욕을 다 당한다. 욥의 심사가 한없이 뒤틀렸겠다.

욥의 회개와
다시 피어난 희망

'젊은' 엘리후가 '늙은' 욥한테 훈수 두기를, "내게는 잘못이 없다. 나는 잘못을 저지르지 않았다. 나는 결백하다. 내게는 허물이 없다"(욥 33:9)고 자기를 정당화하는 태도는 잘못이란다. 욥이 그렇게 항변할수록 하나님의 입장만 더 난처해진다는 것이다. 왜냐하면 "전능하신 하나님은 악한 일이나 정의를 그르치는 일은 하지 않"으시기 때문이란다(욥 34:12). 그러니 욥이 재앙을 만난 것은 분명 자신이 한 일에 대한 대가라고 봐야 옳단다. "하나님은 사람에게 질병을 보내셔서 잘못을 고쳐주기도 하시고, 사람의 육체를 고통스럽게 해서라도 잘못을 고쳐"주시는 분이다(욥 33:19). 그러므로 욥에게 닥친 일도 그의 잘못을 고쳐주기 위한 하나님의 계획임을 깨달으란다. 그의 정교한 논리와 현란한 말솜씨에 욥은 더욱더 절망한다. 둘 사이를 가로막는 장벽은 세대 차이가 아니라, 믿음의 차이요 신학의 차이인 셈인데, 그 소통 불가의 답답함을 어찌 해소해야 하는가.

욥기의 차별성은 이 대목에서 두드러진다. 바로 하나님이 직접 나서서 자신의 입장을 변론하신다는 점이다. 욥이 너무나 억울하고 분해서, 너무나 절망스럽고 답답해서 죽고 싶다는 생각에 압도당할 무렵, 하나님이 입을 여시는데, 그 대화가 참 묘하다. 하나님은 네가 이런저런 걸 아느냐고 물으신다. 모두 다 욥의 지식과 지혜를 넘어선 물음들이다. 그 물음들 앞에서 욥은 새삼 고개를 숙인다. 온 우주 삼라만상을 주관하시는 하나님의 광대한 섭리를 헤아리기에는 턱없이 작은 자신이 부끄러워졌기 때문이다.

그랬다. 젊은 엘리후의 말이 건방진 면은 있었으나, 한편 일리가 있기도 했다. 삶에 닥친 불행 앞에서 자꾸만 자신의 무죄함을 항변하는 것은 결과적으로 하나님을 심판하는 짓이 될 수도 있다. 역사를 긴 안목으로 볼 눈도 없고, 무엇이 선하며 무엇이 악한지를 판단할 능력도 없는 인간이 감히 어떻게 온 우주를 펼치고 보살피시는 창조주 하나님을 판단한단 말인가. 초등학생이 고등수학을 이해할 수 없는 것처럼, 엉금엉금 기어다니는 갓난아기가 자기 행동을 제지하는 엄마의 뜻을 일일이 파악할 수 없는 것처럼, 욥도 하나님의 뜻을 알기에는 너무나 어리고 또 어리석었다. 그리하여 욥은 하나님께 '회개'한다.

> 잘 알지도 못하면서 감히 주님의 뜻을 흐려 놓으려 한 자가 바로 저입니다. 깨닫지도 못하면서 함부로 말을 하였습니다. … 그러므로 저는 제 주장을 거두어들이고, 티끌과 잿더미 위에 앉아서 회개합니다(욥 42:3-6).

욥은 지금까지 하나님을 안다 하고 믿는다 했던 자신의 믿음이 사실상 '귀로만 주워들은' 것일 뿐, 참되고 진지한 신앙이 아니었는데, 이제는 "눈으로 주님을 뵙"(욥 42:5)는 듯 확실히 알고 믿게 되었다고 토로한다. 그 확실함이란 세상에서 아무리 경건하고 흠 없는 의인이라고 칭송받는 인간이라 할지라도, 하나님의 뜻을 온전히 알기에는 역부족이라는 깨달음이다. 달리 말하면, 하나님의 뜻은 '모름'의 영역, '신비'의 영역에 있어서, 그저 "너무나 신기한 일들"(욥 42:3)이라고밖에 고백할 수 없다는 것이다.

이로써 욥은 마침내 절망의 끝자락에서 겸허한 믿음을 회복한다. 나에게 일어난 모든 일은 '알 수 없는 하나님의 계획'이 '어김없이' 이루어져 가는 과정이라는 믿음이다(욥 42:2 참고). 지금은 이해할 수 없지만, 먼 훗날 밝히 드러나리라. 그때까지는 고난의 원인에 대한 궁금증도 괄호 안에 넣어두기로 한다. 나로서는 다만 하나님의 선의와 사랑만 신뢰하면 될 터다. 그러면 내 삶에 고난이 '왜' 닥쳤는지 모르는 상태에서도 '어떻게' 절망을 헤쳐나갈 것인지는 알 수 있다. 요컨대, 사방에 절망의 기운이 쫙 깔려 있어도 절망에 사로잡히지 않고 여전히 희망하는 법을 익힐 수 있다.

심리학자 장 메종뇌브J. Maisonneuve는 《감정》이라는 책에서 희망을 이렇게 정의한다. "희망은 … 긴장도 위축도 모르는 자연스러운 감정으로, 적극성과 무관심이 혼합된 젊은이들의 태평함과도 같은 것이다. … 희망을 소유할 수 있는 자는 학구적인 현자가 아니라 오직 어린아이의 영혼을 간직하거나 되찾을 줄 아는 사람들이기 때문이다. … 이제 우리는 희망을 신뢰감 속의 욕심 없는 기다림이라고 정의할 수 있을 것이다."[10]

영화 〈쇼생크 탈출〉에서 감옥의 생리를 빠삭하게 잘 아는 레드는 앤디의 '희망'이 무모하고 위험해 보인다. 종신형을 선고받은 주제에, 멕시코 해변에 호텔을 짓고 낡은 배를 수리하며 살고 싶다니, 정신 나간 소리가 아닌가 말이다. 그런 헛된 꿈은 빨리 깰수록 좋다고 점잖게 충고해보지만, 그 말에 설득당할 앤디가 아니다. 희망은 좋은 것이며 어쩌면 가장 좋은 것일지 모른다며, 그리고 좋은 건 사라지지 않는다며 실실 웃는다.

호흡이 있는 한,
나는 희망한다

앤디는 아내와 그 정부情夫를 살해했다는 누명을 쓰고 억울하게 쇼생크 감옥에 갇혔다. 처음에는 진범만 잡히면 풀려날 줄 알았는데, 그게 아니었다. 사리사욕을 채우기에 급급한 교도소장이 전직 은행원이었던 앤디의 '돈세탁' 능력을 필요로 하는 바람에, 진범이 밝혀졌는데도 20년이 넘도록 복역하고 있는 중이다. 이러다가는 꼼짝없이 그야말로 종신형을 살아야 할 판. 욕심 사나운 교도소장이 자신의 비리를 세세히 알고 있는 앤디를 순순히 놔줄 리가 만무하다. 그러니까 아예 멕시코 해변이니 뭐니 그따위 망상일랑 집어치우고 현실에 만족하며 사는 게 더 견디기 수월하지 않겠냐는 게 레드의 생각이다.

하지만 앤디는 레드에게 동의할 수 없다. 그렇게 살다가는 필경 브룩스 할아버지처럼 되고 말 것이다. 불의하고 억압적인 현실에 길들여지다 보면, 자신도 모르는 사이에 '적응'이 된다. 그러면 막상 자유가 주어져도 그것을 누리지 못하는 노예가 되고 만다. 그러므로 목숨이 붙어 있는 한, 무조건 희망해야 한다는 게 앤디의 생각이다. 그가 규정을 위반한 채 방송실 마이크를 점거해서는 모차르트의 〈피가로의 결혼〉을 튼 것도 그 때문이다. 이 일로 인해 비록 독방에 갇히는 처벌을 받기는 했지만, 잠시나마 감옥이라는 현실을 '초월'할 수 있었다는 게 훨씬 더 행복한 앤디. 독방에서 혼자 있기 힘들지 않았냐는 레드의 질문에 모차르트의 선율과 함께 있어서 견딜 만했다고 대답하는 그를 보노라면, 과연 희망이란 "긴장도 위축도 모르는 … 젊은이의 태평함"이라는 정의가 틀리지 않은 것 같다.

《희망의 원리》[11]를 쓴 에른스트 블로흐에 따르면, 보다 나은 세상을 기대하는 꿈을 저버리려는 태도는 원래 달팽이들에게나 해당될 뿐이라고 한다. 달팽이는 자신이 속해 있는 껍질 바깥에 또 다른 세계가 전개되고 있음을 모르고 살아가는 동물이다. 설령 안다고 해도 다만 추상적으로 알기 때문에, 마치 플라톤의 《국가》에 나오는 동굴 안의 노예들처럼, 결코 바깥으로 나오려고 하지 않는다. 블로흐는 보다 나은 세상, 곧 지금 여기에 아직 없는 세상, 글자 그대로 '유토피아utopia'는 달팽이의 언어가 아니라고 잘라 말한다. 그것은 희망의 다른 말인 '낮꿈'을 꾸는 자들의 몫이다.[12] 무의식의 세계에서 심리적 혹은 성적 현상들이 나타나는 밤꿈이 아니라, 철저한 의식의 세계에서 보다 나은 삶을 갈망하는 것 말이다.[13]

낮꿈은 단순히 바라기만 하는 것으로 끝나지 않는다는 점에서 백일몽하고도 다르다. 그것은 자신의 충족되지 못한 욕망을 대리 충족하기 위해 비현실적인 세계를 상상하는 것이 아니다. 일단 가슴에 품은 다음에는 현실에 구체화하기 위해 애쓰고 준비하는 실천 과정이 포함된다. 돌을 조각할 때 쓰는 망치 하나로 마침내 쇼생크 감옥의 벽을 뚫고 탈옥에 성공한 앤디를 보라. 그렇게 조그만 망치로 감옥 벽을 뚫으려면 족히 600년은 걸릴 거라고 모두들 비아냥거릴 때, 앤디는 밤마다 조금씩 벽을 긁었다. 틈나는 대로 지질학을 공부하고 감옥의 설계도를 연구하며 벽에서 나온 돌멩이를 이용해 체스 말을 조각했다. 가장 중요한 일, 점점 커지는 벽의 구멍을 은폐하기 위해 적절한 때 여배우 포스터를 교체하는 치밀함을 잊지 않았다.

가보지 않은 길은 누구에게나 멀어 보이는 법이다. 해보지 않은 일은 누구에게나 어려워 보이는 법이다. 그러나, 희망은 가보지 않은 길을 꿈꾸게 하고, 해보지 않은 일에 도전하게 만든다. 축구장 다섯 개 길이의 하수도관을, 구역질 나는 오물들과 씨름하며 온몸으로 기어가는 일이 희망 말고 달리 무엇으로 가능할까. 하기야 판도라의 상자 안에 고이 봉인되어 있는 희망을 아무나 대가 없이 쉽게 꺼낼 수는 없겠다. 앤디의 그 초인적인 희망에 쇼생크 감옥의 모든 재소자가 감염되는 장면은 두고두고 통쾌하다. 하여, "희망찬 사람은 그 자신이 희망이다"[14]라는 시구는 또 얼마나 경이로운 진리인가.

마침내 가석방된 레드가 감시망을 피해 앤디를 찾아가는 마지막 장면은 희망이라는 단어로 아예 도배되어 있다. 40년을 감옥에서 '길들여'졌으니 그에게도 희망은 두렵고 불안한 '금지어'임에 틀림없을 터. 그러나 앤디처럼 용감하게 한 걸음씩 내디디면서 레드는 읊조린다. "나는 희망한다, 무사히 국경을 넘기를. 나는 희망한다, 친구와 만나 악수하기를. 나는 희망한다, 태평양이 꿈에서 본 대로 그렇게 파랗기를. 나는 희망한다!"

그리고 보면, 밤꿈은 역시 혼자 꿀 수밖에 없지만, 낮꿈은 여럿이 함께 꿀수록 훨씬 더 좋은 것인가 보다. 아울러 밤꿈은 누워서 머리로 꾸지만, 낮꿈은 서서 발로 꾸어야 이루어지는가 보다. 그렇게 바짝 깨어서 매순간 인내심을 가지고 성실하게 한 걸음씩 옮기는 것이 희망의 다른 이름일 것이다. 그러니 "삶이 그대를 속일지라도 슬퍼하거나 노하지 말라"는 푸시킨의 시에서 위로를 얻자.[15] 절망의 끝에는 하나님이 숨겨놓으신 희망이 빛나고 있다. 그리고 우리가 믿기로, 어둠은 빛을 이겨본 적이 없다.

그뿐만 아니라 우리는 고통을 당하면서도 기뻐합니다. 고통은 인내를 낳고, 인내는 시련을 이겨내는 끈기를 낳고, 그러한 끈기는 희망을 낳는다는 것을 우리는 알고 있습니다(롬 5:3-4).

용서

당신을 용서한다고 말하면서
사실은 용서하지 않은
나 자신을 용서하기
힘든 날이 있습니다. _이해인

용서는 멀고,
복수는 가깝다

원래는 폼 나게 쓰려고 했다. 고상하고 우아한 방식으로. 그런데 '용서'라는 두 글자를 붙잡고 아무리 요리조리 씨름을 해도, 머리만 어지러울 뿐 도무지 가슴이 동하지 않는 거다. 그랬다. 부끄럽지만 인정해야 했다. 적어도 나에게 용서는 당위일 뿐, 현실이 아니라는 것을.

이해인 수녀님의 시를 다시 읽어보니, 이런 내 마음을 들킨 것 같아 부끄럽다. 용서하기는 해야겠는데 도무지 용서할 수가 없는 심정을 수녀님은 〈용서의 꽃〉[1]이라는 시에 담아 노래했다.

당신을 용서한다고 말하면서
사실은 용서하지 않은
나 자신을 용서하기
힘든 날이 있습니다.

무어라고 변명조차 할 수 없는
나의 부끄러움을 대신해
오늘은 당신께
고운 꽃을 보내고 싶습니다.

그토록 모진 말로
나를 아프게 한 당신을
미워하는 동안

내 마음의 잿빛 하늘엔
평화의 구름 한 점 뜨지 않아
몹시 괴로웠습니다.

이젠 당신보다
나 자신을 위해서라도
당신을 용서하지 않을 수가 없습니다.
나는 참 이기적이지요?

나를 바로 보게 도와준
당신에게 고맙다는 말을
아직은 용기 없어
이렇게 꽃다발로 대신하는
내 마음을 받아주십시오.

용서한다고, 이미 용서했다고 머리로도 생각했고 입으로도 말했지만, 사실은 용서한 게 아니었다. 나를 아프게 한 그 사람과 비슷한 뒤태만 봐도, 비슷한 말씨만 들려도 가슴이 울렁거리고 얼굴이 후끈 달아오르면서 순간적으로 복합적인 감정의 파노라마가 펼쳐진다. 완전 자동이다. 논리고 합리고 분석이고 따위가 들어설 여지가 없다. 무의식에 깊이 새겨진 상처는 언제든지 조건만 형성되면 산 채로 되살아나서 생생한 아픔을 남긴다. 그러니 용서는 무슨, 귀신 씨나락 까먹는 소리인가.

법은 멀고 주먹은 가깝다는 말이 있다. 평범한 우리네 삶에서는 용서는 멀고 복수는 가까운 게 아닐까 싶다. 어릴 때부터 귀에 못이 박히게 들은 《신데렐라》 유의 이야기도 따지고 보면 용서에 관한 이야기는 아니다. 만날 억울하게 당하고만 살던 신데렐라가 보란 듯이 멋진 왕자님과 결혼하여 못된 새엄마와 이복자매들의 코를 납작하게 해주었다는 것인데, 이게 전형적인 복수가 아니고 무엇인가. 통쾌한 인생 역전이요 막판 뒤집기다. 《심청전》도 그렇고, 《콩쥐팥쥐》도 예외가 아니다. 어릴 때 '명작 소설'이라는 이유로 읽은 《몬테크리스토 백작》은 더 말해 무엇할까. 그러고 보면, 우리는 어려서부터 복수의 재미에 푹 빠져 산 것 같다.

오죽하면 박찬욱 감독의 복수 3부작이 죄다 히트를 쳤겠는가. 〈복수는 나의 것〉(2002), 〈올드보이〉(2003), 〈친절한 금자씨〉(2005)를 관통하는 주제는 단연 복수다. 각 영화의 주인공들은 저마다 복수하기 위해 사는 것처럼 보인다. 감독은 인간의 삶을 이끌어가는 주요 원동력의 하나가 복수인 것을 꿰뚫어보았다. 선뜻 인정하기에는 좀 꺼림칙해도, 확실히 복수야말로 인간의 존재 이유 중 하나인 것을 부인하기 어렵다.

애당초 인간의 조건에는 용서라는 덕목이 없었던 게 아닐까. 인간은 자신한테 아픔을 준 상대를 깨끗이 용서하기 힘든 존재다. '아픈 만큼 성숙해진다'는 건 노래 가사에나 있는 말이고, 아픈 만큼 되돌려주어야 직성이 풀린다. 고대 바빌로니아의 함무라비법전에서, 또 이스라엘의 율법이나 이슬람 코란에서 "눈에는 눈, 이에는 이"라는 동태복수법同態復讐法을 정한 것은 나름대로 집단지성의 표현이었을 터다. 구약성서에는 이렇게 기록되어 있다.

자기 이웃에게 상처를 입혔으면, 피해자는 가해자가 입힌 만큼 그 가해자에게 상처를 입혀라. 부러뜨린 것은 부러뜨린 것으로, 눈은 눈으로, 이는 이로 갚아라. 상처를 입힌 사람은, 자기도 그만큼 상처를 받아야 한다(레 24:19-20).

그런데 문제는 상처를 입은 만큼 그대로 되갚는다는 게 과연 가능한가 하는 점이다. 상처를 아프게 느끼는 정도는 사람마다 제각각 다르기 때문이다. '모진 말'에도 살의殺意를 느끼는 사람이 있는가 하면, 그 정도쯤이야 허허롭게 넘길 수 있는 사람이 있다. 내가 듣고서 불쾌하고 모멸스러워 견딜 수 없는 말을 상대방에게 그대로 했을 때, 만약 그가 빙그레 웃기만 한다면, 그건 당최 복수일 수가 없는 것이다. 그러니 특정한 아픔에 대한 객관적인 척도가 없는 실정에서, 자신이 입은 상처만큼 상대방에게 그대로 되돌려준다는 게 어불성설이 아닌가 말이다.

'오두막'에 묻은 상처

윌리엄 폴 영의 소설 《오두막》[2]이 생각난다. 주인공은 매켄지 앨런 필립스로, 줄여서 '맥'이라 불리는 사내다. 그는 미국 중서부의 농장지대에서 대단히 엄격한 장로의 아들로 자랐는데, 문제는 그 아버지가 남몰래 술을 퍼마시는 알코올중독자라는 것이다. 툭하면 만취해서는 아내를 폭행하고 나중에 하나님께 용서를 비는 술주정뱅이 말이다.

열세 살 때 청소년부흥집회에 갔다가 분위기에 휩쓸려 교사한테 아버지 이야기를 상담한 것이 화근이었다. 맥은, 어머니가 술 취한 아버지에게 얻어맞아서 의식을 잃고 쓰러지는 걸 여러 번 목격했으면서도 아무것도 할 수 없는 자신이 죄스럽다고 눈물을 흘리며 고백했다. 그 교사가 아버지와 같은 직장에 근무하는 동료라는 걸 미처 의식하지 못한 채로.

부흥집회가 끝나고 집에 돌아오니, 아버지가 홀로 그를 기다린다. 어머니와 여동생들은 모두 이모네 집에 가고 없다. 아니, 아버지가 일부러 보냈다. 버릇없는 아들을 제대로 훈육하기 위해 본때를 보일 요량으로 아예 날을 잡은 것이다. 맥은 뒤뜰에 있는 참나무에 묶여서 이틀 내리 허리띠로 두드려 맞는다. 그것도 모자라 아버지가 성서구절을 인용해가며 '설교'하는 소리까지 질리게 들어야 했다.

2주일이 지나서 간신히 걸을 수 있게 된 맥은 농장에서 찾은 술병마다 살충제를 집어넣고는 가출해버린다. 어머니의 베개 밑에다가는 '용서해달라'는 쪽지를 넣어두었다. 열세 살 소년에게 세상은 얼마나 무섭고도 잔인했을까. 그러나 다행히도 그는 살아남았다. 여기저기 떠돌이 생활을 하며 돈을 벌어서는 몰래 어머니한테 송금할 정도였으니, 그가 얼마나 성실한 사람인지는 길게 설명할 필요도 없다. 20대 초반에는 호주의 한 신학교에서 신학과 철학을 공부하기까지 했다. 그러고 마침내 미국으로 돌아와서는 어머니와 여동생들과 화해하고, 착한 여자를 만나 결혼한다.

여기까지만 해도 한 편의 감동적인 드라마다. 소설 한 권 분량은 족히 나올 것 같다. 그런데 막상 책에서는 이 부분을 전체 409쪽 가운데 고작 4쪽 분량으로 싱겁게 다룬다. 그렇다면, 도대체 나머지 400여 쪽은 뭐란 말인가. 인생이 영화라면, 여기서 끝나야 딱이다. 어릴 때 읽은 동화도 꼭 주인공이 결혼하는 데서 끝나더라. 하지만 잔인하게도 현실은 '그다음'부터가 진짜다. 산 넘어 산, 물 건너 물, 그게 인생이다.

다섯 자녀를 두고 평범한 직장인으로 살아가던 맥에게 '거대한 슬픔 Great Sadness'이 들이닥친다. 다섯 살짜리 늦둥이 '미시'가 연쇄살인범에게 납치되어 살해당한 것이다. 끔찍한 이야기지만, 상황을 조금 자세히 설명하면 이렇다. 노동절 연휴를 맞아, 맥은 다 큰 두 아이만 빼고 나머지 셋과 야영을 떠난다. 간호사인 아내 '낸'은 평생교육 프로그램에 참석하기로 되어 있어서 함께 가지 못했다. 모처럼 어린 세 자녀와 함께 멋진 호수가 있는 주립공원에서 야영을 하며, 맥은 아버지로서 마음껏 행복감을 누린다. 막내 미시가 캠핑카 옆에서 그림을 그리는 사이, 카누를 타던 케이트와 조시가 물에 빠지자, 젊은 시절 한때 구조대원으로 일했던 맥이 실력을 발휘해 두 아이를 구조할 때까지만 해도 모든 게 좋았다.

그런데 그 야단 중에 미시가 사라진 것이다. 빨간 드레스를 입은 꼬마를 본 사람이 아무도 없다. 경찰 수사 결과, 미시는 깊은 산 속 어느 오두막에서 '꼬마 숙녀 살인마'라 불리는 연쇄살인범에게 살해당한 것으로 판명난다. 음침한 오두막의 난롯가에서, 찢어지고 피에 젖은 미시의 빨간 드레스를 확인한 순간, 무너져 내리는 맥. 미시의 시신은 끝내 발견되지 않았다. 할 수 없이 텅 빈 관을 놓고 장례를 치렀다. 그런데도 세상은 아무 일도 없던 것처럼 무심히 돌아간다. 하지만 아버지는 그럴 수 없다. 아니, 서로 말을 안 해서 그렇지, 가족 전체가 미시의 죽음에 감염되어 있다. 맥에게, 이 가족에게 '거대한 슬픔'이 자리 잡게 된 경위는 이토록 가혹했다.

미시가 실종된 그해 여름 이후 '거대한 슬픔'은 투명하지만 무거운 누비 이불처럼 맥의 어깨를 두껍게 감싸고 있었다. 그 무게에 두 눈은 흐려지고 어깨는 축 처졌다. … 맥은 매일 납으로 만든 무거운 목욕가운을 입은 것마냥 축 처진 채 … 만물을 퇴색시키는 음산한 낙담 속을 터벅터벅 걸어야 했다.[3]

살아 있어도 사는 게 아니다. 웃는다고 웃는 게 아니다. 사랑하는 미시가 없는 삶이 이렇게 공허할 줄 미처 몰랐다. 엄청난 공포 속에서 외롭게 죽어갔을 딸아이만 생각하면, "고문이라도 당한 것처럼 땀이 줄줄 흘렀고, 욕지기와 죄책감과 후회가 초현실적인 밀물처럼 몰아닥쳤다."[4] 3년 반이라는 시간이 흐르는 동안, 맥은 그야말로 "영원히 잿빛일 것 같은 무의미한 세계에서"[5] 누군가를 향한 원망과 복수심을 애써 잠재우며 근근이 목숨을 이어가고 있었다.

**'거대한 슬픔'의
치유**

그러던 어느 날, 맥 앞으로 이상한 편지 한 장이 날아든다. 보낸 사람의 이름도 주소도 없고, 우표나 소인도 찍혀 있지 않으니, 누군가 직접 우체통에 집어넣은 게 분명하다. 쪽지에는 이렇게 타이핑되어 있었다.

매켄지, 오랜만이군요. 보고 싶었어요.
다음 주말에 오두막에 갈 예정이니까
같이 있고 싶으면 찾아와요.
– 파파[6]

오두막이란 미시가 살해된 바로 그 현장이다. 맥의 심장이 빠르게 뛰기 시작한다. 다시금 분노가 치밀어오른다. 그렇다면 이 편지는 살인범이 보낸 것일까. 그런데 '파파'라니! 그건 아내가 기도할 때 부르는 하나님의 이름이 아닌가. 그는 사실 아내만큼 친근하게 하나님을 부를 준비가 되어 있지 않았다. 그에게 하나님은 위선자였던 장로 아버지의 하나님일 뿐, 그 자신의 하나님은 아니었다. 그분은 어린 미시가 살해당할 때도 속수무책이 아니었나. 도대체 전지全知하고 전능全能하시다는 하나님은 왜 꼭 자신이 필요할 때마다 직무유기를 한단 말인가.

그러고 보면 맥은 사실상 살인범에게 화가 났다기보다는 하나님을 향해 분통을 터뜨리고 있었는지도 모른다. '좋으신 하나님'이라면서 그가 나에게 과연 무슨 '좋은' 일을 해주었는가. 그분이 준 것이라고는 술주정뱅이 아버지와 그로 인해 뒤틀린 인생뿐이다. 아니, 더 있다. 그분은 미치광이 살인마와 '거대한 슬픔'도 덤으로 주었다. 그런 하나님을 어떻게 의지하란 말인가. 세상에 그따위 나쁜 인간들을 내보낸 하나님의 저의는 무엇인가. 하늘 저편 보좌에 앉아 선한 인간들이 고통당하는 모습을 즐기는 게 그분의 본성인가. 맥은 "하나님과 하나님의 종교에 싫증이 났고, 어떠한 차이나 변화도 이루어내지 못하는 것 같은 작은 종교 모임들에 넌더리가 났다."[7]

그 무렵 '파파'한테서 초대장이 온 것이다. 그것도 오두막으로 오라는 초대장이다. 맥은 용기를 내어 오두막으로 향한다. 무엇이든 사정없이 빨아들이는 우주의 블랙홀처럼, 맥의 삶에서 모든 기쁨과 즐거움을 빨아들여버린 그 비극적인 사건 속으로 되돌아가는 여정이다. 그 길이 평탄할 리 없다. 오두막까지 가는 길은 그 자체가 고통이다. 이때의 오두막이 굳이 장소적 의미일 필요는 없다. 사람마다 제 영혼의 오두막이 있는 법이니까. 남에게 들킬까봐 몰래 숨겨둔 부끄러움, 혼자 꺼내보기조차 너무 아픈 상처, 그런 것들을 잔뜩 쟁여놓은 기억의 저장소 말이다. 한데, 칼에 베인 손가락의 상처가 바람을 쏘여야 낫는 것처럼 묻어둔 아픈 기억도 끄집어내야 낫는다. 언제까지고 칭칭 동여매고만 있으면 안으로 곪아 썩어서 더 큰 문제가 생긴다. 그러니 힘들더라도 내면에 깊이 새겨진 상처와 대면하는 작업을 기필코 해내야만 하는 것이다.

맥에게 온 초대장은 정말로 치유를 위한 하나님의 '작업 걸기'였다. 맥이 '거대한 슬픔'에 압도되어 진정한 삶을 살지 못하고 있으니까, 이를 딱하게 여긴 하나님이 그를 위한 맞춤형 치유 프로그램을 가동하신 것이다. 은총은 항상 이런 식으로 온다. 그것은 철저히 하나님 편에서 우리 쪽으로 내려오는 사랑이다. 요컨대, 치유니 용서니 하는 것들은 인간의 개인적인 노력만으로는 한계가 있다. 위로부터 내려오는 은총이 아니고서야 인간의 능력과 의지만으로 풀기에는 너무 벅찬 과제다.

중요한 건, 은총이 내려올 때 거부하지 않는 태도이리라. 모든 상처는 '때'가 되면 낫는다. 그러니 아직 때가 아닌데도 억지로 매달리는 건 어리석음을 넘어 오만일 수 있다. 이미 때가 되었는데도 억지로 낫기를 거부하는 것 역시 마찬가지다. 때로는 머리로 납득되지 않더라도, 몸을 내맡겨야 한다. 이것이 이름하여 '순리順理'이며 '섭리攝理'다.

맥은 하나님의 작업 걸기에 못 이기는 체 넘어간다. 그 이후에 맥이 경험한 것은 사실상 모두 꿈에서 일어난 일이다. 이렇게 말하면 맥이 풀린다는 사람이 꼭 있다. 하지만 꿈이면 어떻고, 환상이면 어떠랴. 어차피 사람 사는 일이 한바탕 긴 꿈이 아니던가. 꿈의 의미와 가치를 폄하하는

사람은 실제 현실도 모르는 사람이다. 꿈은 우리를 무의식으로, 초월로 안내하는 고마운 스승이다.[8]

맥이 꿈에서 만난 세상은 모든 게 달라진 세상이다. 초라하고 음산했던 오두막은 온데간데없고, 튼튼하고 아름다운 통나무집으로 변해 있다. 거기서 맥은 몸집이 큰 흑인 여자의 모습을 한 성부 하나님 '엘루시아'와 별로 잘생기지 않은 유대 청년 '예수', 그리고 자그마한 체구의 아시아계 여인으로 나타난 성령 '사라유'를 만난다. 셋이면서 하나요 하나이면서 셋인 하나님과 사귀는 동안, 맥의 '거대한 슬픔'도 차츰 치유되기 시작한다.

멀고 먼
용서의 길

'차츰'이라 했다. 하나님과 만나면 만사형통, 인생의 모든 문제가 '단박에' 해결된다는 부흥회식 논리가 참말이면 좋겠다. 또 착한 사람은 복을 받고 나쁜 사람은 벌을 받는다는 권선징악 논리가 신앙생활에서도 통했으면 좋겠다. 하지만 실상은 꼭 그렇지만은 않더라.

예전에 튀김을 하다가 펄펄 끓는 기름을 발에 쏟아 3도 화상을 입은 적이 있다. 다 낫는 데 아주 오래 걸렸다. 처음 석 달가량은 발이 심장보다 아래로 내려가면 화끈거리고 저릿해 견딜 수가 없었다. 꼼짝없이 누워서 발을 번쩍 쳐들고 있어야 했다. 한 3년 동안은 겨울에 부츠 따위를 신을 수가 없었다. 스멀스멀 가려운 느낌은 그 후로도 오래갔다. 지금도 발가락 주위에 남아 있는 쭈글쭈글한 화상자국을 볼 때마다 그때의 공포가 엄습해온다. 상처는 육신의 것이든 영혼의 것이든 그 속성이 매한가지다.

그러니까 상처는 단지 '차츰' 덜 아파지는 것일 뿐, 절대로 완전히 사라지지는 않는다는 게 정직한 말 같다. 〈슬픔의 돌〉[9]이라는 작자 미상의 시가 그러한 속성을 잘 묘사한다.

슬픔은 주머니 속 깊이 넣어둔 뾰족한 돌멩이와 같다.
날카로운 모서리 때문에
당신은 이따금 그것을 꺼내 보게 될 것이다.
비록 자신이 원치 않을 때라도.

때로 그것이 너무 무거워 주머니에 넣고 다니기 힘들 때는
가까운 친구에게 잠시 맡기기도 할 것이다.
시간이 지날수록 주머니에서
그 돌멩이를 꺼내는 것이 더 쉬워지리라.
전처럼 무겁지도 않으리라.

이제 당신은 그것을 다른 사람들에게
때로는 낯선 사람에게까지 보여줄 수 있을 것이다.
그리고 어느 날 당신은 돌멩이를 꺼내 보고 놀라게 되리라.
그것이 더 이상 상처를 주지 않는다는 걸 알고.
왜냐하면 시간이 지나면서 당신의 손길과 눈물로
그 모서리가 둥글어졌을 테니까.

엄청난 고통과 아픔 때문에 삶이 완전히 망가지고 삶 자체를 아예 포기하는 사람들의 공통점은, 그 고통과 아픔을 나눌 친구가 곁에 없다는 것이다. 내 '슬픔의 돌'을 잠시 맡길 만한 친구가 단 하나만 있어도, 그런대로 숨구멍이 좀 트이련만, 그런 출구가 없으면 숨이 막혀서 인생이 좌초한다. 맥도 감당할 수 없는 '거대한 슬픔'의 무게 아래 짓눌려 죽을 맛이었다. 그런데, 보다 못한 하나님이 그의 '절친'을 자청하신 것이다. 슬픔의 돌을 자신에게 넘기라고, 그게 둥글둥글해질 때까지 함께 아파해주겠노라고.

말이 쉽지, '대신' 아파한다는 건 어지간한 인내와 사랑이 아니고서는 아무나 못할 노릇이겠다. 맥의 가슴에 쌓였던 분노가 봇물 터지듯 분출하는데, 하나님은 그저 묵묵히 듣고만 있다. 맥은 어린 딸 미시를 살해한 범인을 마음 놓고 저주한다. 또 그런 작자를 낳은 아버지도 저주한다. 이런 식으로 자꾸 올라가다 보니, 결국 하나님께 가 닿는다. 모든 게 하나님 탓이라고, 맥은 하나님을 비난한다.

그런데 남을 판단하거나 심판하는 행위는 심판받는 상대방보다 자신이 우월하다는 자의식에서 비롯되는 것 아닌가. 요컨대, 우리가 남을 심판할 때는 은연중에 하나님 놀이를 하는 셈이다. 자신이 하나님이라도 된 양, 아니 하나님보다 위에 있는 양, 모든 걸 다 아는 양 함부로 판단한다. 이 대목에서 '소피아'(하나님의 인격화된 지혜)는 맥에게 하나님 역할을 주문한다. 맥의 다섯 자녀 가운데 새 하늘과 새 땅에서 영원히 살아갈 아이를 둘만 뽑아보라는 것이다. 나머지 세 아이는 영원한 지옥으로 보내야 한다. 어떻게 가려낼 것인가.

맥은 도저히 못하겠다고 한다. 모두 똑같이 사랑하는데, 그중에서 어뚕게 달랑 둘만 살릴 수 있나. 심지어 아이들 중 누가 끔찍한 죄를 저질 렀다고 해도, 영원한 지옥으로 보내는 선고만큼은 제 입으로 내릴 수가 없다. "아이들이 한 일 때문이 아니라, 아이들에 대한 사랑 때문에 그럴 수 없는 것이다."[10] 맥은 누군가를 반드시 지옥으로 보내야 한다면, 자신 이 대신 가겠다고 말한다.

그러고 보니, 이것이 바로 모든 피조물을 향한 '파파'의 마음이 아닌 가. 애끓는 사랑 때문에 몸소 십자가의 길을 선택한 건 예수만이 아니었 다. 맥은 하나님의 손목에 난 못자국을 보며, 그분에 대한 미움이 녹아내 리는 걸 느낀다.[11] 그렇다고, 그분을 다 이해한 건 물론 아니다. 미시의 죽음을 포함하여 세상에서 일어나는 나쁜 일들이 본래 그분의 의도가 아 니라는 데까지만 알 뿐, 그 이상은 모른다. 하지만 그럼에도 불구하고 하 나님을 믿을 수는 있을 것 같다. 그분의 뜻은 잘 몰라도, 그분의 성품은 알겠기에. 하나님은 파괴가 아니라 회복을 원하신다. 죽음에서 생명을 만들고, 어둠을 빛으로 바꾸는 게 그분의 목적이다. 심판보다는 용서를 즐겨 하시며, 무엇보다도 형편없는 인간을 '특별히' 사랑하신다. 그 '불 가해한 사랑' 앞에서 맥은 그만 무장해제당하고 만다.

사랑과 친절의 혁명

바로 그때 하나님이 정말 어려운 주문을 한다. 미시를 죽인 살인마를 용서하라는 것이다. 마음으로만 하지 말고, 입으로 직접 '선언'하란다. 무리한 요구다. 맥은 절규한다. "파파, 나의 미시를 죽인 그 더러운 놈을 어떻게 용서할 수 있을까요? 오늘 그놈이 여기 있다면 내가 어떻게 반응할지 모르겠어요. 옳지 않다는 건 알지만 내가 당한 만큼 그놈에게 고스란히 돌려주고 싶어요. 정의를 이루지 못할 바엔 복수라도 하고 싶어요."[12]

맥의 이런 참담한 심정이야 헤아리지 못할 이유가 없을 것이다. 하지만 맥이 아직 모르는 게 한 가지 더 있다. 사람에게는 저마다 자신의 삶, 자기를 위한 삶, 자기다운 삶을 살고픈 욕구가 있다. 그러나 용서하지 않는 동안은, 증오심과 복수심에 불타 있는 동안은, 그런 삶을 살 수가 없다. 자신에게 상처를 준 사람을 미워하느라, 온 에너지가 소진되기 때문이다. 그의 삶을 망가뜨리고 파괴하는 게 삶의 목적이 되면, 결국 나의 삶은 그에게 종속되어버린다. 그로 인해 상처를 입은 것도 모자라, 그가 내 삶을 지배하고 조종하도록 계속해서 허용하는 셈이다.

그러니 그자를 계속해서 붙잡고 있으면 안 된다. 부정적인 감정과 생각을 털어버려야 몸도 마음도 건강해지는 법이다. 하지만 어떻게, 무슨 수로 털어낸단 말인가. 하나님께 맡기란다. 혼자서 끙끙거리지 말고 하나님께 놓아버리란다. "용서는 잊는다는 것과 달라. 용서는 다른 사람의 목을 놓아주는 거야. … 용서란 너를 지배하는 것으로부터 너 자신을 해방시키는 일이야. 또한 완전히 터놓고 사랑할 수 있는 너의 능력과 기쁨을 파괴하는 것으로부터 너 자신을 해방시키는 일이지."[13]

내키지는 않지만, 맥은 순종하기로 한다. 하여, 하나님이 시키시는 대로 '당신을 용서한다'고 선언하는데, 솔직히 속에서는 아직도 부아가 치밀어오른다. 용서도 '단박에' 되는 일이 아닌 모양이다. 치유와 마찬가지로 용서 역시 오랜 시간이 소요되는 지난한 과정인가 보다.

그런데 곰곰 생각해보면, 정작 나에게 상처를 입힌 그자는 아무 일 없던 듯 천연덕스럽게 제 인생을 살아가고 있지 않겠나. 내가 밥 한술 씹어 삼키지 못한 채 짐승처럼 울부짖으며 거리를 헤맬 때도, 그는 잘 먹고 잘 살았을 것이다. 과거의 기억에 얽매여 현재를 살지 못하는 건 나지, 그가 아니다. 그렇다면 그동안 벌을 받은 것도 나지, 그가 아니라는 뜻이다. 표면적으로는 그를 미워했지만, 실제로는 나를 미워한 것이다. 인생에서 그런 어처구니없는 일을 당한 자신이 그토록 어리석어 보일 수가 없다. 그때 이렇게 했어야 하는데, 저렇게 했어야 하는데, 그리 하지 못한 자신이 원망스러워 죽겠다.

하여, 무릇 용서는 이 지점이 진정한 출발점이 아닐까. 먼저 자기 자신을 용서해야 한다. 그래야 상대방에 대한 용서에도 진정성이 실린다. "당신이 벌을 받아야 한다고 믿는 사람은 온 우주에서 당신밖에 없어요."[14] 소피아의 말에 맥은 비로소 자신에 대한 미움을 거두어들인다.

그러고 보니, 자신을 용서하지 못해 스스로 벌을 주고 있던 건 그만이 아니었다. 맥은 그제야 케이트의 고통이 떠오른다. 미시가 죽은 이후로 마음속에 감옥을 만들고 스스로 그 안에 감금된 채 도통 밖으로 나오지 못한 케이트. 만약 아빠를 향해 인사한답시고 카누를 젓던 노를 치켜들지만 않았어도 배가 전복되는 일은 없었을 텐데, 그랬더라면 동생이 죽는 일도 없었을 텐데…. 모든 게 나 때문이다. 동생을 죽인 건 나다. 자신의 실수를 도저히 용서할 수 없어, 케이트는 강박적으로 '만약에' 게임을 반복하며 자신을 벌주고 있었다.

맥은 하나님이 자신에게 해주신 것처럼, 케이트에게도 용서라는 선물을 나누어준다. "딸아, 그 일에 대해 아무도 너를 비난하지 않는단다. … 그건 네 잘못이 아니야. … 그 사건은 우연히 일어난 거고 우리는 그 사건을 버텨내고 살아가는 법을 배울 거야. 우리 모두 함께. 알겠지?"**15**

《오두막》은 결국 한 사람의 용서가 어떻게 그 자신을 살리고, 주변 사람들에게 치유를 전염시켜 마침내 "사랑과 친절의 새로운 혁명"**16**을 이루어내는지를 아름답게 그린 소설이다. 맥은 변화되었다. 단순하고 즐겁게 삶을 누린다. "어떤 면에서 그는 아이가 되었다."**17** 그저 섬기고 사랑하고 웃고 즐거워하는 그의 일상은 그와 관계 맺는 다른 모든 사람에게도 조용한 파장을 일으킨다. 소설은 영국의 여류 시인 엘리자베스 배럿 브라우닝의 시어로 이렇게 끝난다. "지상에는 하늘나라로 가득 차 있다. 모든 평범한 나무들이 하나님과 함께 불타오른다. 그러나 볼 줄 아는 자만이 신발을 벗으며, 다른 이들은 나무 주변에 몰려 앉아 검은 딸기나 줍는다."**18**

일곱 번씩
일흔 번이라도

한때 삶이 힘들어 방황하던 때가 있었다. 내 삶을 그렇게 처참히 짓뭉개버린 그 사람이 미워서, 도저히 마음을 추스르기 어려웠다. 배신, 사기, 모욕, 모함, 끝도 없이 이어지는 고통의 터널을 통과하던 그때, 이해인 수녀의 〈용서를 위한 기도〉**19**를 얼마나 외워댔는지 모른다.

그 누구를 그 무엇을
용서하고 용서받기 어려울 때마다
십자가 위의 당신을 바라봅니다.

74

가장 사랑하는 이들로부터
이유 없는 모욕과 멸시를 받고도
피 흘리는 십자가의 침묵으로
모든 이를 용서하신 주님

용서하지 않는 사랑은 사랑이 아니라고
용서는 구원이라고
오늘도 십자가 위에서
조용히 외치시는 주님

우연히 선물 받은 수녀합창단의 음반에서 이 시에 곡을 붙인 노래를 발견하고 어찌나 반갑던지! 운전을 할 때도, 집안 청소를 할 때도, 설거지를 할 때도, 빨래를 할 때도 무작정 그 부분을 반복 재생해 들었다. 인공조미료가 첨가되지 않은 수녀들의 맑은 음색에서 혹시나 위로를 받을 수 있을까 하여 필사적으로 매달린 꼴이었다. 들을 때마다 대책 없이 눈물이 흐르는데, 수도꼭지가 따로 없었다.

눈에는 눈, 이에는 이로 갚으라는 율법을 폐기하고 "누가 네 오른쪽 뺨을 치거든, 왼쪽 뺨마저 돌려 대어라"(마 5:39) 하신 예수의 말씀이 도통 '복음'으로 들리지 않았다. "일곱 번씩 일흔 번이라도"(마 18:22) 용서하라고 말씀하고는 비틀거리며 십자가의 길을 걸어가신 예수의 무모함이 정말 싫었다. 어쩌자고 그분은 그렇게 바보스럽단 말인가. 제자랍시고 고른 열두 명은 모두 스승을 배반했다. 기적을 바랄 때는 구름 떼처럼 모여들던 군중도 십자가 앞에서는 하나같이 등을 돌렸다. 기껏해야 갈릴리에서부터 따라온 몇 안 되는 여자들만이 예수의 죽음을 지켜볼 뿐이었다. 그런 예수와 운명적으로 얽혀, 감당하기 어려운 요구 앞에 허우적대는 내 몰골은 또 어떤가. "다른 이의 잘못을 용서하지 않기엔/ 죄가 많은 자신임을 모르지 않으면서/ 진정 용서하는 일은 왜 이리 힘든지"[20] 십자가 앞에서 자꾸만 위축되는 내 존재가 한심스러워 죽을 지경이었다.

그런 처절한 시간들을 지나왔으니, 그래서 이제 완전히 용서했냐고 묻는다면, 나는 또 쥐구멍부터 찾아야 할 것이다. 아직도 갈 길이 멀다는 걸 알기 때문이다. 류근 시인의 시 제목처럼, 나라는 작자가 본래 툭하면 상처받기 잘하는 '상처적 체질'[21]인 데다가 딱히 심지가 굳은 것도 아니요 속이 좁기로 말하면 옹졸하기가 밴댕이 소갈머리 같으니, 어쩌면 죽을 때까지 휘청거리면서 골고다 비탈길을 올라야 할지도 모르겠다. 하지만 실망하거나 포기하지는 않는다. 어차피 이 길은 혼자 걷는 길이 아닌 까닭이다. 걷다가 힘들면 잠시 주저앉아 투정을 부려도 괜찮다. 하나님이 일으켜 세워주실 테니까. 그분의 손목에 난 못자국을 어루만지며 못 이기는 척 툭툭 털고 일어나 다시 걸으면 그만이다.

말이 나온 김에, 용서를 '받는' 부분에 대해서도 언급을 해야겠다. 여기까지는 용서를 '하는' 입장에서 서술했다. 말하자면, 피해자 입장이다. 그런데 가해자 입장에서는 어떻게 용서를 받아야 하나. 이창동 감독의 영화 〈밀양〉(2007)이 이 주제를 잘 부각시킨다.[22]

《오두막》의 맥과 비슷하게 주인공 신애(전도연 분) 역시 아들이 유괴, 살해당하는 어마어마한 비극을 겪었다. 범인은 아들이 다니던 웅변학원 원장 정도섭. 그에게 사형선고가 내려진들 피해자의 분노가 해소될 리 없다. 마음속 울분을 가라앉히지 못하고 방황하던 신애는 어느 날 문득 교회에 내걸린 "상처 입은 영혼을 위한 기도회"라는 현수막에 맹목적으로 이끌려 신앙에 귀의한다. 그러고는 '하나님과 연애하는 기분'이 되어, 이른바 새롭게 거듭난 존재로 살아갈 것을 다짐한다.

영화의 백미는, 일곱 번씩 일흔 번이라도 용서하고 원수까지 사랑하라는 예수의 말씀에 순종하기로 마음먹고 교도소를 찾아간 신애가 범인과 맞대면하는 장면이다. 그는 감옥 안에서 하나님을 만나 회개하고 용서를 받았다고 말한다. 기쁨에 겨워, 신애보다도 더 '밝고 환한' 얼굴을 한 그는 도리어 신애의 영혼이 구원을 얻어 평안해지기를 기도한다며 사라진다.

이런 그의 태도에 경악하는 신애. 나한테 용서받기도 전에 하나님한테 먼저 용서를 받았다고? 내가 아직 용서하지 않았는데, 하나님이 벌써 해버렸다고? 뒤통수를 맞은 기분이다. 극도로 허탈해진 신애는 갖은 위악僞惡을 부리다가, 급기야 하나님에 대한 최후의 발악인 양, 혹은 도전인 양 자살을 기도한다. 이후 영화는 정신병원에서 나온 신애의 고된 치유 과정을 담담히 그리는 것으로 끝난다. 물론 신애가 제기한 질문에 대해서는 함구한 채로. 그 답의 실마리는 어디에 있을까.

'값싼 용서'는
없다

구약성서의 욥기 결론 부분을 보면, 욥의 상처에 소금을 뿌리고 모래를 끼얹은 세 친구에게 하나님이 이렇게 말씀하시는 대목이 나온다. "이제 너희는, 수송아지 일곱 마리와 숫양 일곱 마리를 마련하여 내 종 욥에게 가지고 가서, 너희가 용서받을 수 있도록 번제를 드려라. 내 종

욥이 너희를 용서하여 달라고 빌면, 내가 그의 기도를 들어줄 것이다"(욥 42:8).

용서에도 순서가 있다. 정도섭은 하나님께 용서받기 전에 먼저 신애에게 용서를 빌어야 했다. 그가 신애에게 맨 처음 보여주었어야 할 얼굴은 이미 용서받은 자의 '밝고 환한' 것이 아니라 진심으로 용서를 구하는 자의 '두렵고 떨리는' 것이어야 했다. 이 과정을 생략한 채, 함부로 용서를 받은 듯 굴면 안 되는 것이다.[23] 피해자가 아직 용서하지 않았는데, 저 혼자 충분한 보속補贖이 이루어진 것처럼 하늘을 향해 고개를 빳빳이 쳐드는 행위는 피해자를 두 번 죽이는 짓이다.

일제 식민지 시절, 일명 '위안부'라는 이름으로 끌려가 일본군 성노예가 되어야 했던 할머니들의 원한이 아직 풀리지 않았다. 일본 정부가 공식사과하고 손해배상을 하지 않은 까닭이다. 그들은, 한국이 일본으로부터 차관을 가져다 쓰는 대신 이런 '껄끄러운' 문제는 덮어두기로 한 '한일협정'을 핑계 삼아, 계속해서 할머니들의 가슴에 대못을 박는다. 할머니들은 그들의 처지가 '불쌍하다고' 국민들이 모아다주는 보상금 같은 것 말고 죽기 전에 양국으로부터 '잘못했다'는 사과 한번 받아봤으면 여한이 없겠다 한다. 죽어서도 눈을 감지 못하는 할머니들의 얼굴이 눈에 밟힌다.

독재정권 시절, 민주화의 제단에 목숨을 바친 영령들의 한恨은 또 어떤가. 간첩 누명을 쓰고 옥살이를 하거나 죽임을 당한 사람들의 원통함은 대체 누가 풀어주나. 5·18 광주를 붉게 물들인 시민들의 피가 여전히 땅속에서 아우성친다. 2002년 월드컵 당시 미군 장갑차에 깔려 죽은 미선이와 효순이는 또 어떤가. 가난 때문에 어린 나이에 공장으로, 술집으

78

로, 기지촌으로 쫓겨 다니는 동안, '공순이', '갈보', '양갈보'라고 손가락질당해야 했던 여성들의 아픔은 누가 어루만져주나.

살인마의 손에 어이없이 죽은 《오두막》의 미시처럼, 이들도 다 억울하다. 자신이 지은 죄 때문에 당하는 일이라면 납득이 갈 법도 한데, 원인이 딴 데 있으니 곱절로 억울하다. 게다가 용서를 구해야 할 자가 끝내 사과하지 않을 때는 그 얼마나 기막힐 것인가. 무고하게 당한 이들이 땅에 묻혔다고 해서 저절로 덮어질 것이라 생각하면 오산이다. 땅들이 토해내고, 돌들이 소리치리라 했다. 하나님은 여러 소리 가운데서 특히 원통한 자의 울부짖는 소리에 가장 민감하시다. 그러므로 몹쓸 짓을 한 자는 속히 자신이 저지른 죄를 인정하고 피해자에게 용서를 구하는 게 신상에 이롭다. 용서의 은총은 빨리 올 수도 있고 더디 올 수도 있지만, 보채지 말아야 한다. 피해자의 억울함이 다 풀릴 때까지 언제까지고 고통의 빵을 먹으며 '마라의 쓴물'을 마셔야 한다. 세상에 '값싼 용서'란 없다.

그런데 가해자가 끝내 회개하지 않으면, 잘못을 깨닫지도 못하면 어찌해야 하는가? "그들을 용서하지 마십시오"(사 2:9) 하고 기도하는 사람들이 많아져야 한다.[24] "다시는 용서하지 않겠다"(암 7:8)는 하나님의 메시지를 대신 전하는 사람들이 늘어나야 한다. 요컨대, '한의 사제'가 곳곳에 있어서 역사의 다림줄을 바로잡아야 한다. 더 이상 이 땅에서 무고한 눈물을 흘리는 사람이 없도록 액막이를 해야 한다. 그런 사람이 많아져야 거친 광야에 새 길을 닦을 수 있다. 골짜기는 돋우고 봉우리는 깎아내고, 울퉁불퉁한 것은 평평하게 하고 구불구불한 것은 곧게 펴야, 그 길로 하나님이 오신다. 하나님의 나라가 열린다. 그러므로 사과 없이 용서를 강요하지 말라. 성급한 화해는 상처를 곪게 만들 수 있다.

우리가 알기로, 하나님은 어떤 큰 죄를 지은 사람이라도 멸망에 이르지 않고 회개하기를 원하시는 '자비가 풍성한' 분이다. 제 형의 손에 억울하게 죽임 당한 아벨의 호소에 귀를 기울이면서도, 동시에 제 아우를 죽이고 도망자 신세로 전락한 가인에게 한없이 연민을 느끼시는 하나님이다. 자신에게 상처를 준 사람을 일곱 번씩 일흔 번이라도 용서하는 마음은 하나님의 자비에서 비롯될 터다. 남에게 상처를 입힌 사람이 그 잘못을 용서받기 위한 과정에 들어설 수 있는 것도 하나님의 자비가 아니고서는 불가능하다.

하여, 용서는 하나님의 성품을 모방하는 위대한 예술이라 하겠다. 이해인 수녀의 〈용서를 위한 기도〉의 끝자락을 다시 읊조린다. 하나님을 쏙 빼닮은 외아들, 온유하고 겸손하신 예수의 성품이 내 마음에도 문신처럼 새겨지길 기도한다.

제가 다른 이를 용서할 때
온유한 마음을
다른 이들로부터 용서를 받을 땐
겸손한 마음을 지니게 해주십시오.

아무리 작은 잘못이라도
하루 해 지기 전에
진심으로 뉘우치고
먼저 용서를 청할 수 있는
겸손한 믿음과 용기를 주십시오.

가족

즐거운 곳에서는 날 오라 하여도, 내 쉴 곳은 작은 집 내 집뿐이리. _존 H. 페인

가족이
'웬수'

가족이라는 두 글자를 머릿속에 떠올리는 순간, '웬수'라는 단어가 떠오르는 건 사회화의 결과일까, 아니면 사적인 경험 탓일까. 유의하시라. '원수'가 아니라 '웬수'다. TV 드라마에서 철없는 남편이 '또' 모종의 사고를 치고 들어왔을 때 그 아내가 하는 말은 "으이구, 이 웬수야"지, '원수'가 아니다. 못난 자식 때문에 허구한 날 속병을 앓는 엄마 입에서도 웬수 타령이 흘러나오지, 원수라 하지 않는다.

웬수와 원수의 차이, 가족에 대한 정서적 개념은 거기에 근거하지 않을까. 원수의 사전적 의미는 "원한이 맺힐 정도로 자기에게 해를 끼친 사람이나 집단"[1]을 가리킨다. 흥미로운 건 한자어의 생김새다. 원수怨讐의 '원怨'이 '원한'을 뜻한다는 건 단박에 알겠는데, '수'라는 글자는 아무리 뜯어봐도 도무지 '원수'의 의미가 도출되지 않는다. 옥편을 찾아보니, '수讎'는 형성문자로, 뜻을 나타내는 '말씀 언言'과 음을 나타내는 '수讐'가 합하여 이루어진 글자다. 이때 '언'이 '수' 가운데로 들어가도 뜻은 똑같다.

그런데 '수讐'라는 글자는 본래 '가죽나무 고치'를 의미하지만, 실은 이 역시도 '새'를 의미하는 '추隹'가 두 개 합쳐진 모양이다. 그러니까 엉뚱한 상상력을 발휘해보면, 원수라는 한자어는 새 두 마리가 한 둥지 안에서 서로 짹짹거리며 싸우다가 마침내 둥지를 박차고 떠나게 되는 상황을 표현한 것인지도 모르겠다. 바꿔 말하면, 아무리 심하게 짹짹거려도 여전히 한 둥지에 머물고 있는 한, 진정한 의미의 원수는 아니라는 뜻이다.

가족은 집家을 공유하는 무리族다. 정확히는 한 집에 살면서 한 식탁에 둘러앉아 함께 밥을 먹으며 삶을 공유하는 식구食口라야 진정한 가족이다. 그러므로 더 나은 교육환경을 찾아 어린 자녀와 아내를 외국에 보내고 홀로 빈 둥지를 지키던 '기러기아빠'가 외로움과 소외감을 견디지 못해 자살한 사건은, 가족은 가족이로되 도무지 식구일 수 없던 상황이 낳은 비극이라 하겠다.[2] '집家'에 홀로 사는 사람이 있을 수는 있다. 그러나 가족家族이라는 단어는 아무래도 함께 어울려 사는 '무리族'의 개념이 강조되어야 제격일 것이다.

가족은 기본적으로 두 사람 이상을 구성 요건으로 한다. 이를테면 성서에서도 아담이 홀로 있을 때는 아직 가족이 아니다. 그의 짝이 될 하와가 등장해주어야만 비로소 가족이 형성된다. 성서는 하와가 아담의 갈비뼈에서 나왔다고 보도한다.[3] 아담이 잠든 사이에 하나님이 그의 갈비뼈를 취해서 만드셨단다. 순수하게 흙으로만 빚어진 아담에 비하면 하와는 재질부터가 다른 셈이다. 여성의 생명력이 강하고 질긴 까닭이 거기에 있지 않나 싶다. 흙으로만 빚어진 일반 도자기보다 동물 뼈를 갈아 넣어 골회骨灰 함유량이 높은 도자기, '본차이나'가 더 오래가는 법이다(더 비싼 건 당연하다).

잠에서 깨어난 아담이 하와를 보고서 내지른 환호성에 주목하시라. "이제야 나타났구나, 이 사람! 뼈도 나의 뼈, 살도 나의 살"(창 2:23). 이보다 더 아름다운 사랑 고백이 또 있을까. 그런데 이처럼 뜨겁고 열렬한 사랑도 얼마 못 가 싸늘하게 식어버린다는 데 인간의 비애가 있는 게 아닐까. 그 유명한 '선악과' 사건이 일어나자마자 아담의 태도가 돌변한다. 하나님이 단지 "네가 선악과를 먹었느냐?"고 물으셨을 뿐인데, "당신께서 저에게 짝지어 주신 여자가 그 나무에서 열매를 따주기에 먹었을 따름입니다"(창 3:12)라고 '오버'하며 둘러대기에 바쁘다.

물론 이해 못할 바는 아니다. 혼자 살았을 때가 얼마나 그리웠겠는가. 혼자 살면 편하다. 남의 기분이나 비위를 맞출 필요 없이, 자신이 하고 싶은 대로 하면 그만이다. 갈등과 충돌이 없으니, 관계에서 오는 스트레스를 받을 턱이 없다. 그러다가 둘이 어울려 살게 되면 그때부터 문제가 발생한다. 둘이라 좋다는 생각은 그야말로 잠시뿐, 괴로움의 연속이다. 사랑해서 합쳤건만, 사랑의 유효기간은 왜 그다지도 짧은지 금방 부패한다. 서로 없으면 죽을 것처럼 엄살을 부리던 '닭살커플'이 서로를 향해 '너 때문이다' 손가락질을 하면서 저주의 말을 퍼붓게 되는 건 순전히 시간문제다.

그러나 그리 말을 하면서도 여전히 한 집에 살고 있는 한, 둘 사이에는 아직 희망이 있다. 그러지 않고 둘 중 하나가 아예 집을 나가서 더 이상 삶을 공유하지 않는다면, 둘의 관계에는 비상이 걸린다. 웬수와 원수가 갈리는 것은 바로 이 대목.

웬수는 누구나 아는 표현이지만 사실상 없는 단어다. 원수라는 기존의 말을 '되게' 발음한 것뿐이다. 그것도 원한이 아니라 애정을 품고서 내뱉는다. 상대방의 어떤 행동이나 모습이 마음에 들지는 않지만, 그렇다고 헤어져서 살 마음도 없다. 그럴 때 악의 없이 저절로 튀어나오는 말이 '웬수'다. '부부싸움은 칼로 물 베기'라는 속담도 그런 맥락이 아닐까. 싸우기는 해도 앙금은 남지 않는다. 상대방의 마음을 헤아리고 있기 때문이다.

홈
스위트 홈?

에덴동산에서 쫓겨난 아담과 하와 부부를 보라. 책임전가에 급급하여 서로 으르렁댈 때는 언제고, 버젓이 '동침'하여 아들을 낳는다(창 4:1). 가족의 진가는 이렇듯 어려울 때 드러나는 법이다. 서로가 서로에게 '험한 세상의 다리가 되어'주어야 한다. 오죽하면 "즐거운 곳에서는 날 오라 하여도, 내 쉴 곳은 작은 집 내 집뿐이리"라는 노래가 세계인의 애창곡이 되었겠는가.

이 노래의 제목인 〈홈 스위트 홈Home Sweet Home〉은 십자수 작품에서도 애용되는 문구라, 나도 한때 십자수 붐에 휩쓸려 그 글자들을 수놓았던 기억이 난다. 본디 미국에서 남북전쟁 때 널리 불렸던 노래라고 한다. 당시 링컨 대통령 내외가 특히 좋아해서 백악관에 오페라 가수를 초청해 듣기까지 했다는 설도 있다. 그리고 보면 '스위트 홈'은 하루하루 전쟁을 치르느라 지친 영혼들에게 언제든 돌아가 쉴 수 있는 지상낙원의 이미지 그 자체인 것 같다.

그런데, 정작 이 노래의 가사를 쓴 미국의 극작가요 배우인 존 페인 John Howard Payne은 한 번도 단란한 가정을 꾸려본 적이 없는 방랑자였다는 사실을 아는가. 그러면 그렇지, 노랫말이 어째 좀 수상하다 했다. 한 번이라도 가정을 이루고 살아본 사람이라면 당연히 알 만한 '지지고 볶는 현실'이 생략되고 지나치게 낭만적이다.

기타노 다케시 감독은 일본의 코미디언 출신으로 영화도 여러 편 만든 천재적 인물이다. 일본 대중문화를 개방한 뒤 우리나라에서 처음으로 공식 개봉된 영화가 〈하나비〉(1997)인데, 이것이 바로 그의 작품이다.

딸을 잃고 아내마저 백혈병에 걸린 어느 형사가 이런저런 삶의 부침에 허덕이다가 마침내 아내와 함께 자살한다는 내용이다. 이렇게 음울하고 비극적인 영화를 만든 감독에게 어느 기자가 물었다. 당신에게 가족은 무엇이냐고. 그의 대답이 압권이었다. "보는 사람만 없다면 당장에 버리고 싶다!"

'스위트 홈'이라는 낭만화된 이미지 뒤에는 사실 기타노 감독의 독설에 상응하는 '적나라한 가족'이 놓여 있는 것 아닐까. 이 적나라함은 가족이 애정을 바탕으로 한 혈연관계이기 이전에 모든 인간관계의 본질인 권력관계의 속성을 공유하는 데서 비롯될 터다. 애완견보다도 못한 대접을 받는 노인, '스펙' 좋은 형이나 누나 때문에 잔뜩 주눅 든 아우, 똑같이 맞벌이를 해도 집안일에 전혀 협조하지 않는 남편 때문에 혼자 속병을 앓는 아내라면, 그 말이 무슨 뜻인지 금방 이해할 수 있을 것이다.

조사에 따르면, 결혼한 여성에게 가족의 범위는 남편과 자식 외에도 친정 부모와 시부모를 모두 포함한 것이라고 한다.[4] 그러나 결혼한 남성의 경우에는 아내와 자식과 친부모만 포함할 뿐, 처가까지 가족으로 여기는 남성은 대단히 적다는 것이다. 이러한 개념의 차이가 정서와 실천에 영향을 미칠 것은 분명하다.

식상한 이야기이고 현재로서는 뚜렷한 해법도 보이지 않지만, 이참에 명절 이야기를 해보자.[5] 명절이야말로 가족의 의미가 새삼 부각되는 계기니까. 명절증후군은 남성도 겪는다는 것, 충분히 알 법하다. 마누라 눈치 보랴 어머니 눈치 보랴, 중간에서 조율하자면 스트레스가 이만저만이 아닐 것이다. 게다가 요즘같이 노동환경이 유연해진 시대에 직장마저 위태롭다면 남자 체면에 오죽 힘들 것인가. 그런데도 명절증후군은 희한하게 이 땅의 '며느리'들만 걸리는 특유의 '풍토병'으로 알려져 있다. 그 까닭이 무엇일까.

명절이면 흩어졌던 가족과 친지들이 다 모여서 오순도순 정담을 나눈다. 이게 명절 풍경의 '정답'이다. 그러나 이 그림에 등장하는 가족과 친지는 일방적으로 '시가媤家' 혹은 '종가宗家'로 정해져 있는 게 명절증후군의 시발점이다. 전업주부든 맞벌이주부든 이 땅의 모든 며느리는 명절이면 무조건 시가에 가야 한다. 가서는 자기 남편이 처가에서 받듯이 '백년손님' 대접을 받는가 하면, 전혀 아니다.

물론 '모든' 며느리가 그렇다는 건 지나친 일반화일 것이다. 요즘은 며느리에게 친정행을 허락해주는 너그러운 시아버지도 더러 있고, 며느리가 오기 전에 미리 음식 장만을 해놓는 살뜰한 시어머니도 더러 있다. 하지만 그건 어디까지나 로또에 당첨될 확률과 비슷한 행운이지, 보편적 현상은 아니다. 더구나 그런 시부모 역시 '정상적인' 규범을 위반했다는 사회적 낙인에 맞서 싸우는 일이 쉽지만은 않을 것이다. 주변에서 얼마나 성화를 부릴 것인가. 늙어서 홀대받지 않으려면 단단히 군기를 잡으라고.

그렇다. '군기軍紀'라 했다. 결혼한 여성에게 시집 식구라는 또 하나의 가족은 유사 군대조직이다. 나이보다 서열이 우선이고, 같은 여자인데도 '언니' 대신에 '형님'이라고 불러야 한다. 문화인류학의 관찰인즉, 가부장적인 사회일수록 호칭이 발달해 있다는데,[6] 우리네 결혼을 둘러싼 호칭은 왜 이다지도 복잡한가.

'곰 세 마리'에 딴죽걸기

이쯤에서 언젠가 인터넷을 뜨겁게 달구었던 한 중년 여성의 〈신세타령〉을 음미해보자.[7] 포복절도할 이 가사에는 명절을 맞이한 며느리의 애환이 고스란히 담겨 있다.

> 이제부턴 가부좌네 다섯시간 전부치네
> 허리한번 펴고싶네 한시간만 눕고싶네
> 남자들은 티비보네 뒤통수를 째려봤네
> 주방에다 소리치네 물떠달라 난리치네
> 음식장만 내가했네 지네들은 놀았다네
> 절하는건 지들이네 이내몸은 부엌있네
> (…)
> 손님들이 일어나네 이제서야 간다하네
> 바리바리 싸준다네 내가한거 다준다네
> 아까워도 줘야하네 그래야만 착하다네
> 피곤해서 누웠다네 허리아파 잠안오네
> 명절되면 죽고싶네 일주일만 죽고싶네
> 십년동안 이짓했네 수십년은 더남았네

이런 가사를 읊조리는 며느리들에게 다음의 시를 들려준다면, 머리에 띠 두르고 데모라도 하게 생겼다. 정현종 시인의 〈부엌을 기리는 노래〉다.[8]

여자들의 권력의 원천인/ 부엌이여/ 利他의 샘이여.

사람 살리는 자리 거기이니/ 밥하는 자리의 공기여.

몸을 드높이는 노동/ 보이는 세계를 위한 聖壇이니

보이지 않는 세계의 향기인들/ 어찌 생선비린내를 떠나 피어나리오.

그 자체로는 너무나도 아름다운 시임에 틀림없다. 부엌을 "사람 살리는 성스러운 자리"로, "이타의 샘"으로 칭송하니, '부엌데기' 취급이나 받던 여성들은 춤이라도 추어야 마땅할 것이다. 그런데 정작 날마다 엇비슷하게 반복되는 '솥뚜껑 운전하는 일'에 매여 사는 여성들 입장에서는, 그렇게 좋은 일이면 남자들이 좀 하라는 소리가 절로 나온다. 부엌일을 '여자로 태어난 죄' 때문에 어쩔 수 없이 감당해야 하는 "시지포스의 형벌"9쯤으로 여기는 여성들에게는, 부엌이 권력의 원천은커녕 저주의 족쇄로 다가오기 때문이다. (남성 작가들의 시나 소설을 보면 이른바 모성 내지 어머니 노릇을 낭만화하는 경향이 농후하다. 그중에서 하필 정현종 시인의 시를 인용한 것은 순전히 내가 그분을 좋아하는 까닭으로 알고 넘어가주면 좋겠다.)

결국 가족에 대한 경험 내지 추억은 가족 내 지위와 권력에 따라 다르다고 말해야 옳을 것이다.10 누구나 동일한 기억을 갖는 게 아니다. '스위트 홈'의 기억은 먼 데 있는 잔디가 푸르게 보이는 원리와 비슷하다. 한 꺼풀 위선을 벗겨내면, 가족은 누구에게나 아프고 슬픈 기억의 요람이라고 해도 과언이 아니다.

가족 형태가 이른바 '정상'에서 벗어난 경우라면 어떤가. 요즘이야 결손가정 대신에 한부모가정이니 조손祖孫가정이니 하는 표현이 권장되는 추세지만, 그렇다고 '정상가정'의 규범이 사라진 건 아니다. 이른바 부모와 그 자녀로 이루어진 혈연가족 말이다. 여기에 덧붙여 '돈 버는 아버지'에 '살림하는 어머니', 그리고 '아들은 기본, 딸은 옵션'으로 갖추고 있으면 금상첨화다.[11] 우리 사회의 가족 관념은 이러한 정상성을 중심으로 구축되어 있다.

아이들이 즐겨 부르는 동요조차도 가족의 다양한 형태를 인정하기보다는 정상가족의 규범을 강화하는 데 일조한다. 〈곰 세 마리〉 같은 노래가 그 예다. "곰 세 마리가 한 집에 있어. 아빠 곰, 엄마 곰, 애기 곰", 이렇게 시작되는 노랫말은 정상가족이 무엇인지를 아이들의 머릿속에 자연스럽게 세뇌한다.[12]

최근의 보고에 따르면, 우리나라의 조이혼율(인구 1천 명당 이혼 건수를 비율화한 것)은 세계 2위 수준으로, 미국 다음이라고 한다. 이혼 자체에 대한 평가를 떠나서, 이 노래를 부르거나 들을 때 한부모가정의 아이들은 얼마나 상처가 크겠는가. 엄마 또는 아빠의 빈자리가 허전한 것도 모자라, 자신의 가정을 사회문제의 온상처럼 여기는 불온한 시선 때문에 이중으로 고통스러울 것이다.

언젠가 지방 강연을 마치고 어느 부부에게 저녁식사 초대를 받은 적이 있다. 식사를 마칠 즈음 자녀들이 식당에 들어왔는데, 아무리 봐도 부모와 닮은 구석이 전혀 없는 것이다. 눈치 없기로 소문난 나는 그만 "하나도 안 닮았네" 소리를 내뱉고 말았다. 나중에 알고 보니 재혼가정이라는 사실! 얼마나 미안했던지, '이놈의 주둥이'를 원망하며 두고두고 반성했다. 이 일이 교훈이 되어, 다시는 가족의 생김새에 대한 인상평을 절대로 입에 담지 않는다.

내친김에 한 번 더 딴죽을 걸어보자. 〈곰 세 마리〉는 "아빠 곰은 뚱뚱해, 엄마 곰은 날씬해, 애기 곰은 너무 귀여워"로 이어진다. 곰을 대상으로 한 노래치고는, 성별에 따른 편견이 너무 '인간적'이지 않나 싶다. 아빠가 뚱뚱한 건 당연(!)하지만 엄마가 뚱뚱한 건 설령 곰이어도 용서가 안 되는 일일까. 자식을 몇 낳았든 상관없이 아줌마도 '미스'처럼 날씬할 것을 강요하는 '미시missy' 이데올로기가 동요에까지 스며들어 있는 것 같아 씁쓸하다.

그 아이가
나보다 옳다!

"개굴개굴 개구리, 노래를 한다. 아들 손자 며느리 다 모여서"로 시작되는 〈개구리〉 노래는 더 심하다. 철저히 부계혈통을 중심으로 한 '확대가족'이 기준이다. '대代'를 잇는 것이 중요하기 때문에, 여기서는 '며느리'보다도 '손자'의 서열이 앞선다. 세계에서 유일하게 우리나라에만 있던 구시대적인 호주제도 폐지된 마당에 언제까지 '아들' 타령을 해야 하는지, 동요를 부르면서 착잡해지기는 또 처음이다.

기독교인들은 '부부와 그 자녀로 구성된 혈연가족'을 하나님의 창조질서로 미화하는 경향이 있다. 사회학적 용어로 하면 일부일처제에 기반한 핵가족 형태 말이다. 하지만 막상 성서를 들추면 혼란스럽다. 고대 가부장제 사회의 특징인 일부다처제가 버젓이 등장하는가 하면, 자식이 없는 채로 죽은 형을 대신해 아우가 형수와 결혼하는 '계대繼代 혼인법', 곧 '레비레이트Levirate' 결혼이 등장하는 등 다양한 가족 형태가 존재하기 때문이다.

야곱의 아들 가운데 하나인 유다 가문이 대표적이다. 장남 에르(또는 엘)가 다말이라는 여자와 결혼했다가, 자식을 낳지 못한 채 죽었다. 관습에 따라 다말의 시동생 오난이 형수와 결혼해야 했는데, 그는 아들을 낳아도 제 아들이 아니라 형의 아들이 되어야 한다는 생각에 "형수와 동침할 때마다 … 정액을 땅바닥에 쏟아버리곤 하였다"(창 38:9). 그 일로 하나님의 진노를 산 그는 이른 죽음을 맞이하고 만다. 이 일화에서 '수음手淫'을 의미하는 영어 단어 '오나니즘onanism'이 나왔다고 하니, 그만큼 불운하고 불명예스러운 이름도 없을 성싶다.

졸지에 두 아들을 잃은 유다는 막내아들 셀라가 심히 걱정되었다. 핏줄이라고는 달랑 하나밖에 남지 않았는데, 그 아들도 "다말에게 주었다가는 제 형들처럼 죽을지 모른다"(창 38:11)는 생각이 엄습한 것이다. 그래서 다말에게 "셀라가 다 클 때까지, 너는 네 친정아버지 집으로 돌아가서 과부로 살고 있거라" 한다. 정황상 '재수 없는 며느리'를 영영 쫓아내버릴 심산이었던 것 같기도 하다.

오랜 세월이 흘렀다. 이쯤 되면 셀라가 충분히 사내구실을 할 때도 되었건만, 아무런 기별이 없다. 그 사이에 시어머니가 죽었는데도 연락이 없는 걸 보면, 다말은 잊힌 게 틀림없다. 영락없이 소박데기가 된 것이다. 어찌 해야 하는가. 이대로 늙어죽는 수밖에 없나. 소박데기를 반길 친정은 아무데도 없다. 이런 경우에는 십중팔구 거리로 내쫓기기 십상이다. 그렇다면 무슨 수를 내야지.

양털을 깎을 시기가 되어 시아버지가 딤나로 온다는 소식을 들은 다말은 과부의 옷을 벗고 창녀로 분장한다.[13] 너울로 얼굴을 가린 채 딤나로 가는 길목에 나앉은 다말의 마음은 상당히 비장했으리라. 성서는 "그것은 막내아들 셀라가 이미 다 컸는데도, 유다가 자기와 셀라를 짝지어 주지 않았기 때문"(창 38:14)이라고 기록하고 있다. 뉘앙스가 어쩌 다말의 행동을 변호하는 듯하다.

그녀를 본 유다는 당연히 창녀라고 생각한다. 마침 아내를 잃고 적적하던 차였다. 화대로 새끼 염소 한 마리를 보내주겠다고 약조하고 관계를 맺으려 하니, 여자가 다시 홍정을 한다. 염소가 도착할 때까지 담보물을 달라는 것. "내가 너에게 어떤 담보물을 주랴?" "가지고 계신 도장과 허리끈과 지팡이면 됩니다." 앞뒤 따질 겨를도 없이 유다는 그녀의 요청에 응한다. 이로써 다말은 평생 처음으로 임신에 성공하는데, 말하자면 시아버지의 핏줄을 잉태하게 된 것이다.

이런 사실을 까마득히 모르는 유다는 친구 편에 새끼 염소 한 마리를 보내고 담보물을 찾아오라고 부탁하지만, 그 동네에는 아예 창녀가 없다는 회신을 듣는다. 귀신에 홀린 기분이다. 그래도 자기로서는 야박하게 화대나 떼어먹은 놈이라는 소리를 면했으니 그나마 다행이지 싶다. 값으로 쳐도 염소는 그까짓 지팡이 등속에 비할 바가 아니다.

다시 석 달이 지났다. 며느리가 임신했다는 소문이 유다의 귀에까지 들려온다. 안 그래도 '재수 옴 붙은' 며느리였다. 금쪽같은 내 아들을 둘씩이나 잡아먹지 않았나. 그것이 드디어 일을 냈구나. 유다는 치를 떨며 명령한다. "끌어내서 화형에 처하여라!"

그다음은 안 봐도 비디오다. 다말이 순순히 끌려나올 여자 같았으면, 그토록 담대한 일을 꾸밀 엄두조차 내지 못했으리라. 이때를 대비해 담보물까지 확보해둘 정도로 그녀는 치밀하고 영리한 여자였다. 다말은 시아버지에게 전갈을 보내, 아이 아버지의 정체를 밝힌다. 반전反轉이라는 단어는 이럴 때 쓰라고 있는 말이다.

나는 사실 이 대목에서 유다의 반응이 의외다. 그가 정말 나쁜 사람이었다면, 끝끝내 오리발을 내밀어도 되었을 것이다. 시치미를 떼고 화형을 시킨들 누가 뭐랄 것인가. 하지만 그는 그러지 않았다. 담보물을 본 순간, 즉시 자신의 잘못을 인정했다. "그 아이가 나보다 옳다! 나의 아들 셀라를 그 아이와 결혼시켰어야 했는데"(창 38:26).

족보
미스터리

유다는 그 뒤로 다시는 다말을 건드리지 않았다고 한다. 이 이야기가 '막장 드라마'로 흐르지 않은 것은 그 때문이다. 그가 다말을 성적으로 이용하기로 마음먹었다면, 얼마든지 그럴 수 있었을 것이다. 혹은 못된 며느리가 아들을 둘씩이나 잡아먹더니 이제는 시아버지까지 천하의 패륜남으로 만들었다고 미워했대도 어쩔 수 없는 노릇이다. 그러나 유다는, 다말이 그런 극단적인 선택을 하도록 몰아간 자신의 어리석음을 탓하고 회개하는 수순을 밟았다. 젊은 시절 형제들이 이복동생 요셉을 죽이려 했을 때도 목숨만은 살리자고 설득했던 그가 아닌가(창 37:26-27 참고). 역시 사람의 본성은 타고나나 보다.

기이한 것이 한 가지 더 있다. 마태복음 1장을 보면 예수의 족보가 나온다. 가부장적 문화권에서 형성된 족보답게 주로 남성들의 이름으로 도배되어 있는데, 사이사이에 여성의 이름이 엿보인다. 그 첫째가 다말, 다음은 라합, 룻, 밧세바로 이어진다. 그러니까 유다와 다말은 예수의 면

조상이다! 다말은 그렇다 치고, 다른 여성들은 대체 누구인가.

여리고 성의 창녀였던 라합[14]은 히브리 족속의 정탐꾼들을 도와 여리고 성을 함락하는 데 공헌함으로써 히브리 명문가의 자제 살몬과 혼인한 여성이다. 그런가 하면, 모압 족속인 룻[15]은 유다 베들레헴 태생의 남편을 여의자 시어머니를 모시고 베들레헴으로 이주하여, 시아버지의 친족 가운데 하나인 보아스와 재혼한 여성이다. 한편, 다윗 왕의 충신이었던 우리아 장군의 아내 밧세바[16]는, 남편이 전쟁터에 나간 사이 다윗의 부름을 받아 임신하게 되고, 급기야 다윗의 계략으로 남편이 전사하자 다윗의 후궁이 된 여성이다.

그야말로 드라마틱한 가족사가 아닌가. 부끄러운 조상의 과거는 가능하면 숨기고 싶은 게 인간이다. 게다가 거룩한 구세주의 족보라면 더더욱 그렇다. 하지만 성서 저자는 그런 전략을 취하지 않았다. 인간적인 실수와 실패를 가감 없이 노출했다. 하고많은 이름 가운데 하필이면 이렇게 복잡한 사연을 지닌 여성들의 이름을 적어 넣은 성서 저자의 속내는 무엇일까. 신약성서의 첫 장을 장식하고 있는 이 족보는 과연 누구를 위한 '복음'이란 말인가.

자신의 가족사를 자랑스러운 훈장처럼 내세우는 사람들이 종종 있다. 그들은 자신이 아무개의 몇 대손이라는 식으로 혈통을 강조한다. 혼사를 치를 때도 '근본 있는 집안'끼리 해야 한다며 뿌리를 따지기 일쑤다. 그런 사람 앞에 서면, 아무리 족보를 들춰봐도 내세울 이름 하나 없이 초라한 집안의 후손들은 괜스레 작아지기 마련이다. 여기에 미혼모의 자식이나 첩의 자식 등 '비정상적인' 가족사가 더해지면, '족보 콤플렉스'는 가히 만병의 근원이 될 정도다. 이런 이들에게는, 결코 자신의 잘못일 리 없는 가족사가 훈장은커녕 십자가가 될 터다.

예수에게 가족은 어떤 의미였을까. 복음서는 문학 장르상 전기가 아니어서, 복음서의 기록만 갖고서는 예수의 혼인 여부를 알 길이 없다.[17] 심지어 마가복음에는 예수의 출생에 관한 내용조차 없다. 반면 마태복음과 누가복음은 출생 기록을 포함하고는 있지만, 소개하는 내용이 서로 달라, 과연 어느 쪽이 맞는지 궁금증을 자아낸다. 이런 문제는 장르의 독특성에서 빚어진 자연스러운 현상이다. 복음서 저자들은 전기 작가들이 통상 그러하듯 예수의 일대기를 기록하는 데 관심이 없었다. 다만 예수의 행적과 가르침을 소개할 요량으로, 그 이야기가 필요한 특정 공동체를 염두에 두고 집필했을 뿐이다.

그럼에도 일부 연구자들은, 전기 작가적 호기심을 억누르지 못하고 예수의 혼인 여부를 추적해 들어간다. 당시 유대사회에서는 열세 살이 되어 성인식을 치른 남성은 특별한 문제가 없는 한 대체로 결혼을 하는 관습이 있었는데, 예수 역시 예외가 아니었을 것이라는 설명이다.[18] 그들은 요한복음이 소개하는 예수의 첫 번째 이적, 곧 '가나의 혼인잔치'가 바로 예수 자신의 혼례를 배경으로 한다고 추측한다. 댄 브라운의 소설[19]로 유명해져서 영화까지 만들어진 《다빈치 코드》 같은 작품들은 이러한 상상력에 기대어 만들어졌다.

현재 우리가 가지고 있는 신약성서에 포함된 네 권의 복음서가 그 문제에 침묵하는 이유는 무엇일까. 전기적 요소들이 비교적 소상하고도 풍부하게 알려져 있는 싯다르타('목적을 이룬 이'라는 뜻. 팔리어로는 '고타마'라고도 부른다. 한편, 석가모니라는 이름은 '샤카무니'의 음역으로 '샤카족의 성자'라는 뜻이다)에 비하면, 예수의 그것은 너무나 빈약하다. 이를테면 예수와 마찬가지로 싯다르타도 나이 서른에 출가出家를 결심한다. 그런데 하필 그때, 아내가 아들을 낳았다는 소식이 들려온다. 그러자 그 자리에서 아들의 이름을 '라훌라'로 지었다는 것이다. 라훌라는 산스크리트어로 '걸림' 또는 '장애'를 뜻하니, 자식은 구도求道의 길에 애물단지가 된다는 뜻이겠다.[20] 그랬던 라훌라가 7년 뒤에 '붓다'(산스크리트어로, '깨달은 자' 혹은 '깨친 이'를 뜻한다)가 된 아버지를 만나 어린 나이에 출가하여 제자가 된다. 그러고 보면 구도의 길에서 자식의 유무는 그다지 큰 변수가 아닐지도 모른다.

물은 피보다 진하다

득도得道라고 하는 것이 혼인 여부와 상관없이, 또 자식이 있든 없든 이루어질 수 있는 문제라면, 복음서 저자들이 예수의 사생활을 시시콜콜 다루지 않은 이유도 알 만하다. 중요한 건 깨달음에 이르려는 자세이지, 부수적인 조건이 아니라는 뜻이겠다. 그렇다면 출가란 글자 그대로 집을 나간다는 의미라기보다는 기존의 가족관계에 변화가 생긴다는 의미로 해석해야 하지 않을까.[21] 아버지와 아들 관계가 변화되어, 함께 깨달음을 추구해가는 도반道伴 혹은 길벗의 관계로 새롭게 거듭난다. 남편과 아내 관계 역시 마찬가지다. 정욕보다는 함께 길을 간다는 동지의식이 앞서게 된다. 인간관계에서 가장 질기고 강한 인연인 가족관계가 이리 풀린다면 그 밖의 관계들은 굳이 말할 필요도 없으리라.

현재 우리가 가지고 있는 신약성서에서 예수의 소년 시절에 관해 알

수 있는 유일한 단서는 누가복음 2장에 나오는 '실종 사건'이다. 본래 갈릴리 나사렛에서 살던 예수가 열두 살이 되던 해에 유월절을 맞이하여 예루살렘 나들이에 나섰다가 행방불명이 된 것이다. 하룻길을 가서야 부모가 알아챘다고 하니, 당시 예루살렘에 모인 인파가 얼마나 대단했을지 대충 짐작이 간다. (어쩌면 요셉과 마리아는 예수보다 어린 자녀들을 챙기느라 정신이 없었을지도 모른다. 마가복음 6장 3절을 보면, 예수에게는 '야고보, 요셉, 유다, 시몬' 등 남동생 외에도 '누이들'이 더 있었다.)

도로 예루살렘으로 돌아가 샅샅이 찾던 부모는 사흘 뒤에야 성전 안에서 랍비들에 둘러싸여 천연덕스럽게 토론에 열중하고 있는 예수를 만난다. 어머니 마리아가 반갑고도 놀라운 마음에 "애야, 이게 무슨 일이냐? 네 아버지와 내가 너를 찾느라고 얼마나 애를 태웠는지 모른다"(눅 2:48)고 하자, 예수의 대답이 당돌하다. "어찌하여 나를 찾으셨습니까? 내가 내 아버지의 집에 있어야 할 줄을 알지 못하셨습니까?"(눅 2:49)

듣는 요셉이 상당히 섭섭했겠다. 요셉은 예수가 제 아들이 아니라는 걸 알면서도 흔쾌히 거둔 사내다. 자신과 정혼한 마리아가 '남의 자식'을 임신한 걸 처음 알았을 때는 조용히 파혼하려고 마음먹기도 했다. 모세의 율법에 따르면, 이런 경우에는 여자가 돌에 맞아 죽을 수도 있기 때문에 '조용히' 처리하려고 한 것이다. 그런데 꿈에 천사가 나타나 마리아의 배 속에 든 아기는 성령으로 잉태된 생명임을 일깨워주었다. 그 말을 그대로 믿고 마리아와 예수를 거두었으니, 요셉은 과연 선량한 사람임에 틀림없어 보인다.[22]

그런 요셉의 면전에 대고 소년 예수가 대체 무슨 말을 한 것인가. 여기서 예수의 나이에 새삼 주목할 필요가 있다. 유대인의 숫자 개념에서 '열

둘'은 완전수를 가리킨다. 열두 지파니, 열두 제자니 하는 용어도 그래서 생겼다. 하여 유대인들은 소년의 나이가 열두 살이 지나면 성인식을 치러준다. 인생의 한 주기를 통과했다는 뜻이다. 그렇다면 성서 저자가 예수의 나이를 굳이 기록한 까닭은, 예수가 인생에서 대단히 중요한 시기에 직면해 있었다는 것을 에둘러 전하려는 의도가 아니었을까. 요컨대 열두 살 예수는 지금 부모 앞에서 '출가' 선언을 하고 있다.

이 기록에 무게를 둔다면, 서른 살에 공생애公生涯를 시작한 예수는 홀몸이었을 가능성이 많다. 열두 살에 이미 지상의 가족 개념을 초월했으니 말이다. 그는 자신이 있어야 할 삶의 자리를 '아버지의 집'으로 확정했다. 이때의 아버지는 당연히 요셉을 지칭하지 않는다. 예수에게 아버지는 오직 '하늘에 계신 하나님'뿐이었다. 그는 자신을 따르는 사람들도 그와 똑같은 깨달음에 이르도록 독려했다. "너희는 땅에서 아무도 너희의 아버지라고 부르지 말아라. 너희의 아버지는 하늘에 계신 분, 한 분뿐이시다"(마 23:9). 그가 가르친 '하나님나라'는 하나님을 아버지로 모시고 그분의 뜻대로 살고자 다짐하는 사람들의 범우주적 사랑의 공동체였다.

그러니까 예수는 지상의 어떤 권력도 절대화하지 않겠다는 결단의 근거로 '하늘 아버지'를 내세운 것이다.[23] 하늘은 하나님이 거하시는 공간의 상징이다. 기독교인들이 기도의 모범으로 여겨, 모일 때마다 외는 '주기도문'도 '하늘에 계신 우리 아버지여'로 시작된다. 물론 이 하늘heaven은 눈에 보이는 저 하늘sky이 아니다. 그래서 그리스어 원문에는 '하늘uranois'이 복수 형태로 되어 있다. 사람에게는 저마다 마음속에 하나님을 모신 자리, 곧 하나님을 아버지로 모실 수 있는 신령한 차원이 있다는 말이다. 그렇게 하나님과 특별한 관계를 맺게 되면, 지상의 모든 관계에 변화가 일어나기 마련이다.

예수는 한뜻을 품은 형제자매들이 서로 오순도순 사랑하며 지내는 평등한 제자공동체를 이상적으로 본 것 같다.[24] 남자와 여자, 주인과 노예, 유대인과 헬라인, 정결한 사람과 부정한 사람이 모두 한 상에 둘러앉아 함께 밥을 먹는다. 당시로서는 그 자체로 스캔들이었을 이 낯선 밥상공동체가 예수에게는 하나님나라의 밑절미였다. 말하자면 예수는 '피는 물보다 진하다'는 세상의 통념을 뒤엎은 것이다. 물로 세례를 받아 새롭게 변화되고 정결해진 사람이라면, 신의 뜻에 따라 살려고 애쓰는 길벗들을 살붙이처럼 여겨야 한다.

위대한 '가족의 탄생'

내가 이른바 가족 영화 가운데 최고의 걸작으로 〈가족의 탄생〉(2006)을 꼽는 이유가 바로 거기에 있다. 다른 영화들은 주로 가족 사이의 갈등과 화해라는 진부한 소재를 다양한 방식으로 변주하는 선에서 그치지만, 이 영화는 가족의 개념과 의미 자체를 송두리째 의문시하고 뿌리부터 성찰하기 때문이다.

먼저 등장하는 가족은 미라(문소리 분)와 형철(엄태웅 분) 남매. 5년 동안 아무런 연락도 없던 형철이 누나 혼자 사는 집을 찾아왔는데, 그에게는 스무 살 연상의 무신(고두심 분)이 딸려 있다. 어머니뻘 되는 여자를 애인이랍시고 데려왔으니, 미라의 입장이 '대략 난감'할 것은 분명한 일. 설상가상으로 무신이 옛 남편과 살 때 키우던 전처소생의 딸까지 찾아온다.

그 후 형철은 또다시 역마살이 발동해 홀연히 집을 나가서는 연락이 끊긴다. 이리하여 그 집에는 어른 여자 둘에 어린 여자 하나가 '동거'를 하게 되는데, 당연히 그들 사이에는 아무런 '핏줄 연고'도 없다.

장면이 바뀌어 이번에는 선경(공효진 분)의 가족이다. 선경에게는 나이 차이가 많이 나는 '씨 다른' 남동생이 하나 있다. 엄마 매자(김혜옥 분)가 유부남을 사랑하여 낳은 아이다. 선경은 그런 엄마를 무진장 한심해하면서 쌀쌀맞게 대한다. 어쩌자고 멀쩡한 가정이 있는 남자와 사랑에 빠진단 말인가. 게다가 엄마는 중병에 걸려 고생하면서도 자기 처지를 방관하는 그 남자를 끝내 미워하지 않는다. 결국 엄마가 죽자, 어린 동생을 돌볼 책임이 선경의 몫으로 돌아온다. 졸지에 엄마 역할을 하게 된 선경은, 경석을 통해 엄마의 사랑을 이해하게 되고 진심으로 경석을 아끼고 사랑하기에 이른다.

별로 연결점이 없어 보이는 두 가정이 나란히 소개된 이유는 바로 선경의 동생 경석(봉태규 분)과 미라와 무신의 딸 채현(정유미 분)이 운명처럼 서로 엮이게 되었기 때문이다. 둘 다 범상치 않은 가족사를 지닌 이 청춘 남녀는, 아니나 다를까 연애 한번 수월하게 하지 못한다. 마침내 헤어지기로 합의하고 채현의 집 앞에서 마지막 인사를 나누는데, 갑자기 대문이 열리더니 미라가 나온다. 다짜고짜 남자친구냐며 '급 호감'을 표시하는 미라에게 "우리 헤어졌어"라고 말하는 채현. 영화의 백미는 이 대목이다. "헤어졌다고 밥도 안 먹냐?"면서 미라가 무작정 경석의 손을 잡아 끌며 집 안으로 데리고 들어간 것이다.

이렇게 해서 밥상에 둘러앉게 된 무신과 미라, 경석과 채현은 당연히 피 한 방울 섞이지 않은 남남 사이지만, 딱 그 장면만 떼어놓고 보면 영락없이 할머니와 엄마, 아들과 딸처럼 보인다. 이런 그림에 도달하기까지 각자 인생의 사연이 구구절절한 건 두말할 필요가 없다. 그래도 이들은 한 상에 둘러앉아 밥을 먹는다. 글자 그대로 가족이 탄생하는 순간이다.

그 즈음, 영화는 갑자기 형철을 등장시킨다. 그는 이번에도 낯선 여자 하나를 데리고 왔다. 여자의 배는 형철의 씨를 잉태하여 보름달처럼 부풀어 있다. 흥미로운 것은 미라의 반응이다. 영화 초반에서 유일한 핏줄인 형철을 반기며 애지중지하던 모습은 온데간데없다. 그녀는 치매로 형철을 알아보지 못하는 늙은 무신을 감싸고, 형철을 매몰차게 쫓아낸다. 무엇이 그녀로 하여금 혈연을 넘어서게 만들었을까.

〈가족의 탄생〉은 이른바 대안가족의 가능성을 조심스럽게 탐색하는 것 같다. 고작 혈연 하나로 가족을 정상 아니면 비정상으로 가르는 시각은 얼마나 천박한 분류법인가. 가족의 의미는 그보다 훨씬 더 깊고도 넓다. 피를 나누었다고, 혹은 결혼식을 치렀다고 저절로 가족이 되는 게 아니다. 가족의 형성에서 핏줄이나 제도보다 더 중요한 것은, 미라가 무신을 내치지 못하는 마음, 채현을 딸로 받아들이는 마음이다. 바꾸어 말하면 인간에 대한 예의, 존중, 돌봄, 연민 같은 것들이 '가족의 탄생'을 위한 필수조건이라는 말이다.

시선을 멀리 옮겨보자. 무릇 종교란 것은 인간의 뿌리를 신에게까지 잇대는 역할을 한다. 마태복음과 누가복음이 예수의 족보를 담고 있는 것도 그 때문이다. 예수는 '마리아의 아들'인 것 같지만, 실상 '하나님의 아들'이라는 것이다. 예수라는 존재의 뿌리에는 하나님이 계시다. 그런데 이게 어디 예수에게만 해당하는 말인가. 모든 인간이 그렇다고 한다. 단지 이 진리를 깨달은 자와 깨닫지 못한 자의 차이가 있을 뿐.

비단 인간만이 아니라 우주의 모든 것이 신의 손길로 지어진 것이라면, 가족의 범위는 한없이 확장되지 않겠는가. 우주 안에서도 이 지구별에 태어난 인간은 신의 창조물 가운데 가장 늦게 지어진 존재다. 신은 인간에 앞서 초록 식물과 나무를 만드셨을 뿐 아니라, 새와 물고기를 지으셨다. 또 온갖 짐승들도 만드셨는데, 특히 이들은 사람과 똑같이 여섯째 날에 창조된 피조물이다. 그렇다면 인간이 다른 생명체들을 대할 때도 마찬가지로 신의 사랑으로 태어나 신의 보살핌을 받는 귀한 형제자매로 대우해야 하는 것 아닌가.[25]

아시시의 프란체스코가 도달한 그 깨달음의 깊이에 닿으려면 한참 멀었으니, 어리석은 중생의 '가족이기주의'를 치유할 묘약은 어디에 있단 말인가. 예수의 말씀 앞에서 어려운 숙제를 받아 든 아이처럼 겁부터 나는구나.

> 너희는 내가 세상에 평화를 주려고 온 줄로 생각하지 말아라.
>
> 평화가 아니라 칼을 주려고 왔다.
>
> 나는 사람이 자기 아버지와 맞서게 하고,
>
> 딸이 자기 어머니와 맞서게 하고,
>
> 며느리가 자기 시어머니와 맞서게 하려고 왔다(마 10:34-35).

생명

하나님의 성령을 숨 쉬는 얼생명이 참 생명이다. _다석 유영모

'생명이란 무엇인가'라는 물음에 관하여

'생명'을 주제로 글을 쓰려니, 머릿속에 대뜸 떠오르는 게 '생명이란 무엇인가'라는 고답적인 물음이다. 그런데 이 물음이야말로 머리 좋다는 과학자들과 철학자들이 수백, 수천 년 매달려도 풀지 못한 난제難題가 아니던가. 오죽하면 비타민C를 발견하여 노벨 생리의학상을 수상한 헝가리 출신의 물리학자 얼베르트 센트죄르지가 이런 말을 했을까. "모든 생물학자들이 늘 '생명이란 무엇인가'라는 질문을 던졌지만, 그때마다 어느 누구도 만족스러운 대답을 한 적이 없다."[1]

그럼에도 불구하고 이 물음은 여전히 사람들을 사로잡는다. 그렇다, 사람이라 했다. 분명한 건, 식물이나 동물은 그 물음을 묻지 않는다는 것이다. 모종의 정신작용이 가능하다는 측면에서, 이를 확인하기가 간단치 않은 식물은 제쳐두고라도, 사고력과 이해력을 갖추었다고 확실히 인증할 수 있는 동물 역시 '생명이란 무엇인가'라는 고도의 추상적인 질문을 던지지는 않는다. 식물이든 동물이든 생명을 공유한다는 점에서는 동일할 것이나, 동물 중에서도 유독 인간만이 '생명이란 무엇인가'를 묻는다. 그러고 보면 이 물음이야말로 인간의 고유한 특질에 속한다고 말할 수 있겠다.

생명은 그냥 '있음'을 뜻하는 존재存在와 다르다. 존재의 반대말은 비존재, 곧 없음이다. 지금 여기 내 눈앞에 '있는' 책상이나 컴퓨터는 당연히 존재의 범주에 들어간다. 하지만 이런 물건 또는 사물事物이 '살아 있다'고 말하지는 않는다. 다시 말하면, 생명은 살아 있음의 성격과 연관이 있다. 그런 의미에서 생명의 반대말은 살아 있지 않은 상태, 곧 죽음이다.

그렇다면 나는 살아 있는가. 그런 것 같기는 하다. 아직 죽지는 않았으니 살아 있다고 해야 맞을 것이다. 하지만 생명의 정의는 그저 살아 있음만으로는 충분할 것 같지가 않다. 목숨을 부지하는 한, 살아 있는 유기체, 곧 생물生物이기는 해도, 그 자체가 생명은 아닌 것 같다. "내가 곧 생명이다!" 이 말은 어딘가 불손하고도 불경한 느낌마저 든다. 그러고 보니 생명은 단순한 사실의 언어가 아니라 가치의 언어에 속하나 보다. 사실의 언어이기만 하다면, 생명에 관한 물음은 생물학자의 전유물이어도 괜찮지 않겠는가.

다시 센트죄르지의 고백을 들어보자. "생명의 비밀을 탐구할 때, 나의 첫 연구는 조직학에서 시작되었다. 그러나 세포 형태학이 생명에 관해 줄 수 있는 정보가 별로 만족스럽지 않다고 판단한 나는 생리학으로 돌아서게 되었다. 하지만 생리학은 너무 복잡했기에 약리학을 붙잡았다. 약리학 역시 여전히 난해함을 발견한 나는 세균학으로 옮겨가게 되었다. 그런데 세균은 한층 더 복잡해서, 할 수 없이 분자 수준까지 내려가 화학과 물리화학을 공부했다. 그 후로 20년이 흘러, 이런 결론에 도달했다. 생명을 이해하려면 전자 수준까지, 파동역학의 세계까지 내려가야 한다고. 그렇지만 이렇게 자꾸 내려가본들 무엇하랴? 전자는 단지 전자일 뿐, 도무지 생명을 갖고 있지 않은 것을. 아무래도 나는 내려가는 동안에 생명을 잃어버린 것이 분명하다. 생명은 내 손가락 사이로 빠져나가버린 것이다."[2]

생명을 알기 위해서는 방법을 바꾸어야 하나. 내려가지 말고 올라가라는 뜻인가. 내려가는 길목에서 생물학자들은 '바이러스'의 존재와 만나 혼동에 빠졌다. 그 이전까지는 생물과 무생물 사이에 뚜렷한 경계선을 그을 수 있다고 생각했는데, 이 낯선 물질로 말미암아 그 믿음에 차질이 생긴 것이다.[3] 바이러스는 스스로 번식할 수 없다는 점에서 필경 '무생물'로 간주되어야 마땅한데, 숙주인 생물체 안에 있으면 번식 능력을 발휘한다. 그러니 본래 생물인 박테리아와 달리 숙주와 결합되어야만 생물이 되는 바이러스는 생물인가, 무생물인가.

오늘날 생물학자들은 또한 생명의 최소 단위인 줄 알았던 세포가 색소체(녹색식물에서 엽록소를 함유하는 부분)나 미토콘드리아 등 세포소기관이라 불리는 작은 실재들로 이루어져 있다는 것도 알게 되었다. 이 세포소기관들 역시 생식은 기본이고, 간단한 분자 조합을 복잡한 조합으로 바꾸기도 한다. 하지만 이러한 생명 현상은 어디까지나 살아 있는 세포 '안'에서 일어나는 일일 뿐, 세포 '밖'에서는 절대 일어나지 않는다. 그러니 세포소기관들을 생물의 범주에 넣을지, 아니면 무생물의 범주에 넣을지 헷갈리는 게 당연하다.

이런 까닭에 물리학자 장회익 교수는 일찌감치 올라가는 전략을 택했다. 올라가도 참 높이 올라간다 싶은 것이, 지구를 넘어 태양계로, 아니 태양계를 넘어 광활한 우주로 시선을 돌린다. 그에 따르면, 참으로 생명이라 부를 수 있는 것, 이른바 생명이 자기충족적으로 생존할 수 있는 최소 단위는 '온생명global life'이라 한다.[4] 온생명은 태양이라는 항성恒星과 지구라는 행성行星 사이에 형성되어 있는 어떤 안정적인 질서를 가리키는 말이다. 그가 보기에, 우주의 텅 빈 공간 안에서 주위의 아무런 도움도 받지 않고 자족적으로 생명 현상을 지탱해 나갈 수 있는 최소여건을 갖춘 물질적 체계는 온생명밖에 없다는 것이다. 지구에 깃들어 사는 '낱생명individual life'은 온생명이 없이는 결코 스스로 생명 현상을 발현할 수가 없다. 아울러 온생명에서 자기를 뺀 나머지 생명들, 이름하여 '보생명 co-life'의 도움 없이는 한시도 살아 있기 어려우니, 한낱 낱생명으로서는 보생명과 온생명에 진 빚이 크다고 하겠다.[5]

먹어야
산다

쉽게 말해보자. '나'라는 낱생명이 오늘도 죽지 않고 살아 있으려니, 끼니마다 뭔가를 먹어야 했다. 밥도 먹고, 채소도 먹고, 고기도 먹었다. 각종 식물과 동물이 내 몸 속에 들어와 나를 살렸다. 그것들도 살아 있을 때는 하나의 낱생명이었을 텐데, 죽어서 나의 살아 있음을 돕는 제물이 되었다. 그러니 내 입장에서는 나를 뺀 나머지 생명들이 전부 보補생명 인 것이다. 게다가 나를 포함하여 지구 위의 모든 생명체는 태양으로부 터 오는 에너지가 없으면 살아 있을 수 없다. 지구 위의 낱생명과 보생명 이 온생명에 의존한다는 것은 그런 의미다.

이제야 영국 시인 윌리엄 블레이크의 선문답 같은 시가 이해되는 듯도 하다. "한 알의 모래 속에서 세계를 보고,/ 한 송이 들꽃 속에서 천국을 본다./ 손바닥 안에 무한無限이 있고,/ 영원은 순간 속에 깃든다."[6] 요컨 대 무위당 장일순 선생이 쓴 책 제목[7]처럼 "나락 한 알에도 우주가 들어 있다"는 뜻이겠다. 햇빛과 바람, 눈과 비는 물론이고, 농부의 수고와 정 성 없이는 쌀이 영글 리 만무하니, 맞다, 평화 가수 홍순관 선생의 노래 대로 쌀 한 톨의 무게는 '우주의 무게'다.

그렇다면 다른 생명을 먹어야만 자기 생명을 보존할 수 있는 생명의 원리란 얼마나 잔인한가. 먹고 먹힌다. 먹는 쪽은 강자고, 먹히는 쪽은 약자다. '동물의 왕국' 이야기가 아니다. 사람이 사는 이른바 문명사회도 더하면 더하지, 결코 덜하지 않다. 승자독식이라, 힘 있는 놈이 다 먹는다Winner takes All. 심지어 동물은 배고파야 먹지만, 사람은 배가 고프지 않아도 굳이 먹이에 손을 댄다. 동물은 배가 부르면 더 이상 먹는 것에 욕심을 부리지 않는데, 사람은 배가 불러도 더 먹으려 발버둥 친다. 이것만 놓고 보면 도대체 무슨 기준으로 사람을 '만물의 영장'이라 부르는지, 의아하지 않을 수 없다.

성서에는 '만나'라는 음식이 등장한다. 기원전 13세기경, 이집트제국을 탈출한 히브리 노예들이 광야에서 먹은 음식이다. 생각건대, 떠날 때 챙겨온 식량이 떨어진 다음부터는 나날이 먹을거리를 구하는 일이 그야말로 전쟁이 아니었겠나. 이때 하늘에서 단비처럼 내려온 음식이 바로 그것. 아침에 일어나보니, 지천으로 널려 있다. 모양은 고수의 씨앗처럼 하얗고, 맛은 꿀 섞은 과자 같은데(출 16:31), 난생처음 보는 것이다. 사람마다 눈이 휘둥그레져서 "이게 뭐지?"(히브리어로 '만 후') 하고 물었다 하여 '만나'라는 이름이 붙었다.

중요한 건 이 신통한 먹을거리는 어디까지나 '일용日用할 양식'이라는 점이다. 딱 그날 먹을 만큼만 거두어야지, 내일을 위해 쌓아두면 썩는다. 이러한 만나의 성격은 아마도 '내일'이 신의 영역에 속하는 시간이라는 준엄한 깨달음으로 이어졌으리라. 인간은 그저 오늘을 살 뿐, 내일을 기약할 수 없는 존재다. 내일을 위해 아무리 쌓아둔들, 오늘 밤에 돌연 목숨이 끊어지면 모든 게 허사다(눅 12:16-21 참고).

그러므로 먹되 '잘' 먹는다는 것은 많이 먹음이 아니라 절제하며 먹음을 의미할 것이다. 다석 유영모 선생님이 "식사食事는 장사葬事"[8]라고 말한 까닭도 거기에 있으리라. 먹는 일은 언제나 죽음/죽임을 동반하기 때문에 두려운 마음으로 먹어야 한다. 허겁지겁 먹거나 혼자만 많이 먹거나 남기는 일 따위는 윤리적 허물을 넘어 종교적 죄악으로 간주될 성싶다. 다석은 제 한 목숨 연명하자고 하루 세 번 꼬박꼬박 애먼 목숨 빼앗는 짓을 할 수 없어 '일일일식一日一食'을 실천한 이다. 저녁 한 끼로 세 끼를 충당한다 하여 스스로 붙인 호가 '다석多夕'이다.

자기 자신에게 이토록 엄격한 이를 만나면, 문득 나 자신이 부끄럽다. 아무 생각 없이 대충 살아가는 삶에 회의가 든다. 장회익 교수에 따르면, 이런 게 바로 지구 위에서 인간이라는 낱생명이 처한 운명이자 인간에게 주어진 과제란다. 인간은 온생명 안에서 온생명의 일부로 태어났지만, 오로지 인간만이 온생명에 대해 주체적으로 성찰하는 능력을 지녔다. 여기서도 인간은 단순히 살아 있음에 만족하지 않고, 살되 '잘' 살고자 하는 바람과 의지를 지닌 동물이라는 점이 확인된다. 그런 측면에서 인간이라는 종種의 특징을 의식consciousness에다 둔 학명Homo Sapiens은 지극히 일리가 있다.

그런데 '잘' 살아야 한다는 강박은 대체 어디서 온 것일까. 그냥 '막' 살면 왜 안 되나. 인간의 생명 물음은 결국 이러한 '가치'의 차원을 겨냥한다. 그래서 종교와 윤리가 필요한 것이다. 달리 말하면, 인간은 태생부터가 생물학의 방식대로 무한정 내려가는 것이나 물리학의 방식대로 무한정 올라가는 것만으로 생명에 대한 답을 구할 수 있는 종자가 아니다.

'생명이란 무엇인가'를 묻는 순간부터 인간의 시선은 어쩌면 눈에 보이는 세계 너머에 가 닿는 게 아닐까. 하기야 스스로 작심하여 태어난 인간이 어디에 있는가. 본래 인간의 목숨은 누구에게나 '주어진' 것이지, 본인이 무엇을 하여 '얻은' 것이 아니다. 가까이는 부모로부터 주어졌고, 멀리는 온생명으로부터 주어졌다. 그러고 보니 생명生命이라는 한자어가 여간 신통한 게 아니구나. 글자 그대로 '살아 있으라는 명령'이다. 각 사람에게 주어진 삶은 온생명 혹은 온우주 혹은 하나님이 뜻한 바 있어 내려준 선물이므로, 준 이가 도로 거두어가기 전까지 '막'(함부로) 사용하거나 (임의로) 처분하면 안 된다는 뜻이 담겨 있다.

목숨과 생명의 차이

〈하루〉(2001)라는 한국 영화가 떠오른다. 캠퍼스 커플로 만나 결혼한 석윤(이성재 분)과 진원(고소영 분) 부부의 이야기다. 그토록 사랑하건만 아기가 생기지 않아 고민인 부부는 마지막 기회라 생각하고 불임클리닉을 찾는다. 기다리고 기다리던 끝에 드디어 임신에 '성공'한 부부는 기쁨에 들떠 아기 이름부터 짓는다. '윤진'은 이들 부부가 각자 이름에서 한 글자씩 따서 붙인 것. 배 속의 아기는 그야말로 이들의 분신分身인 셈.

그런데 인간의 삶에 완벽한 행복이란 없는 법인지, 태아 검사를 받으러 간 병원에서 부부는 뜻밖에도 청천벽력 같은 소리를 듣는다. 배 속의 아기가 무뇌아라는 것, 그리하여 태어나도 하루밖에 살지 못한다는 것. 하늘이 무너진다. 어찌 해야 하나. 손쉽기로는 '지워버리면' 그만이다. 어차피 하루밖에 살지 못할 목숨, 태어나지 않는 게 차라리 나을지도 모른다. 마음 독하게 먹고 낙태하는 것이다.

하지만 벌써 이름까지 지은 마당인데, 그러자니 죄를 짓는 것만 같다. 모태에서 세상 밖으로, 아니 태초의 시간에서 바로 지금 이 순간까지 지난한 시공時空 여행을 겪었을 적에는 어느 생인들 의미가 없겠는가. 하늘이 하나의 생을 세상에 허락할 적에는 적당히 혹은 허투루 내보내는 법이 없을진대, 고작 하루밖에 살지 못할 인생이어도 거기에는 반드시 삶의 이유가 있을 것이다.

부부는 아기를 낳기로 결심한다. 진원이 보통의 산모들처럼 진통을 겪어내며 새 생명을 탄생시키자마자, 석윤은 부리나케 동사무소로 달려가 출생신고를 한다. 그렇게 한 생명이 세상에 다녀간 흔적을 기록으로 남겼다. 그뿐 아니라, 그 생명은 자신의 장기를 보시함으로써 여러 생명을 살렸다. 지상에 머문 시간은 단 하루였으되, 윤진은 누구보다도 의미 있는 생을 살고 갔다.

그러고 보면 생명의 의미 내지 가치는 오래 사는 것과 하등 상관이 없는 모양이다. 양보다 질이 중요하다는 건 이 대목에서도 여실히 입증된다. 구약성서에 나오는 히스기야 왕이 그 좋은 보기가 아닐까. 남유다 왕국의 13대 왕이었던 그는 병에 걸려 금방 죽을 목숨이었으나, 하나님께 떼를 써서 15년이라는 시간을 연장받은 일로 유명하다(왕하 20장 참고).

내가 오죽 '난사람'이면 하나님도 내 청을 거절 못하시나, 아암, 나 같은 위인은 무조건 오래 살고 봐야지, 목에 잔뜩 힘이 들어간 것은 당연지사. 이웃 나라 바빌로니아의 므로닥발라단 왕이 사람을 보내어 문안하자, 히스기야는 그만 '오버'한다. 나라의 부와 영광을 낱낱이 보여준 것. 한마디로 자신이 얼마나 잘난 왕인지 알아달라는 건데, 그게 빌미가 되어 결국에는 유다 왕국이 바빌로니아제국의 식민지로 전락하게 되었다.

차라리 그때 죽었더라면 더 좋았을 것을, 무덤 속에서 아무리 후회해봐야 소용없는 일.

다시 다석 유영모 선생의 지혜를 빌려본다. 그의 풀이에 따르면, 사람이라는 우리말은 '삶 앎'에서 왔다고 한다.[9] 어떠한 삶이 사람다운 삶인지를 알고 살아야 진짜 사람이라는 뜻이겠다. 삶이란 '살다'의 명사형이다. '살다'는 '사르다'에서 나왔다. 초가 제 몸을 '불사르다' 할 때의 '사름'을 일컫는 말이다. 이때의 사름은 물론 사라진다는 뜻이다. 하지만 아무 의미 없는 사라짐이 아니라, 그렇게 제 몸을 불살라 사라짐으로써 주변을 환하게 밝혔음에 주목해야 한다. 다시 말하면 '사르는 삶'이라는 것은 자신의 기운, 힘, 에너지를 주변에 나누는 삶을 말한다.

"살아서 살라서 살려라!"라는 화두는 그런 맥락에서 나왔다. 생명은 단순히 '살라는 명령'을 넘어 '살리라는 명령'까지 포괄한다는 것이다. 다석의 말을 직접 들어보자. "우리의 숨은 목숨인데 이렇게 할딱할딱 숨을 쉬어야 사는 생명은 참 생명이 아니다. 하나님의 성령을 숨 쉬는 얼생명이 참 생명이다. 영원한 생명에 들어가면 코로 숨 쉬지 않아도 끊어지지 않는 얼숨이 있을 것이다. 내가 어쩌고저쩌고 하는 제나는 소용이 없다. 숨 안 쉬면 끊어지는 이 목숨은 가짜 생명이다. 하나님의 성령인 말숨(말씀)을 숨 쉬지 못하면 사람이라 하기 어렵다. 하나님이 보내는 성령이 얼나인 참 나다. 석가의 법심, 예수의 하나님 아들은 같은 얼나인 영원한 생명이다."[10]

그러니까 한마디로 목숨과 생명은 다르다는 말이다. 영어로야 똑같이 'life'라고 하겠지만, 다석은 이 둘을 철저히 구분한다. 목숨은 '나'가 아직 '제나'일 때의 차원이다. 부모로부터 받은 몸뚱이를 굴리다가, 그 몸이 더 이상 작동하지 않으면 '죽었다'고 말하는 그 부분이다. 하나 참 생명은 몸뚱이의 썩어짐과 무관하다. 몸생명이 소멸해도 영원히 남아 있다. 다석은 이를 '얼생명' 또는 '얼나'라고 불렀다.

생명을
엔지니어링한다고?

성서를 보면 예수가 이런 말씀을 하는 대목이 나온다. "목숨을 부지하려고 무엇을 먹을까 또는 무엇을 마실까 걱정하지 말고, 몸을 감싸려고 무엇을 입을까 걱정하지 말아라"(마 6:25). 여기 나오는 '목숨'이 다석의 표현을 따르면 '제나'요 '몸생명'일 터. 그리스어로는 '비오스bios'라고 한다. 삶의 목적이 오로지 목숨을 부지하는 일로만 축소될 때, 그 인생은 얼마나 비루할 것인가. 목숨을 부지하기 위해, 하지 말아야 할 일도 서슴지 않는 인간의 삶이란 가련함을 넘어 추잡하기까지 할 것이다.

인문학의 위기 담론이 팽배한 요즘, 대학에서 가장 뜨는 분야는 단연 이공계, 그중에서도 공학 관련 학과들이다. 공학은 말 그대로 공업 생산이 목표인지라, 우리 시대의 시대정신인 '실용성'에 딱 맞아서 그럴 것이다. 희한한 건 공학 중에서도 생명공학이 최고로 각광받는다는 사실! 그리하여 각 대학의 생물학과마다 슬금슬금 이름을 바꾸기 시작한 지가 꽤 되었다. 생물학biology은 그야말로 '비오스bios'에 관한 말logos인데, 말만 갖고는 돈벌이가 되지 않으니 어떻게든 '엔지니어링'해야 한다. 그래서 나온 게 생명공학. 영어로는 'bioengineering'이다.

마이클 베이 감독의 영화 〈아일랜드Island〉(2005)를 보자. 이 영화는 애초 시대 배경을 2050년으로 잡았다가 이른바 황우석 논문이 발표되는 바람에 2019년으로 앞당겼다는 후문이다. 당시 서울대 수의학과 교수였던 황우석은 2004년 3월호 〈사이언스Science〉지에다가 세계 최초로 체세포 핵치환 기술에 의한 인간 배아줄기세포 연구에 성공했다는 논문을 실어 일약 '국민영웅'이 되었다.[11] 나중에야 모든 게 사기요 조작으로 드러났지만, 당시에는 워낙 난치병 환자들과 그 가족들의 지지가 맹목적이었기 때문에, 감히 누구도 그의 연구에 딴죽을 걸기가 어려운 분위기였다.

1996년생 복제양 돌리Dolly를 '만든' 기술이 바로 체세포 핵치환 기술이다. A라는 양에게서 난자를 채취하여 핵을 제거한 뒤, 그 '탈핵난자'에 B의 체세포에서 분리해낸 핵을 집어넣고 전기자극 기법으로 수정시킨다. 이 수정란을 다시 C라는 대리모 양의 자궁에 옮겨넣어 탄생시킨 것이 바로 돌리다. 두말할 필요 없이 돌리는 B와 유전정보가 완전히 일치하는 클론clone으로, 나이로는 모녀지간이지만, 유전학적으로는 일란성 쌍둥이라고 이해하면 쉽다.

이로써 지구 위의 모든 생물체는 암수 두 성性의 생식세포가 결합하여 부모의 유전정보를 반반씩 공유한 채 '태어난다'는 정설이 뒤집힌 것이다. 바야흐로 무성생식이 가능한 시대가 열렸다. 돌리의 경우에는 체세포 중에서도 젖샘세포가 쓰였다. 돌리를 만든 로슬린 연구소의 이언 윌머트 박사가 이 낯선 생물체의 이름을 무어라 지을까 고민하던 중, 가슴이 풍만한 미국의 팝가수 돌리 파튼을 떠올리고는 그리 지었다 한다.

당시 황우석이 성공했다고 발표한 연구는 수정란을 대리모의 자궁에 착상시키는 과정만 생략했을 뿐, 돌리를 만든 공정을 정확히 따라 한 것이다. 여성의 탈핵난자에다가 난치병 환자의 체세포에서 분리한 핵을 이

식해 수정란을 만든다. 수정 후 14일까지의 초기 배아는 인체의 어느 기관이나 조직으로도 분화가 가능한 '만능' 줄기세포다. 황우석은 척수 손상으로 팔이나 다리가 마비된 환자 아홉 명과 선천성 면역 글로블린 결핍증 및 소아당뇨를 앓는 환자 두 명에게서 피부세포를 떼어내 여러 가지 공정을 거쳐 배아줄기세포를 만드는 데 성공했다고 발표했다. 드디어 면역 거부반응 없이 난치병을 치료하는 길이 열렸다고 흥분하던 사람들의 눈에 황우석은 영락없는 '메시아'였다.

좋다. 사기가 아니었다 치자. 실제로 황우석의 연구가 '성공'했다 치자. 그 의미는 무엇인가. 영화 〈아일랜드〉는 바로 이 물음에 답하기 위해 만들어졌다고 해도 과언이 아니다. 복제인간의 출현이 눈앞에 다가온 것이다. 똑같은 포유동물인데, 복제양 '제조'가 성공한 마당에 복제인간이라고 못 만들 이유가 없다. 사실 배아줄기세포보다 의학적으로 더 안전하고 시술도 더 간편한 것은 아예 복제인간의 장기를 이용하는 것 아니겠나.

영화에서는 생명공학자 메릭 박사가 2014년에 복제인간 제조에 성공하여 '메릭 바이오테크'사를 차린다. 주인공인 '링컨-6-에코'(이완 맥그리거 분)는 메릭 박사의 '작품'이다. 원본인간 톰 링컨의 이름을 딴 그는 에코 계열 남성 제품으로, 직업이 보트 디자이너인 톰 링컨이 심장병을 앓고 있어서 심장을 이식받기 위해 주문했다. 가운데 숫자는 원본인간의 거주 지역을 나타내는 코드. 또 다른 주인공인 '조던-2-델타'(스칼렛 요한슨 분) 역시 델타 계열 여성 제품으로, 원본인간인 유명 모델 새라 조던이 대리모로 활용하기 위해 주문한 클론이다. 메릭 바이오테크에 이런 '제품'을 주문할 수 있는 의뢰인들은 적어도 500만 달러 이상의 지불 능력을 지닌 부자들이다. 사회의 상층부를 차지하고 있는 이들에게 복제인간의 존재는 그저 고장 나면 언제든지 갈아 끼우는 '예비 부품'일 뿐, 그 이상도 이하도 아니다.

'비오스'에 대한
염려를 끊으라

영화의 백미는 복제인간 링컨-6-에코와 원본인간 톰 링컨 사이의 팽팽한 기 싸움에 있다. 누가 진짜이고 누가 가짜인가. 둘 중 하나를 살려야 한다면 어느 쪽을 살릴 것인가. 복제인간과 원본인간 중에 누가 더 인간다운가. 자신의 '비오스'를 연장하기 위해서라면, 자신의 이기적인 욕망을 충족하기 위해서라면 무슨 짓이든 해도 된다고 믿는 원본인간의 방종한 신념은 대체 어디서 기인하는가. 아니 근본적으로 인간이 복제인간을 욕망하는 이유는 무엇인가.

그보다 한참 앞서 1996년에 나온 영화 〈멀티플리시티Multiplicity〉는 코미디 영화답게 해피엔드다. 잘나가는 건축가 덕(마이클 키튼 분)은 일에 치여 가족을 돌볼 여가가 없다. 엎친 데 덮친 격으로 주부 우울증에 시달리던 아내(앤디 맥도웰 분)마저 집안일을 방관한 채 취업에 나섰다. 몸이 셋이면 좋으련만, 하는 생각이 간절할 무렵 생명공학자 리드 박사가 접근한다. 복제인간을 만들어주겠단다. 그렇게 해서 원본인간 덕을 복제한 덕-1이 생겨난다. 그가 회사 일을 대신 해주니 얼마나 편한지 모른다. 하지만 덕-1이 덕-2를 복제하고, 덕-2가 다시 덕-3를 복제하면서 일이 점점 꼬인다. 뒤로 갈수록 외모만 똑같지, 어딘가 덜떨어진 복제인간이 나오게 된 것. 결국 원본인간 덕은 복제인간들을 모두 '해방'하기로 결정한다. 과학적으로는 엉성하기 짝이 없지만, 이 영화의 가장 큰 미덕은 바로 이 대목이 아닐는지. 원본인간 덕은 복제인간도 엄연히 나름의 개성을 지닌 존엄한 인격으로서 독자적인 삶을 꾸릴 자유와 권리가 있음을 인정한다.

하지만 〈아일랜드〉의 원본인간 톰 링컨은 끝내 그러한 깨달음에 도달하지 못한다. 아마도 장기이식이라는 절박한 현안 때문일 수도 있고, 링컨-6-에코를 주문생산하는 데 들어간 막대한 자본의 압박 때문일 수도 있다. 그도 아니면, 천성이 오만불손하기 때문일까. 여하튼 탐욕과 어리석음으로 똘똘 뭉친 그의 죽음이 처음엔 통쾌했다가 나중엔 서글프고도 섬뜩했는데, 그 이유를 알다가도 모르겠다. 애당초 원본인간에게 '존재론적 우위' 같은 게 있지도 않다면, 복제인간을 욕망할 근거가 없다는 생각만 머릿속을 맴돌 뿐.

일련의 생명공학 영화들은 결국 이런 식으로 '비오스'에 대한 '엔지니어링'의 부질없음을 고발하는 것 같다.[12] 기술과 자본을 통한 비오스의 양적 확대가 무슨 소용이란 말인가. 게다가 이때의 비오스는 철저히 소수의 엘리트 집단에게만 국한되는 것 아닌가. 무한정 늘어난 수명으로 그들이 대체 무슨 영양가 있는 일을 하겠다고…. 그런 점에서 생명을 비오스로 환원해 통제와 관리 대상으로 삼으려는 생명공학의 야욕은, 제아무리 고상하고 세련된 과학의 이름으로 포장할지언정, 불로초를 구하려고 애꿎은 선남선녀들의 목숨만 빼앗은 진시황의 야욕과 다르지 않은 것 같다.

아하, 그래서 사람마다 모름지기 '인생은 짧고 굵게' 살아야 한다고 목청을 돋우나 보다. 현실은 비록 '가늘고 길게' 살아가는 소시민의 불온성을 벗어나지 못한다 해도, 적어도 지향에서만큼은 그렇게 살면 안 된다는 강박적 부끄러움이 사람들을 휘어잡고 있나 보다. 만년 청년 예수는 서른셋 젊은 나이에 생을 마감했으나, 그 생의 의미는 영원히 살아서, 오고 오는 모든 세대에게 등불이 된다. 예수가 그러했듯, 등불처럼 비추는 삶을 살아야 비로소 참 생명이라는 뜻일 게다.

예수는 사람들에게 비오스에 대한 염려를 끊으라고 가르쳤다. 공중의 새나 들에 핀 꽃은 비오스에 집착하지 않는다(마 6:26-30 참고). 단 하루를 살더라도 '지금 여기'의 삶에 만족하며 자신의 전 존재를 하늘에 맡기는 단순 소박한 믿음이 그들의 장점이다. 그러니 인간도 그들의 믿음을 좇아 비오스에 전전긍긍하는 마음을 내려놓으라는 것이다. "너희 가운데서 누가 걱정을 해서 자기 수명을 한 순간인들 늘일 수 있느냐? … 무엇을 먹을까, 무엇을 마실까, 무엇을 입을까 하고 걱정하지 말아라. 이 모든 것은 모두 이방 사람들이 구하는 것이요, 너희의 하늘 아버지께서는 이 모든 것이 너희에게 필요하다는 것을 아신다"(마 6:27, 31-32).

그렇다면 비오스에 대한 염려를 내려놓은 사람이 구해야 하는 건 뭐란 말인가. 바로 '조에zoe'다. 물질적·물리적 의미의 비오스와는 질적으로 다른 차원의 생명. 그렇기에 본성 자체가 '영원한 생명aionios zoe'이다. 따라서 비오스의 유지·존속에 필요한 것들을 '구하는' 행위와, 조에를 누리기 위해 '구하는' 행위는 동일할 수가 없다. 우리말로는 잘 구분되지 않지만, 그리스어로는 앞의 '구함'을 '아이테오aiteo'로, 뒤의 '구함'을 '제테오zeteo'로 확실히 구분한다. 아이테오는 '요구하다, 욕망하다'라는 뜻이고, 제테오는 '추구하다, 찾다'라는 의미다. 그러니까 사람이 자기에게 주어진 비오스를 살아가면서 정작 애써 찾으며 추구해야 할 것은 영원히 소멸하지 않는 생명, 곧 '얼생명'이라는 말이겠다.

아프니까
생명이다

요한복음 저자에 따르면 영원한 생명, 곧 영생이란 "오직 한 분이신 참 하나님을 알고, 또 아버지께서 보내신 예수 그리스도를 아는 것"(17:3)이다. 기독교인이 아닌 사람들은 여기서 말하는 '오직 한 분이신 참 하나님'이라는 표현이 기독교의 통상적인 유일신관唯一神觀을 뒷받침하는 것으로 생각되어 거북할지도 모르겠다. 하지만 적어도 요한복음 저자가 보는 '하나'는 차라리 동양의 노자가 "하나가 둘을 낳고, 둘이 셋을 낳고, 셋이 만물을 낳는다"(도덕경 42장)고 한 그 '하나'와 일맥상통한다.[13] 노자는 그 하나의 이름을 '도道'라 부른 반면, 요한복음에서는 '말씀logos'이라 부를 뿐이다.

만물이 '하나'의 근원에서 비롯된 것이 분명하다면, 만물은 그 '하나'와 떼려야 뗄 수 없는 관계를 맺고 있을 터다. 예수는 그것을 알았다. 만물을 낳은 일자一者이신 '하나님'과 자신의 관계가 혈육의 관계보다 더 깊고 오묘하다는 것을 깨달았다. 다석 유영모의 말대로 예수가 '살아서 살라서 살리는 삶'을 살 수 있었던 원동력은 바로 그러한 깨우침에 있었다. 예수의 삶은 단 한 순간도 하나님과의 관계를 떠나서 생각할 수 없기에, 그가 하는 일은 곧 하나님이 하시는 일이었다(요 14:10). 이 관계가 그리스어로는 '조에'이고, 한자어로는 '영靈', 우리말로는 '얼'인 것이다.

하여 생명이라면 그저 비오스 혹은 육(肉) 혹은 제 몸뚱이밖에 모르는 사람들에게, 예수는 스캔들이요 눈엣가시일 수밖에 없었다.

신약성서의 복음서들 가운데 가장 먼저 기록된 마가복음은 1장에서 벌써 예수와 당대의 종교지도자들 사이에 감도는 범상치 않은 대립기류를 보도한다. 예수가 공공연하게 안식일법을 위반하는 '범법자'로 행세하기 때문이다. 예수는 가버나움 회당에서 안식일에 귀신 들린 사람을 치유했다. 또 같은 날, 열병에 걸려 누워 있는 베드로의 장모를 고쳐줄 때는 심지어 그 여자의 손을 잡기도 했다. 안식일법 위반에 정결법 위반까지 얹은 신성모독이다. 율법에 이르기를, 안식일에는 일하지 말고 쉬라고 했는데, 어디 감히 일을 한단 말인가. 게다가 '부정한' 병자와는 접촉하지 말아야 하는데, 어찌하여 손을 만지는가. 창녀나 세리처럼 직업 자체가 '부정한' 인간들하고도 아무렇지 않게 한 상에 둘러앉아 밥을 먹는 위인들이 바로 예수 패거리다.**14** 심지어 예수의 제자들은 밥을 먹기 전에 손을 씻지도 않는다(막 7:2 참고). 이쯤 되면 율법의 수호자를 자처하는 바리새인들과 율법학자들의 심기가 얼마나 불편했을지 안 봐도 뻔하다.

마가복음 3장의 풍경은 더 극적이다. 범인은 어지간하면 범죄 현장에 다시 나타나지 않는 법이건만, 예수 일행이 버젓이 가버나움 회당에 들어왔다. 안 그래도 '마이너스 프리미엄'**15**이 붙은 예수다. 바리새파 사람들의 곱지 않은 시선 속에 예수가 또 사고를 친다. 한쪽 손이 오그라든 사람을 용케 알아보고는 일어나서 중심에 서라고 말한 것이다. 누가복음에는 그 오그라든 손이 하필이면 '오른손'이라고 나온다(눅 6:6). 왼손 사용을 금기시하는 유대문화에서 오른손을 쓰지 못한다는 것은 생계가 곤란할 뿐 아니라 생활 자체가 불가능함을 의미하겠다.**16**

손이 오그라든 한 사내가 주섬주섬 중심으로 나선다. 예수가 그를 호명하기 전까지는 존재 여부조차 불투명했던 그다. 그의 자리는 늘 변방이었던지라 한 번도 중심에 서본 적이 없었다. 그런 그를 중심에 세운 예수가 여태껏 늘 중심을 차지하고 살던 '그들'에게 말씀한다. "안식일에 선한 일을 하는 것이 옳으냐? 악한 일을 하는 것이 옳으냐? 목숨을 구하는 것이 옳으냐? 죽이는 것이 옳으냐?"(막 3:4)

그러나 '그들'은 잠잠하였다고 한다. 이런 경우, 침묵은 금이 아니라 독이다. 정답을 알면서도 그걸 입으로 시인하면 자신들이 그토록 지키고자 애써온 율법, 아니 율법에 의해 지탱되는 생활세계가 엉망이 되므로 짐짓 모른 체해야 한다. 예수는 그게 안타까운 것이다. 어쩌다가 그들의 마음이 저리도 단단히 굳어졌을까, 분통이 터진다. 지금 눈앞에서 '영원한 생명'이 신명나게 펼치는 '살림'의 춤판을 보면서도 함께 덩실덩실 장단을 맞추지 못하는 그들.

> 사람이 살아 있을 때는 부드럽고 약하지만,
> 죽으면 단단하고 강해집니다.
> 온갖 것, 풀과 나무 살아 있으면 부드럽고 연하지만,
> 죽으면 말라 뻣뻣해집니다.

도덕경 76장에 나오는 말이다. 이어지는 '고견강자사지도 유약자생지도 故堅强者死之徒 柔弱者生之徒'를 오강남 교수는 "그러므로 단단하고 강한 사람은 죽음의 무리이고, 부드럽고 약한 사람은 삶의 무리입니다"[17]로 풀이했다. 그런데 내가 보기에는 '삶의 무리'를 '생명의 무리'로 옮기는

게 더 나은 것 같다. 자기 속에 생명이 있는 사람, 태초에 하나님이 불어넣어주신 생명의 기운을 고스란히 간직하고 있는 사람은 다른 사람의 고통과 상처에 민감하게 반응한다. 마음이 무르고 약한 것이 그들의 특징이다. 그러나 살아 있으되 그 속에 생명이 없는 사람은 완고하다.[18] 뭇 생명의 아픔에 무감각하며 공감할 줄을 모른다.

예수를 본받아 죽임의 세력에 맞서 살림의 춤을 멋들어지게 추다가 공교롭게도 똑같이 서른아홉 나이로 스러진 디트리히 본회퍼와 체 게바라를 기억한다. 그들보다 더 많이 산 나는 과연 생명의 무리일까, 죽음의 무리일까. 출애굽의 지도자 모세의 유언이 천둥처럼 내 마음을 울리는구나.

나는 오늘 하늘과 땅을 증인으로 세우고,
생명과 사망, 복과 저주를 당신들 앞에 내놓았습니다.
당신들과 당신들의 자손이 살려거든,
생명을 택하십시오(신 30:19).

잉어

부모나 상사가 보면 좀 쓸모 있는 짓을 하라며 호되게 꾸중할 '잉여짓' 하는 시간에 가장 창조
적인 작업이 이루어지는 셈이다. _고건혁

할머니는
잉여인간?

나는 지금 서울특별시 관악구에 산다. '지금'이라는 부사에 유의하시라. 때가 되면 떠나는 게 이 바닥의 진리. 없는 사람한테는 전셋집도 과분한 터. 어차피 자기 집에서 사는 게 아닌 처지에 딱히 왜 거기에 사냐는 질문만큼 무익한 것도 없다.

다세대 연립주택 꼭대기라는 주거 형태의 특징을 '정직하게' 반영하는 우리 집. 여름이면 불이라도 땐 것처럼 방바닥이 뜨듯해 하루에도 몇 번씩 샤워를 해야 하고, 겨울이면 북풍한설이 몰아쳐 애꿎은 난방요금만 치솟는다. 지난여름 기습폭우 때는, 거짓말 안 보태고, 천장에서 물이 줄줄('똑똑'이 아니다) 흐르는 통에, 세숫대야로는 턱도 없어서 두꺼운 겨울 이불로 물을 받았다. 산을 깎아 천편일률적으로 성냥갑 같은 연립주택들을 따닥따닥 지어놨으니, 뱀처럼 구불구불 좁은 골목길로는 도저히 소방차도 못 다닐 성싶다. 하여 불이 나면 다 죽는다는 처절한 연대의식으로 똘똘 뭉친 이들이 바로 산동네 주민들이다.

그나마 꼭대기 층은 훨씬 낫다. 반지하 층은 지난 몇 달 사이에 세입자가 벌써 세 차례나 나들었다. 지하 주차장 옆에 바로 붙어 있는 그 가구는 빨래를 아예 골목길에 내놓고 말린다. 남녀 속옷이 여과 없이 널려 있는 빨래건조대. 없는 사람에게는 프라이버시고 뭐고 챙길 여유마저 없는 걸까. 밤이고 낮이고 현관문을 열어놓고 사는 그네들을 보면, 가져갈 테면 가져가라, 좋게 말하면 호방함이고 나쁘게 말하면 '배 째라'식 심리가 읽힌다.

지하 주차장 입구에 언제부턴가 작은 의자 하나가 생겼다. 못 보던 것인데 왜 저 자리에 있을까 궁금하던 차에, 하루는 쓰레기를 버리러 내려 갔다가 못 볼 걸 보고 말았다. 이가 다 빠진 할머니가 지팡이에 의지한 채 그 의자에 쪼그리고 앉아 담배를 피우고 계신데, 상대적으로 젊은 여자가 할머니한테 마구 성질을 부린다. 다리에 깁스를 하고 목발을 짚은 여자는 금방이라도 할머니를 내려칠 기세로 목발을 들었다 놨다 하며 타박이다. 얼핏 들으니 할머니가 뭔가 버려서는 안 되는 물건을 모르고 내다 버린 모양이다. 딸인지 며느리인지 모를 중년여자의 기세에 할머니가 담배를 비벼 끄고는 구시렁거리면서 쓰레기 쌓인 곳으로 간다. 한쪽 발이 오그라들어 걸음걸이가 불편한 할머니는 한쪽 손도 오그라들고 얼굴이 반쯤 일그러진 게 영락없는 뇌병변장애인이다.

그러니까 그들이 바로 얼마 전 반지하 세대에 새로 이사 온 세입자들이다. 할머니와 자식 내외, 중학생으로 보이는 손자가 그 집의 구성원이다. 열린 현관문 틈새로 동굴처럼 어두운 실내가 눈에 들어온다. 할머니가 하루 종일 밖에 나와 의자에 앉아 있는 이유는 햇볕을 쬐려는 것이었나 보다. 암만 그래도 그렇지, 벌건 대낮에 할머니 혼자 덩그러니 의자에 앉아서 감자를 드시는 모습은 충격적이었다. 모르긴 몰라도, 그 시간 그 집에는 필경 다리에 깁스를 한 딸 혹은 며느리가 있었을 것이다. 방학이므로 손자까지 있었을지 모른다. 그렇다면 그들은 할머니와 겸상하기조차 싫어하는 것일까.

잉여. 한자로 남을 '잉剩' 자에 남을 '여餘' 자를 합친 말. 인터넷 국어사전을 검색해본다. "1. 쓰고 난 후 남은 것, 2. (수학) '나머지'의 전 용어, 3. 유의어로는 '여분', '흑자', '찌꺼기'가 있다."

이시하라 신타로石原慎太郎라는 일본 사람을 아시는지. 도쿄 도지사를 몇 번이나 역임한 인물로, 숱한 망발을 일삼으면서도 여전히 그 자리를 차지하고 앉은 기이한 극우 정치인이다. 그의 망언 가운데 유명한 것으로는, 이를테면 "독도는 일본 땅" 같은 발언이 있는데, "일본이 한국을 침략한 게 아니라 한국이 스스로 선택한 것이다"라고 대놓고 말하는 그이니만큼 유별난 것도 아닐 터다. 지난 3월에 발생한 후쿠시마 원전 사고로 도쿄 시민들이 수돗물의 안전성을 불신하자, 의혹을 잠재우겠다며 그가 나섰다. TV 앞에서 과감하게 수돗물을 들이켠 것. 얼굴만 찡그리지 않았더라면 모두가 깜빡 속았을 것을. 게다가 한술 더 떠 최근에는 일본이 중국과 북한에 맞서기 위해서는 핵무장을 해야 한다고 주장했다니, 젊어서 아쿠타가와상(일본에서 가장 권위 있는 문학상)을 수상한 작가라는 이력에 심히 의심이 간다.

올해 나이 78세. 그도 영락없는 할아버지다. 그런 그가 딱 10년 전에 한 발언이 일본의 어느 여성 주간지에 실린 적이 있다. "문명이 초래한 가장 유해하고 한심한 것이 할머니라고 하더라. 여성이 생식능력을 잃은 뒤에도 살아가는 것은 낭비이고 죄라더라."[1] 일명 '카더라' 통신을 인용한 척하지만, 실은 자신의 주장을 펼친 셈이다. 이 망언에 분개한 도쿄도내 20-80대 주부와 회사원 등 여성 121명이 정신적 피해를 입었다며 1인당 1만 엔씩 손해배상 청구를 제기했다.[2]

결과는 기각! 억울하니 사과하라는 여성들의 목소리도 그의 오만한 태도를 바꾸지 못했다. 그러고도 자꾸만 도쿄 도지사에 뽑히니, 나는 이게 더 무섭다. 그의 말이 먹힌다는 뜻이니까. 또 그 자신도 자기 말이 먹힌다는 걸 안다는 뜻이니까.

노아의 방주에는
할머니도 탔다

　지구 위의 모든 인간과 마찬가지로 그에게도 틀림없이 할머니가 있었을 텐데, 어쩌다가 그런 망상에 빠지게 되었을까. 그의 말대로 남자는 할아버지가 되어서도 '생산'이 가능하다. 2001년에 타계한 명배우 앤서니 퀸을 보라. 남들은 증손자를 볼 나이인 78세와 81세에 연거푸 아들과 딸을 생산했다. 이미 두 아내에게서 열한 자녀를 둔 그다. 남성성에 집착하는 모양새가 그다지 아름다워 보이지는 않으나, 어쨌든 대단한 정력가임에는 틀림없다. 그렇다면 상대 여성은? 48세 연하 애인이다! 동일 연령대의 여성은 이미 '폐경기'(요즘엔 '완경기'라고 표현하는 게 예의다)가 지난 터라 자연적으로 임신이 불가능하다. 그러니 할아버지가 '생산'을 하고 싶으면 할머니로는 안 되고, 할 수 없이(?) 젊은 여성을 '이용'해야 한다.

　이시하라 신타로가 생각하는 '생산'의 개념은 산업적인 요소를 포함할 것이다. 지금 할아버지가 된 남성은 젊어서부터 산업노동에 투신하여 국가의 부를 창출하고 가족을 먹여 살렸다. 그러므로 더 이상 생산활동에 참여하지 못하더라도 그 공로는 인정받아야 마땅하기에 가정과 사회가 알아서 권위를 세워주어야 한다는 발상이다.

　틀린 말이 아니다. 나도 '뒷방늙은이'로 전락한 어른 남자를 보고 있으면 짠한 마음이 든다. 하지만 그럼에도 불구하고 신타로의 이중 잣대는 언제나 불편하다. 그에게 '생산' 개념은 철저히 남성의 언어다. 여성, 그것도 기혼여성의 경제활동 참가율이 50퍼센트에 육박하며, 특히 빈곤가정의 기혼여성은 90퍼센트 이상이 맞벌이에 종사한다는 통계[3]는 아무런 의미가 없다. 그가 보기에 여성의 고유한 일이란 오로지 자녀 생산과 양육, 그리고 가사노동에 한정될 것이다. 아무리 여자가 '밖'에서 능력을 발휘해도 '안'을 잘 챙기지 못하면 실패한 인생이라는 논리다. 자고로 여자는 남자가 벌어다주는 돈으로 살림'이나' 잘하고 자식'이나' 잘 키우면 그게 상팔자라고 한다. 그런 고루한 생각에 꽉 붙들려 있는 사람에게 딴소리를 했다가는 "너 같은 계집 때문에 나라가 망한다"는 엉뚱한 지청구만 들을 게 뻔하다.

지금도 이런데, 구약성서에 나오는 노아 시대에는 어땠을까. 호랑이 담배 피우던 시절, 할머니는 글자 그대로 '잉여인간'⁴ 취급을 받았으리라. 능력 있는 남자가 부인을 여럿 거느린들 누가 뭐라 하지 않던 시대다. 노아로부터 한참 후대 사람인 야곱만 해도 잘생긴 외모와 차분한 성격에 더해 재산을 불리는 재주까지 남달라서 부인 넷에 열두 아들(그리고 딸 하나)을 두었다는 것 아닌가.

노아는 인류 역사상 최초의 대홍수 때 하나님이 지시하신 대로 방주를 지어 피조세계의 명맥을 이은 신화적 인물이다. 하나님이 보시기에 "세상이 썩었고 무법천지가 되어 … 살과 피를 지니고 땅 위에서 사는 모든 사람들의 삶이 속속들이 썩어"(창 6:12) 온 세상을 멸하시기로 작정하셨는데, 단 한 사람 노아만큼은 부패한 인간이 아니더라는 것이다. 그는 "당대에 의롭고 흠이 없는 사람"(창 6:9)이었다. 하여 하나님은 그를 신인류의 기초가 되게 하신다. "내가 보니, 이 세상에 의로운 사람이라고는 너밖에 없구나. 너는 식구들을 다 데리고 방주로 들어가거라. 모든 정결한 짐승은 수컷과 암컷으로 일곱 쌍씩, 그리고 부정한 짐승은 수컷과 암컷으로 두 쌍씩, 네가 데리고 가거라. 그러나 공중의 새는 수컷과 암컷 일곱 쌍씩 데리고 가서, 그 씨가 온 땅 위에 살아남게 하여라"(창 7:1-3).

이 많은 생명들을 다 태우려면 도대체 방주가 얼마나 커야 한단 말인가. "길이는 삼백 자, 너비는 쉰 자, 높이는 서른 자"(창 6:15)라니, 그 크기를 대충 짐작하시길. (여기에 나오는 '자'는 고대 오리엔트 세계에서 길이의 단위로 통용되던 '규빗'을 우리말 표현에 맞게 옮긴 것으로, 그 어원이 '팔꿈치'인 것을 보면, 대략 팔꿈치에서 가운데 손가락까지의 길이를 의미했던 것으로 보인다.) 눈여겨볼 대목은 하나님이 노아에게 식구들을 다 데리고 타라고 명령할 때, 자상하게도 구성원을 하나하나 호명하신다는 것이다. "너는 아들들과 아내와 며느리들을 모두 데리고 방주로 들어가거라"(창 6:18).

노아에게는 셈과 함과 야벳이라는 세 아들이 있었다. 고대사회에서 아들은 필수, 딸은 선택. 며느리는 아들을 낳는다는 조건을 충족시키는 한에서만 필수. 그렇다면 더 이상 아들을 낳을 수 없는 노아의 아내야말로 잉여 중의 잉여가 아닌가.

성서에는 당시 노아의 나이가 600살로 나온다(창 7:11). '순 뻥'이라고 고개를 절레절레 흔든다면, 이는 신화적 감수성이 없는 탓. 고대세계에서 위대한 영웅들은 본래 신선처럼 그려지는 법이다. 일평생 '하나님과 동행하는' 삶을 살았던 에녹이 지상에서 죽음을 면제받은 채 하늘에 오른 나이가 365세. 그의 아들인 므두셀라가 969세에 죽은 걸 보면, 에녹은 더 오래 살 수도 있었다는 뜻이다(창 5:22-27). 므두셀라의 아들이자 노아의 아버지인 라멕은 777세에 죽었다. 노아 역시 홍수가 끝난 뒤로도 350년을 더 살았다니, 대충 그런가 보다 하고 넘어가시길.

시몬의 장모,
화병 나다

이름조차 익명으로 되어 있는 노아의 아내에게 하나님이 그토록 각별한 관심을 기울이신다는 사실이 놀랍지 않은가. '생산성'이 없다고 낙오시키지 말란다. 더 이상 아무것도 '생산'하지 못한다고 죽은 사람 취급하지 말란다. 할머니를 통해서도 하나님이 하실 일이 있단다. 아니 하나님의 새로운 질서에서는 잉여인간이라는 개념 자체가 아예 없단다.

이 놀라운 기별은 예수 시대에도 예외 없이 전달된다. 마가복음 1장에 나오는 시몬의 장모가 대표적인 보기다. 원래 갈릴리 지역의 나사렛 마을 출신인 예수에게 갈릴리 호수는 대단히 친근한 활동무대였겠다. 그날도 갈릴리 호숫가를 지나다가 마침 물고기를 잡고 있던 시몬(나중에 예수가 '반석'이라는 뜻의 '베드로'로 개명한다)과 그의 아우 안드레를 보고는 제자로 삼는다. 이어 세베대의 아들 야고보와 그의 아우 요한까지 제자로 삼은 예수는 곧장 가버나움 마을로 이동하여 회당에 들어간다.

때는 안식일. 이미 '한 깨달음'에 이른 예수가 거침없이 가르침을 설파하는데, 난데없이 악한 귀신 들린 사람이 "왜 우리를 간섭하려 하십니까? 우리를 없애려고 오셨습니까? 나는 당신이 누구인지 압니다. 하나님께서 보내신 거룩한 분입니다"(막 1:24) 하고 소리쳤다. 여기 나오는 '귀신 들린 사람'은 그리스어 '안드로포스 엔 프뉴마티 아카다르토anthropos en pneumati akadarto'를 우리말로 옮긴 것인데, 직역하면 '더러운 영 안에 있는 사람'이라는 뜻이다.[5] 본래 '하나님의 (거룩한) 영' 안에 있어야 할 사람이 '더러운 영'에 사로잡혀 있다는 말이겠다. 이 더러운 영은 사람을 육체적·정신적·사회적·정치적으로 무너뜨리는 역할을 한다. 사람의 마음을 "음행과 도둑질과 살인과 간음과 탐욕과 악의와 사기와 방탕과 악한 시선과 모독과 교만과 어리석음"(막 7:21–22)으로 가득하게 만들기 때문이다.

예수는 그에 맞서, 일그러지고 황폐하게 된 모든 삶을 온전하게 회복시키고자 온 분이다. 더러운 영의 발언이 이를 함축한다. 아니나 다를까, 예수는 그 사람에게서 악한 영이 떠나가도록 조치한다. 사람의 몸을 빌리지 않고서는 쪽도 못 쓰는 게 또한 악령의 특징이다.

그런데 개중에는 악령에 동조하는 사람들이 꼭 있기 마련이더라. 사람 속에 들어 있는 악한 생각까지도 말끔히 씻어내버리는 예수의 놀라운 능력과 그 입에서 흘러나오는 '새로운 가르침'에 새삼 위협을 느끼는 사람들이다. 지금의 체제에서, 그러니까 유대 민족이 로마제국의 식민지로 있는 상황에서 이득을 누리는 사람들은 예수의 출현이 당혹스럽기만 하다.

그들의 눈초리를 의식했던지 예수 일행이 회당을 빠져나가는데, 실은 쫓겨났을 공산이 크다. 어쨌거나 예수는 안식일법을 위반했기 때문이다. 유대 율법에 의하면, 안식일에는 무조건 쉬어야 한다.[6] 절대로 일을 하면 안 된다. 설령 집이 무너져 내렸더라도, 사람이 깔려서 죽은 것처럼 보이면 손대지 말고 그대로 놔두어야 한다. 그게 바로 안식일을 '거룩하게' 지키는 길이다. 그런데 예수는 이른바 치유 행위를 하지 않았나. 감히 회당 '안'에서 율법학자들이 보는 가운데 버젓이 악령을 내몰았다. 이건 단순히 율법만 위반한 게 아니라 신성모독죄에다가 괘씸죄까지 얹을 판이다.

회당에서 나온 예수 일행이 서둘러 발길을 옮긴다. 당도한 곳은 시몬과 안드레의 집. "마침 시몬의 장모가 열병으로 누워 있었는데, … 예수께서 그 여자에게 다가가셔서 그 손을 잡아 일으키시니 열병이 떠나고, 그 여자는 그들의 시중을 들었다"(막 1:30-31). 가만 있자, 이 간결한 문장 속에 도대체 무슨 일이 일어난 것인가.

차근차근 정리해보자. 일단 정황상 시몬은 혼인한 몸인 게 틀림없다. 그런데 어쩐 일인지 장모를 모시고 산다. 1세기 유대문화에서 장모가 사위와 한 집에 사는 경우란 흔치 않은 일이다. 장인에 대한 말이 전혀 나오지 않는 걸 보면, 시몬의 장모는 과부였을 확률이 높다. 게다가 아들마저 없어서 딸네 집에 몸 붙여 산 거라고 보면 과히 틀리지 않겠다. 요컨대 장모를 모시고 산 시몬은 나름 괜찮은 사위인 것 같다.

그런데 왜 하필이면 '열병熱病'일까. 이 병은 유대인들이 흔히 '뼛속의 불'이라고 불렀던 병이다.[7] 뼈가 쑤시고 온몸 마디마디가 아파서 불이 나는 것만 같다. 한마디로 속에서 '열불이 난다.'[8] 아하, 그러고 보니 우리나라 여성들의 고질병인 '화병火病'과 비슷하겠구나.

화병이라면 나도 좀 안다. 괜히 속이 답답하고 기분이 우울하고 잠도 잘 안 오고 가슴이 두근거리고 얼굴에서 식은땀이 나고 온몸에 열이 올랐다 내렸다 하고…. 꼭 죽을 것처럼 시름시름 아픈데, 병원에 가봐야 뚜렷한 진단마저 안 나온다. 여성이 오랜 세월 화를 참고 살면, 그 억압된 분노가 신체 증상으로 나타나는 게 바로 화병이다.

자고로 며느리 밥은 앉아서 먹고, 사위 밥은 서서 먹는다고 하더라. 사위가 아무리 착해도 어디까지나 백년손님이라는 거 아닌가. 게다가 사돈 총각인 안드레까지 한집에 사는 형편이고 보면, 이 어르신의 마음이 여간 불편한 게 아니었겠다.

하나님나라 운동의
주역

여성의 지위가 고작해야 종이나 노예, 혹은 짐승이나 가축처럼 남성의 소유물로만 인식되던 시대다. 그러니 더 이상 월경도 하지 않는 과부 할머니란, 굳이 누가 뭐라고 하지 않아도 스스로 생각하기에 밥만 축내는 잉여인간이라는 자괴감이 들지 않았겠나. 이렇게 아프다가 죽는 게 인생이다. 생각할수록 허무하고 비참하구나. 어차피 이런 속마음을 털어놔봐야 누가 알아줄까. 속으로만 끙끙 앓는다. 고독과 절망과 무력감, 거기에 열등감과 패배의식에 피해망상까지 더해 완전 화병 종합세트다.

예수의 방문을 받은 건 그 무렵이다. 그의 행동은 단순했다. '그녀에게 다가가서', '그녀의 손을 잡아', '일으킨' 게 전부다. 그랬더니 열병이 나았다고 한다. 얼마나 다행인가. 만세 삼창이라도 부를 노릇 아닌가. 이 소문을 듣고 가버나움의 모든 병자와 귀신 들린 사람들이 다 그 집 앞으로 모여들었다. 예수는 이 사람들에게도 똑같은 치유를 행했다. 해피엔드가 아닐 수 없다.

그런데 이게 그렇게 간단한 문제가 아닌 것이, 이 모든 일이 일어난 게 '아직도' 안식일이기 때문이다. 안식일에는 그런 '동사動詞'들이 남발되어서는 안 된다. 더군다나 유대교 율법은 부정한 육체에 손을 대는 것을 철저히 금지하고 있다. 부정한 육체의 목록은 소위 정결법 규정이라는 항목 아래 수도 없이 이어진다. 거의가 아픈 몸이다. 당사자들로서는 아픈 것도 서러운데 부정하다고까지 낙인찍으며 사회에서 격리하는 게 마냥 억울할지도 모르겠다. 하지만 의학적 지식이 얄팍했을 시절에는 그런 식으로나마 전염을 예방하는 것이 공동체를 보존하는 최선의 방도였을 터다. 어쨌든 법은 법! 예수가 시몬의 장모 손을 잡은 것은 명백히 정결법 위반에 해당한다. 그녀에게 있는 부정이 예수에게로 옮아서 예수 역시 부정한 자가 되었다.

예수가 이런 종교문화를 몰랐을 리 없다. 그런데도 위험에 자기 몸을 맡긴 것은 순전히 자비심 때문이리라. 사람이 죽어가는 마당에 거룩하다/속되다, 정하다/부정하다 이런 구분이 대체 무슨 의미가 있단 말인가. 율법의 조문보다 더 중요한 건 그 정신이다(마 23:23 참고). 율법도 사람을 살리자고 있는 것이지, 죽이자고 있는 게 아니다. 자신이 조금이라도 부정 탈까, 전염될까, 오염될까 염려스러워서 자신의 거룩성과 정결성을 어떻게든 보호하기 위해 율법을 들먹이는 거라면, 그때 율법은 없느니만 못하다. 율법은 결코 자비를 이길 수 없다.

예수의 손길이 닿은 순간, 시몬의 장모에게도 퍼뜩 기별이 오지 않았을까. 병이 나은 그녀는 일어나서 예수 일행의 "시중을 들었다"고 한다. 이때 '시중을 든다'는 말이 음식을 차려낸다든가 하는 '접대'의 이미지로 각인되어 있는 게 유감이다. '여성'과 '시중'이라는 단어의 조합에 은밀한 성차별적 혐의가 있는 것이 한국문화의 현주소여서 서글프다.

여기에 사용된 그리스어 '디아코네인diakonein'이 천사에게도 사용되었다면 어떤가. 예수가 공생애에 들어갈 무렵, 거룩한 영에 이끌려 광야에서 40일 동안 금식하며 지낼 때 "천사들이 그의 시중을 들었다"(막 1:13). 한편 이 단어는 예수 자신에게도 사용되었다. "인자는 섬김을 받으러 온 것이 아니라 섬기러 왔다"(막 10:45).

신약성서에서는 '디아코노스diakonos'가 수행하는 역할을 '디아코니아diakonia'로 소개한다. 한마디로 섬김과 봉사다. 우리말 성서가 디아코노스를 주로 '일꾼'으로 번역했다면, 영어 성서는 '종servant'이나 '목회자minister'로 옮긴다. 그렇다면 마가복음의 저자는 시몬의 장모에게 '디아코네인'이라는 단어를 사용함으로써, 그녀의 지위를 예수의 일꾼으로, 제자로, 목회자로 격상한 게 아닌가.[9]

예수가 떠난 후, 시몬과 안드레 역시 예수를 따라 함께 떠난 후, 그 집은 이른바 '가정교회'가 되었을 것이다. 회당에서 추방당한 예수처럼 갖가지 추방과 차별을 당하고 버림받은 기억을 가진 사람들이 그 집으로 몰려들어 사랑과 자비와 연대를 나누었을 것이다. 그 중심에 시몬의 장모가 있다! 얼마 전까지만 해도 별 볼 일 없던, 쓸모없는 잉여인간 취급을 받던 할머니가 예수의 복음을 증언하고 전파하는 일꾼으로 거듭났다. 더 이상 자식을 생산하지 못하는 자궁이 복음을 확대재생산하는 모태가 되었다.

유대교 회당은 예수의 새로운 가르침을 소화하지 못하고 토해냈지만, 시몬의 장모를 중심으로 한 가정교회는 이를 꼭꼭 씹어 제 것으로 만들더라는 마가의 보고가 생각할수록 통쾌하구나. 이런 걸 두고 '반전反轉의 미학'이라고 하는 것이다. 낡은 유대교의 중심에는 잘난 율법학자들이 있지만, 예수가 일으킨 하나님나라 운동에서는 못난 평신도들이 주인공이다. 그것도 시몬의 장모 같은 할머니가 신명 나는 살림목회의 주역이 된다. 그녀의 손길이 닿은 모든 존재마다 파릇파릇 생명을 되찾고 반질반질 윤기가 흘렀을 생각을 하니, 할머니를 왜 '크고 위대하신 어머니'(흔어머니, 영어의 'grandmother' 역시 같은 뜻이다)라고 하는지 알 것 같다.

제발 잉여짓을
허하라

우리 할머니도 그랬다. 본연의 기능을 다해서 버리게 생긴 물건들이 할머니의 손을 거치면 용케 되살아났다. 음식물 쓰레기는 텃밭의 거름이 되었고, 라면봉지는 훌륭한 방석으로 거듭났다. 하다못해 구멍 난 '빤스'도 새하얗게 삶아서 행주로, 그다음엔 걸레로 사용하셨으니 그 알뜰함이야 더 말해 무엇할까. 할머니의 세계에서 버릴 건 하나도 없었다. 모든 게 살뜰히 재활용되고 재순환되었다. (그러고 보니, '알뜰'이 절약에 초점을 맞춘 말이면, '살뜰'은 정성에 초점을 맞춘 말인 듯싶다.)

결국 예수가 펼친 하나님나라 운동이란 할머니의 마음을 회복하자는 것이 아닐까. 장애인과 노인, 극빈자와 노숙인, 심지어 불법체류 외국인 노동자까지 잉여인간 취급을 받아선 안 된다. 한번 용도 폐기된 인간도 반드시 쓸모가 있기 마련이다. 아니 애당초 세상에 인간이 '쓰고 버릴' 수 있다는 생각 따위가 유통되어서는 곤란하다. 과거에는 효율적이고 생산적이었으나 지금은 능률이 떨어지고 생산성도 모자란다고 해서 그를 '나머지' 취급하는 사회는 얼마나 몰인정한가.

우리 어릴 때는 '나머지 공부'라는 게 있었다. 이른바 학급 평균을 '깎아먹는' 아이들은 수업이 파한 뒤에도 집에 가지 못하고 무슨 인질처럼 교실에 붙잡혀서 문제 풀이를 하고 가야 했다. 이건 모두가 남아서 '자율학습'을 하는 것하고는 차원이 완전히 다른 제도다. 나머지 공부에 걸린 아이는 자존심에 심각한 상처를 입었다. 자신이 공부를 못한다는, 머리가 나쁘다는, 학급 전체에 피해를 입힌다는, 그러니까 쓸모없는 존재라는 자괴감을 갖도록 강요되었다.

지금 생각하면 어떻게 공교육에서 이토록 비교육적이고 반인권적인 일이 아무렇지 않게 자행되었는지 그저 놀랍기만 한데, 요즘 문제가 많은 사교육이란 것도 따지고 보면 나머지 공부와 별반 다르지 않아 참담할 뿐이다. 게다가 요즘에는 공부 잘하는 아이들까지 너도나도 '비싼' 사교육을 받아야 하니, 이 무슨 조화인지 모르겠다. 누가 만든 기준인지 모를, '잘 팔리는 인간제품'의 규격에 맞추기 위해 유치원 때부터 죽어라 '스펙'을 쌓아야 하는 우리 아이들이 그저 불쌍하고 애처롭다.

　몇 년 전 학업 스트레스로 자살한 어느 초등학생의 일기장에는 이런 글귀가 적혀 있었다. "죽고 싶을 때가 많다. 어른인 아빠는 (이틀 동안) 20시간 일하고 28시간 쉬는데, 어린이인 나는 27시간 30분 공부하고 20시간 30분을 쉰다. 왜 어른보다 어린이가 자유시간이 적은지 이해할 수 없다."[10] 당시 겨우 열한 살, 초등학교 5학년이던 그 소년은 다른 집 아이들처럼 외동이었다.

　평균 출산율 1.2명(2011년) 시대에 태어난 아이들은 어느 집에서나 '귀한' 대접을 받는다. 오죽하면 중국에서도 '한 자녀 갖기 운동' 시대에 태어난 아이들을 '소小황제'라고 부를까. 아이가 가정의 태양이다. 다른 식구들은 모두 태양을 중심으로 도는 행성에 지나지 않는다. 자녀에게 막대한 투자를 하는 것도 이런 맥락에서다. 하나밖에 없는 자식이 남에게 '꿀리는' 꼴은 절대 볼 수 없다. 내 자식만큼은 남부럽지 않게 성공한 인생을 살게 해주겠다. 부모의 맹목적인 의지가 초인적인 희생도 마다않게 만드는 원동력이다.

　문제는 부모의 사랑으로 미화되는 이 대목이 실은 욕심이라는 점이다. 자식은, 하나든 여럿이든, 제각기 제 인생을 살아야 한다. 지구 위의 어느 누구도 다른 사람의 인생을 대신 살아서는 안 된다. 본인이 원하는 삶을 물어보지 않고 부모가 '맞춤형 인생설계'를 대신 해놓고 거기에 자식을 구겨 넣는 짓은 아무리 생각해도 월권행위다.

자녀가 여럿이던 시절에는 부모의 관리감독도 자연 소홀하여 자녀 중에 누구 하나가 딴짓을 해도 눈에 띨 확률이 낮았다. 그런데 집집마다 많아야 둘, 보통은 달랑 하나밖에 없는 요즘에는 딴짓이 아예 통하지를 않는다. 더구나 지금은 기계문명의 발달로 아이들이 일명 '개목걸이'라는 휴대폰을 목에 걸고 다니는 형편이 아닌가. 아이의 일거수일투족이 분分 단위로 빈틈없이 체크된다. 정해진 스케줄에서 일탈하는 게 원천봉쇄되어 있는 셈이다. '헬리콥터맘'이라는 신조어가 왜 나왔는지 알 만하다.

그러니까 요즘 아이들에게는 '잉여'가 허락되어 있지 않은 것이다. 가정의 중심으로 태어난 이상, 사회와 국가에서도 중심이 되어야 한다. 주변으로 처지면 '루저loser'의 낙인이 찍히는 건 시간문제. 위너가 되어야 모든 걸 갖는다. 그러기 위해서는 어려서부터 쓸데없이 노는 시간을 줄일 것. 텔레비전 시청도, 컴퓨터 게임도 정해진 시간만큼만 할 것. 무엇을 하든지 무조건 성적이 우선이라는 것을 명심할 것. 이른바 신자유주의 지구화 시대의 아이들은 경쟁상대조차 '글로벌'하여 영어도 미국 아이들만큼 잘해야 하는구나. 이러니 우리 아이들 입에서 '자살 권하는 사회'라는 말이 안 나오게 생겼나. '세계 1등'의 신화에 볼모로 잡힌 아이들에게 제발 잉여짓을 허하라!

잉여와 행복의
함수관계

잉여짓이란 한마디로 쓸데없는 짓을 말한다. 어른들이 "그 짓 한다고
쌀이 나오냐 밥이 나오냐" 소리를 하도록 유발하는 일체의 행위들이다.
생산성과 효율성의 잣대에서 보면 잉여짓이야말로 척결해야 할 악으로
간주될 터다. 막말로 인터넷 미니홈피에 부지런히 글을 올린다고 해서,
특정 기사에 댓글을 단다고 해서, '스도쿠' 같은 게임에 열중한다고 해
서, 혹은 웹툰 작가 이말년의 '병맛'(병신 같은 맛) 만화를 빠짐없이 본다고
해서 무슨 유익이 있느냐는 말이다.

그런데 놀라지 마시라. 잉여짓을 못하면 사람은 미치거나 아프거나 둘
중 하나의 상태가 된다. 사람이 '쓸데 있는 짓'을 하려면 반드시 필요한
게 '쓸데없는 짓'이다. 단도직입적으로 말해서 돈벌이에 종속되지 않는
시간, 긴장하거나 경쟁하지 않아도 되는 시간, 마냥 늘어져 있어도 괜찮
은 시간, '아무것도 안 하는 시간'이 있어야만 비로소 정신이 안정되고
삶에 균형과 조화가 깃드는 법이다. 이런 노래를 아시는가.

싸구려 커피를 마신다

미지근해 적잖이 속이 쓰려온다

눅눅한 비닐 장판에

발바닥이 쩍 달라붙었다 떨어진다

이제는 아무렇지 않어

바퀴벌레 한 마리쯤 쓱 지나가도

무거운 내일 아침엔

다만 그저 약간의 기침이 멈출 생각을 않는다

축축한 이불을 갠다
삐걱대는 문을 열고 밖에 나가 본다
아직 덜 갠 하늘이 가까워 숨쉬기가 쉽지를 않다
수만 번 본 것만 같다
어지러워 쓰러질 정도로 익숙하기만 하다
남은 것도 없이 텅 빈 나를 잠근다

가수 장기하의 〈싸구려 커피〉라는 노래다. 그가 이 노래를 부르는 걸 우연히 본 적이 있다. '허접한' 노랫말에 아랑곳없이 시종일관 진지한 표정으로 노래하는 모습이 어찌나 웃기던지. 대한민국 국민이 우러러보는 서울대를 나온들 잉여인간의 운명에서 자유로울 수 있을까. 꼭대기의 딱 한 자리만 제외하고 나머지 전부에게 잉여인간의 딱지를 붙이는 불온한 시대를 발랄하게 고발하는 그의 노래들이 새삼 고맙다.

장기하가 소속된 붕가붕가 레코드의 고건혁 대표는 말한다. 장기하의 〈싸구려 커피〉 같은 노래들은 그가 아무 일도 하지 않는 시간에 만든 거라고. 음악인들은 종종 하릴없이 방바닥에 드러누워 배 위에 기타를 올려놓고 뚱땅거리다가 어느 순간 기발한 노래를 만들어내는 경우가 많다고. 학교에서 수업 도중에 혹은 직장에서 회의 도중에 딴 생각을 하며 노트에 끼적대는 것들이 나중에 그럴듯한 노래로 재탄생한다고. "부모나 상사가 보면 좀 쓸모 있는 짓을 하라며 호되게 꾸중할 '잉여짓' 하는 시간에 가장 창조적인 작업이 이루어지는 셈이다."[11]

그러니 이때의 잉여짓은 문화예술의 무궁한 발전을 위하여 반드시 필요한 행위가 아닌가. 사실 말이야 바른 말이지 쓸모 있다, 없다 하는 기준은 누가 정해놓은 거냐는 말이다. 장기하의 또 다른 노래 〈별일 없이 산다〉는 성공과 자본의 잣대로만 쓸모 있다, 없다를 결정하는 천박한 시대에 대한 조롱이다.

　　니가 깜짝 놀랄 만한 얘기를 들려주마
　　아마 절대로 기쁘게 듣지는 못할 거다
　　뭐냐 하면 나는 별일 없이 산다
　　뭐 별다른 걱정 없다
　　나는 별일 없이 산다
　　이렇다 할 고민 없다

　　니가 들으면 십중팔구 불쾌해질 얘기를 들려주마
　　오늘 밤 절대로 두 다리 쭉 뻗고 잠들진 못할 거다
　　그게 뭐냐면 나는 별일 없이 산다
　　뭐 별다른 걱정 없다
　　나는 별일 없이 산다
　　이렇다 할 고민 없다

이 노래의 백미는 이어지는 다음 구절이다.

　　이번 건 니가 절대로 믿고 싶지가 않을 거다

그것만은 사실이 아니길 엄청 바랄 거다

하지만 나는 사는 게 재밌다

하루하루 즐거웁다

나는 사는 게 재밌다

매일매일 신난다

정부와 기업과 학교와 언론이 결탁하여 '낙오되면 큰일 난다'고 호들갑을 떠는 시대에 '별일 없이 잘 살기만 한다'는 전언은 거의 계시에 가깝게 들린다. 잉여들의 반란은 그런 식으로 은밀히 전개되는 막판 뒤집기일까. '잉여=행복'이라는 메시지가 이렇게 강렬한 여운을 남길 줄이야.

우리 조카딸 이야기를 보태야겠다. 듣지 못하고 말하지 못하고 거동이 불편한 삼중 장애를 가진 아이다. 이만큼만 말을 꺼내도 사람들 표정이 대체로 어두워진다. 불쌍하다는 기색이 역력하다. 하지만 진실을 말하면, 우리 가족은 그 아이 때문에 웃는다. 그 아이가 주는 즐거움이 그 아이로 인한 힘듦을 상쇄하고도 남는다는 건 불변의 사실이다. 나는 특히 그 어리고 연약하고 자연스러운 생명과 함께 있으면 나도 모르게 저절로 잉여짓을 하게 되는 게 좋다. 번잡하고 부박한 이 세상을 떠나 잠시 다른 세상에 머무는 기분이다. 필경 그 아이와 접속하는 다른 사람들도 나와 같은 느낌이리라.

그러고 보니 우리 연립주택의 반지하층으로 이사 온 할머니를 못 본 지가 꽤 되었다. 텅 빈 의자가 자꾸 마음이 쓰인다. 콩 음료라도 사 들고 한번 찾아뵈어야지, 마음먹은 게 언젠데 아직 실천하지 못하고 있다. 마을 가는 일조차 수월치 않은 도시 탓만 하면서. 그래도 미친 척하고 용기를 내보련다. 잉여들의 반란은 원래 연대連帶에서 완성되는 법이니까.

공감

세상에서 가장 소중한 것은 볼 수도, 들을 수도 없다. 오직 마음으로 느낄 수 있을 뿐. _헬렌 켈러

충격과 광란의
〈도가니〉

영화 〈도가니〉(2011)가 화제였다. 공지영의 동명소설[1]을 스크린에 옮긴 것인데, 소설보다 더 큰 파장을 일으킨 것 같다. 아무래도 영상매체가 주는 강렬한 '임팩트' 때문일 것이다. 여러 가지 제약으로 인해 영화는 소설을 3분의 1정도밖에 담아내지 못했다고 한다. 영화를 보고 나니 외려 소설이 궁금해진다. 그런데 소설 역시 현실을 다 표현한 건 아니라고 하니, 대체 그 현실이 어땠을지 상상하기조차 겁이 난다.

이 대목에서 솔직히 고백해야겠다. 미안하지만 원래는 소설이든 영화든 안 보려고 했었다. 집안에 장애인, 그중에서도 소설의 배경인 '인화학교' 학생들 같은 청각장애인이 있는 경우라면 다들 나와 비슷한 심정이 아닐까 싶다. 그럼에도 불구하고 봤다. 이를 악물고 봤다. 아무래도 내가 '엄마'가 아닌 '이모'여서 그랬을 것이다. 한 다리 건넌 사이는 어느 정도 심리적 완충지대가 확보되는 법이니까.

마냥 눈 감고 피해가면 안 될 것 같았다. 이제 막 10대에 접어든, 청각장애와 뇌병변장애를 갖고 태어난 조카딸이 자꾸만 눈에 밟혔다. 그 아이를 위해서라도 두 눈을 부릅뜨고 꼭 봐두어야 한다는 책임감이 들었다. 영화가 개봉된 날부터 어려운 숙제를 받아든 사람처럼 끙끙대기만 하다가 드디어 날을 잡았다. 그러고는 차마 혼자 볼 엄두가 나지 않아 제자에게 긴급 '번개팅' 문자를 날렸다. 그렇게 낚인 순진한 정은이가 옆에서 엉엉 우는 바람에 나도 자신 있게(!) 울 수 있었다. 남들이 보면 틀림없이 '누가 누가 잘 우나' 대회에 출전한 선수들 같았을 게다.

도가니의 사전적 의미는 "쇠붙이를 녹이는 그릇" 또는 "흥분이나 감격 따위로 들끓는 상태를 비유적으로 이르는 말"²이다. 처음 그 소설 제목을 접했을 때는 이상하게 와 닿지가 않았다. 좀 더 시적이고 아름다운 제목도 많을 텐데, 하필이면 '도가니'가 뭐야. 입에 착착 달라붙지 않는 불편한 제목에 거부감이 들었다.

그런데 영화를 보니까 단박에 알겠는 거다. 양심이든 도덕감각이든 인간에 대한 예의든 신에 대한 경외든, 이름이야 뭐든 상관없다. 사람 속에 들어 있는, 그가 아무리 오염되고 타락했더라도 여전히 사람인 한 끝까지 지니고 있어야 할 한 줌의 선성善性, 그런 것조차 남김없이 용해시켜버리는 사악한 구조를 표현하기에 이보다 더 적당한 말이 있을까.

엄연한 법치주의 국가에서 보란 듯이 법을 유린하며 축배를 드는 사람들, '그들만의 리그'에서 '짜고 치는 고스톱' 판을 벌이는 후안무치厚顏無恥 법쟁이들, 그들에게 휘둘려 힘없는 약자를 철저히 짓밟고 모욕하는 허수아비 법정, 솜방망이 처벌에 유야무야 풀려난 가해자들과 부장판사 출신 변호사가 한데 어울려 환락의 밤을 즐기는 룸살롱 풍경…. 영락없는 '충격의 도가니'다. 죽은 민수의 영정을 부여잡고 우는 강인호(공유 분)와 인권센터 서유진(정유미 분)을 비롯, 재수사를 요구하며 농성 중인 모든 장애인을 향해 거침없이 물대포를 뿌려대는 공권력의 횡포 역시 '광란의 도가니'이기는 마찬가지.

영화관 밖으로 나오자 어스름한 저녁이다. 떡볶이와 순대로 저녁을 때우며 정은이에게 기습질문을 던진다. "이 영화의 메시지를 함축적으로 표현할 수 있는 '두 글자'가 뭐라고 생각해?" 이런 상황에서도 '두 글자' 타령이라니, 못 말리는 소명의식(?)이다. 영화 본다고 평소에 안 하던 화장까지 곱게 하고 나온 정은이가 새빨간 떡볶이를 아기작아기작 씹으며 대답한다. "저는요, 영화 보는 내내 '타협'이라는 두 글자가 떠올랐어요. '전관예우'라는 관행 때문에, 또 승진욕이나 출세욕 때문에 서로들 대충 타협하고 넘어가는 걸 보니까 정말 토할 것 같았어요." 말은 그렇게 하면서도 두 여자의 손놀림이 어찌나 빠른지 어느새 떡볶이 접시가 휑하다. 아, 참을 수 없는 배고픔의 적나라함이여. 어쩌자고 삶은 이리 모순으로 충만한지.

영화 말미에 나오는 서유진 간사의 내레이션, 그러니까 강인호 선생한테 보내는 편지글에 이런 대사가 나온다. "전에는 내가 세상을 변화시키기 위해 싸운다고 생각했는데, 이제 보니 세상이 나를 변화시키지 못하게 하기 위해 싸우는 거예요."

달걀로 바위를 쳐봐야 바위가 깨질 턱이 없다. 바닷물에 조약돌 하나 던져봐야 흔적이 남을 리 없다. 똑똑한 사람들은 일찌감치 그 이치를 터득해서 '무모한' 짓거리를 삼간다. 세상이 왜 이 모양이냐고 목청을 높이기는 하지만, 딱 거기까지다. 자신에게 조금이라도 해가 미칠 것 같으면, 아무것도 못 본 듯이, 아무것도 모르는 듯이 행동한다. 계산도 빠르고 처세도 빠른 게 역시 '엘리트'답다.

깨지는 쪽은 늘 어딘가 모자란 '무지렁이'들이다. 다칠 줄 모르고 덤빈다. 아니 다칠 줄 뻔히 알면서도 덤빈다. 가만히 있으면 중간이라도 가련만 시도 때도 없이 나서니, 매 맞고 침 뱉음을 당하고 벌거벗긴 채 십자가에 달리는 건 늘 그들이다.

세상의 작고 여린 것들과
눈 맞추기

세계평화를 위해, 사회정의를 위해 일신의 안일함을 기꺼이 포기했는데, 아무것도 달라지지 않고 아무도 알아주지 않을 때 사람은 무너지기 쉽다. 넋이 나간 사람처럼 공허한 눈빛을 한 채 우울과 허무의 늪 속으로 깊이 가라앉는다. 악다구니를 쓴다는 건 차라리 기운이 남아 있다는 증거다. 배터리가 완전히 방전된 것처럼 내면의 에너지가 고갈되어서 생기 없는 육체로 둥둥 떠다니는 모습은 보는 이마저 기운 빠지게 한다. 다 살자고, 살리자고 하는 운동인데 이렇게 망가지면 어떡하나. '나' 없는 세계평화가 무슨 소용이고, '나' 없는 사회정의가 무슨 소용인가. '나'의 소멸은 곧 우주의 소멸이다. '나'의 죽음은 곧 온 세상의 죽음이다. 하여 진짜 '운동가'는 '나'부터 살리고 바로 세울 줄 아는 사람이렷다.

'운동권' 남자와 뜨겁게 연애하다 헤어진 친구가 있었다. 이별의 이유인즉, 그 남자는 이념을 사랑하고 세상을 사랑할 줄은 아는데 여자를 사랑하는 법은 도통 모르더라고. '조직'이 부르면 길바닥에 여자를 버려둔 채 무조건 달려가는 남자의 뒤통수가 얼마나 큰 상처인지 그는 몰랐나 보다. 만인을 사랑하기 위해서는 눈앞의 한 사람을 제대로 사랑하는 법부터 배워야 한다는 것도 그는 몰랐을 것이다. 마더 테레사 수녀가 이런 말을 했다. 어떻게 그 많은 인도인들을 사랑할 수 있느냐는 기자의 질문에 대한 대답이다.

나는 결코 대중을 구원하려고 하지 않는다.
다만 한 개인을 바라볼 뿐이다.

154

나는 한 번에 단지 한 사람만 사랑할 수 있다.

한 번에 단지 한 사람만 껴안을 수 있다.

단지 한 사람, 한 사람, 한 사람씩만…**3**

개인의 사적인 삶을 희생하도록 강요하고 각자의 고유한 개성을 존중하지 않으면서도 구구절절 옳은 소리만 하는 운동권의 논리가 나는 불편하다. 운동이 진실로 세상을 바꾸는 거대한 흐름을 만들어내려면, 우선 운동가 자신이 신나야 한다. 어머니가 웃어야 아기도 웃고, 어머니의 젖이 건강해야 아기도 건강한 법이 아닌가. 그러니 모름지기 운동가라면 자신의 영혼이 상처받지 않도록, 투쟁하다가 제 풀에 지치지 않도록, 사악한 세력이 호시탐탐 내미는 유혹의 손길에 말려들지 않도록, 자신이 하는 일을 거창하게 부풀리지 않으면서도 소중히 여기며 소박하게 즐기도록 내면의 보호막을 치는 법을 익혀야 한다. 그래야 진득이 오래가는 운동을 할 수 있다.

운동이 혁명보다 나은 이유가 거기에 있으리라. 무엇이든지 단박에 뒤엎으려고 하면 안 된다. 변화가 빠를수록 부작용도 큰 법이다. 달팽이처럼 단단한 껍질 속에 여린 속살을 보호하면서 천천히 움직여 부드럽게 길을 내야 한다. 그래서 나는 한보리의 〈달팽이의 노래〉가 '운동가'의 주제곡으로 안성맞춤이라 보는 것이다.

난 천천히 갈 테야. 어둔 밤 반딧불 찾아갈 거야.

살아 숨 쉬는 푸르른 꿈에 몸을 낮추어서 입 맞출 거야.

난 천천히 갈 테야. 이마엔 빛나는 등불을 켜고

아주 낮은 곳 희망을 위해 가슴에 따뜻한 노래를 품고

꽃과 새와 바람과 나무 풀잎에 이슬까지 다 만날 거야.

은빛의 길 하나 (단정히 내며) 천천히 갈 거야.

특히 2절에 나오는 "세상의 작고 여린 것들과 다정하게 눈 맞출 거야"라는 가사에 이르면, 가슴이 먹먹해지고 눈물마저 핑 돈다. 누구나 '큰 것', '강한 것'을 좋아하는 시대에, 어떻게든지 남을 짓밟고 올라서서 '큰 사람', '강한 사람'이 되라는 시대의 충동질로부터 자유롭기 어려운 시대에 이 무슨 '거꾸로 진리'란 말인가. 세상의 작고 여린 것들은 크고 강한 것들의 밥일 뿐이다. 이게 현실 논리이고 체제의 질서다. 그런데 달팽이는 바닥을 기면서 조용히 반란을 도모한다. 세상의 크고 강한 것들을 올려다보지 않고, 작고 여린 것들과 눈을 맞추겠단다.

사실 우리네 인생이란 게 노골적으로 말하면 세상의 크고 강한 것들의 '눈치'를 보면서 사는 소시민적 근성으로 똘똘 뭉쳐 있지 않았나. 이렇게 비굴한 처세에 자꾸 길들여지다 보면, 나중에는 정말로 상대방의 눈을 바라보는 법을 잊어버리게 된다. 눈치는 머리로 보지만, 눈은 가슴으로 보는 것이다. 그래서 눈치를 잘 보면 기껏해야 떡을 얻어먹을 뿐이지만, 눈을 잘 바라보면, 그러다가 드디어 서로 눈이 맞으면 정이 통하는 '사건'이 일어난다.

정은 로고스logos가 아니라 파토스pathos인 까닭에, 일단 통하기만 하면 어떤 현실의 장벽도 다 뛰어넘을 만큼 강렬한 초월의 에너지가 그 안에 있다.[4] 세상을 뒤집는 건 이런 정이어야 한다. 힘으로 뒤집으면 안 된다. 돈으로 뒤집으려고 해도 안 된다. 오로지 한마음으로 정을 나누는 길만이 진정한 혁명으로 가는 유일한 비상구다.

무통문명에
저항하기

다시 《도가니》의 작가 공지영을 생각해본다. 그녀가 이 소설을 구상하게 된 계기는 어떤 신문기사 때문이었다고 한다. "그것은 마지막 선고공판이 있던 날의 법정 풍경을 그린 젊은 인턴기자의 스케치 기사였다. 그 마지막 구절은 아마도 '집행유예로 석방되는 그들의 가벼운 형량이 수화로 통역되는 순간, 법정은 청각장애인들이 내는 알 수 없는 울부짖음으로 가득 찼다'였던 것 같다. 그 순간 나는 한 번도 경험해보지 못한 그들의 비명소리를 들은 듯했고, 가시에 찔린 듯 아파오기 시작했다."[5]

짐작하건대, 그 신문기사는 결코 눈에 확 띄는 1면에 자리하지 않았을 것이다. 인권에 대한 감수성이 턱없이 부족한 우리나라 언론이 그런 내용을 머리기사로 내보냈을 리가 없다. 눈여겨보지 않으면 그냥 스쳐 지나가기 딱 좋은 비중 없는 자리에 '예의상' 배치되었을 확률이 거의 100퍼센트다. 그런데 작가의 눈은 그걸 놓치지 않았다. 작가의 귀에는 말하지 못하는 청각장애인들의 '비명소리'가 들리는 듯했다. 하여 작가는 그동안 준비해오던 다른 소설을 접을 수밖에 없었다는 것이다. 신내림받는 무당처럼 '가시에 찔린 듯' 아픈 몸을 이끌고 그들 곁으로 달려가 그들의 소리 없는 말을 받아 적었다.

일본 오사카 부립 대학에서 '생명학'을 가르치는 모리오카 마사히로森岡正博 교수는 현대 자본주의 사회를 '무통문명無痛文明'이라고 이름 붙인다.[6] 쾌락을 추구하고 고통을 피하려는 '신체의 욕망'에 충실한 현대인들은 자신의 고통을 철저히 무통화無痛化하는 동시에 타인의 고통도 느끼지 못하고, 타인의 호소를 들으려 하지 않으며, 타인을 일방적으로 짓밟으면서도 자신이 무슨 짓을 하고 있는지 전혀 알아채지 못하는 마비증에 걸렸다는 것이다. 이런 현대인의 모습은 그가 보기에 혼수상태에 빠져 중환자실에 누워 있는 사람과 비슷하단다. 심지어 이 모습은 빛과 온도가 인공적으로 조절되는 좁은 우리에 갇힌 가축과도 같은데, 인류는 자연과 유리되어 인공화된 도시 안에서 스스로 '자기가축화'하느라 여념이 없다는 게 그의 진단이다.

감기 증상이 나타날 때면 하루도 못 넘기고 쪼르르 병원부터 달려가 주사를 맞네, 약을 먹네 호들갑을 떠는 내 모습을 콕 집어 말하는 것 같다. 본래 감기는 '병원에 가면 일주일 만에 낫고, 안 가면 7일 만에 낫는' 병이라고들 한다. 그런데도 콧물이 나고 목이 아프고 열이 나고 머리가 어지러우면 병원에 안 가고 버틸 재간이 없다. 현대인의 삶은 몸이 스스로 자연치유력을 발휘할 때까지 기다려줄 여유가 없기 때문이다. 병원에 가봐야 근본적인 원인 치료는 안 되고 통증만 완화시킬 뿐이라는 걸 뻔히 알면서도 미련스럽게 간다. 무통문명의 꽃인 의료산업에 중독되어 끊임없이 몸을 속이는 어리석은 중생의 자화상이다.

일본군 종군위안부(실은 '종군성노예'라고 해야 맞다) 할머니들의 이야기를 담은 다큐멘터리 영화 〈낮은 목소리〉(1995)의 변영주 감독이 전에 내가 있던 대구대학교에 강연을 온 적이 있었다. 그이가 대학생 청중에게 호소한 내용의 골자는 대강 이랬다. 칼날 같은 지성을 벼려야 할 대학생 시절에는 영화관에 갈 때도 스트레스를 '풀러' 가면 안 된다. 그 나이 때 자꾸

스트레스를 '먹는' 훈련을 해야지 '푸는' 재미부터 들이면, 나중에는 아예 생각이란 걸 안 하고 살게 된다. 그러면서 그녀는 〈가문의 영광〉(2002)이나 〈투사부일체〉(2006) 같은 영화가 관객몰이를 하는 반면에, 독립영화 같은 건 아예 상영 기회조차 얻지 못하는 현실을 개탄했다.

아무 생각 없이 실컷 웃기만 하는 영화에 사람이 많이 몰린다는 건 그만큼 현실이 힘들다는 방증이겠다. 아프면 진통제를 맞듯이, 말도 안 되는 억지웃음을 쥐어짜는 영화에 자기를 내맡기며 잠시나마 고통을 잊어버린다. 이런 유의 진통제는 주변에 얼마든지 널려 있다. '막장'인 줄 알면서도 빠져드는 TV 드라마가 그렇고, 말초적인 연애감정만 우려먹는 대중가요가 그렇다. 스토리는 하나도 없이 오로지 현란한 입담에만 의존하는 각종 토크쇼는 더 말할 필요도 없다. 저들이 웃을 때 따라 웃으면서 또 하루를 흘려보낸다.

종교생활도 마찬가지다. 의식을 일깨우는 설교, 정신을 바짝 차리게 만드는 설교, 세상의 고통을 회피하지 말고 정면돌파하도록 몰아세우는 설교는 환영받지 못한다. 종교가 '심리학'에 빠진 이유,[7] 예배가 '드리는' 것에서 '보는' 것으로 바뀐 이유가 거기에 있다. 종교는 현실의 모순과 부조리를 잊게 만드는 진통제 역할을 할 때 가장 잘 소비된다.

그런데 진통제를 많이 맞을수록, 그리하여 고통을 느끼지 못하는 마비 상태가 길어질수록 생명력은 그만큼 줄어든다는 데 진실이 있으니 어쩌나. 살아 있음은 고통의 자각에서 확인된다. 고통을 느낄 수 있다는 건 그 자체가 '생명의 기쁨'이다. 모리오카 마사히로가 《무통문명》에서 제안하는 결론도 그렇다. 그물처럼 촘촘하게 정비된 무통문명의 강력한 시스템을 단번에 파괴하기란 불가능하니, 내부에서 한 사람 한 사람이 나사를 풀듯 서서히 해체해야 한다는 것이다. 결국 깨어 있는 한 사람이 대안이다.

네가 아프면
나도 아프다

유명 TV 드라마 〈커피프린스 1호점〉(2007)에 출연할 당시만 해도 공유는 '완소남'의 대명사였다. 훤칠한 키에 착하게 생긴 얼굴로 특유의 매력적인 눈웃음을 지으면 안 넘어갈 여자가 없었다. 이 드라마를 마치고 군에 입대한 그가 제대 후 찍은 복귀작도 역시 멜로영화였다. 〈김종욱 찾기〉(2010)에서 열연한 그는 천생 '로맨틱 가이'였다.

그랬던 공유가 〈도가니〉에서 문제의 '자애학원'에 미술교사로 왔다가 급기야 법정 싸움을 주도하는 강인호 선생 역으로 나온 것이다. 이 의외의 선택이 오랜 준비의 결과라는 점이 놀랍다. 공유는 군복무 시절에 소설 《도가니》를 읽고 소속사에 직접 영화화를 제안했다고 한다. 벌써 묻혀버린 '불편한 이야기'를 괜스레 꺼냈다가 투자도 못 받고 흥행에 참패하면 어떡하나, 계산기부터 두드리는 영화사를 설득한 것도 그였다.

무엇이 '달달한' 멜로물에 어울리는 배우를 이토록 단단하게 만들었을까. "공지영 작가 팬도 아니었고, 소설을 즐겨 읽는 편도 아닌데, 믿기지 않는 사건을 소설로 접하고 너무 욱했다."[8] 어느 신문기자와의 인터뷰에서 그가 한 말이다. 나아가 그는 "영화의 파급력을 통해 이런 일이 있었다는 것을 알리고 싶은 마음이었다"[9]고 덧붙였다.

대다수는 혼자 욱하고 만다. 그런데 그는 배우로서 영화를 통해 행동했다는 데 예외성이 있다. 이는 공지영 작가가 소설을 통해 행동한 것과 유사한 방식이다. 한 사람의 행동이 또 한 사람의 마음을 두드려 그로 하여금 행동하게 했다. 서로 다른 영역에 있던 사람들인데, 묘하게도 통했다. 이런 걸 물리학적 용어로는 '공명현상'이라고 한다.

공명共鳴은 말 그대로 '함께 우는' 것이다. 소리굽쇠 저쪽을 때리면, 이쪽도 함께 운다. 두 쪽의 진동수가 같기 때문이다. 사람의 경우에는 진동수가 같다는 것이 '공감共感'이라는 말로 표현될 것이다. 인간관계에서 공명이 발생하려면 먼저 공감해야 한다. 네가 아프면 나도 아프다는 마음이 일어나야 함께 울 수 있다.

공감이라는 말은 영어로 'sympathy'나 'empathy' 또는 'compassion'으로 옮겨진다. sympathy는 '함께sym'와 '감정pathos'의 합성어로 특히 타인의 어려운 처지를 가엾게 여기는 '동정'의 의미가 강하다면, empathy는 '들어감em'과 '감정pathos'의 합성어로서 '감정이입'으로 번역되는 경향이 있다. compassion 역시 마찬가지로 '함께com' '감정passion'을 나눈다는 뜻인데, 이때 감정은 주로 '격정'이나 '고통'을 가리키기 때문에 '자비' 혹은 '연민'의 의미를 지닌다. 어떻게 표현하든, 공통점은 타인의 감정이 나의 내부로 옮겨와 동질의 감정을 빚어낸다는 것이다.

개인과 개인 사이에 드리워진 심리적 장벽이 얼마나 두터운데, 어떻게 남의 감정을 자신의 것으로 느낀단 말인가. 불가항력적 이기심이라는 원죄의 굴레로부터 벗어난 인간이 과연 몇이나 될까. 모두들 '귀차니즘'에 빠져 남의 일에 개입하기를 주저하는 시대에 남의 감정을 헤아릴 뿐만 아니라 똑같이 느낀다니, 이 무슨 해괴한 반동이란 말인가.

그런데 이러한 고민은 비단 요즘 사람들만의 문제가 아닌가보다. 2천 년 전, 예수도 공명하지 않는 세대, 공감할 줄 모르는 인간을 고발한 적이 있다. "이 세대를 무엇에 비길까? 마치 아이들이 장터에 앉아서 다른 아이들에게 이렇게 말하는 것과 같다. '우리가 너희에게 피리를 불어도 너희는 춤을 추지 않았고, 우리가 곡을 해도 너희는 울지 않았다'"(마 11:16-17).

영국의 저명한 심리학자인 스티브 테일러Steve Taylor에 의하면, 그 시작은 지금으로부터 6천 년 전쯤이라고 한다.[10] 이전에 인류는 이기심에 사로잡히지 않았으며 민감한 공감의식으로 연대했다. 신과 인간, 인간과 인간, 인간과 자연이 서로 동떨어져 있는 게 아니라 긴밀히 연결된 합일체라고 여겼다. 전쟁도 없고 가부장제도 없고 빈부격차도 없는, 그야말로 '에덴'의 상태였다. 그런데 6천 년 전쯤에 집단적인 정신병이 발발했다는 것이다. 가히 인류 전체를 '타락'으로 이끈 이 병의 이름을 그는 '자아폭발ego explosion'이라고 부른다. 자아가 과도하게 폭발한 나머지 서로를 불신하게 된 인간은, 고독과 죽음과 공포에 시달리기 시작했고, 이를 극복하기 위해 쾌락과 물질에 탐닉하게 되었다는 설명이다.

이러한 맥락에서 보면 예수가 인류의 구원자인 까닭은, 서로 사랑하라고 가르친 그의 단순한 메시지가 인류의 공멸共滅을 막고 공생共生을 약속하는 유일한 대안이기 때문이 아닐까. 아니, 칼 야스퍼스가 말한 '차축시대', 곧 구약성서에서 수많은 예언자들이 출현하고 철학에서는 소크라테스 같은 이가 나온 그 무렵의 성현들이 모두 동일한 메시지를 설파하지 않았나.[11] 신의 뜻을 따르지 않고 타인의 고통에 눈을 감으며 자연의 신음소리에 귀를 막고서 오직 이기적인 자아의 욕구를 충족시키는 데만

열을 올리면, '타락의 시대'를 넘어설 길은 끝내 없고 지옥 같은 세상만 지속될 것이라는 예언 말이다.

사마리아인이 선한 까닭

예수가 '사마리아인'을 왜 선하다고 했는지, 다시 생각해본다.[12] 이 이야기는 한 율법학자가 예수를 시험할 요량으로 다음과 같은 질문을 던지는 맥락 속에 위치해 있다. "내가 무엇을 해야 영생을 얻겠습니까?"(눅 10:25) 대화술의 고수인 예수가 그의 시험에 넘어갈 리 없다. "율법에는 무엇이라 기록되어 있던가요? 또 당신은 어떻게 이해하고 계십니까?" 율법학자는 역시 율법에 정통한 학자답게 정답을 댄다. "'네 마음을 다하고 네 목숨을 다하고 네 힘을 다하고 네 뜻을 다하여, 주 너의 하나님을 사랑하여라' 그리고 또 '네 이웃을 네 몸같이 사랑하여라' 하였습니다."

여기서 끝났으면 싱거웠을 텐데, 다행히 이야기는 흥미진진하게 이어진다. 지식인의 함정은 머리로만 알고 입으로만 떠드는 데 있다는 걸 꿰뚫어본 예수가 그의 약점을 건드린 것이다. "잘 알고 계십니다. 가서 그대로 실천만 하시면 되겠습니다. 행동으로 옮기십시오. 그러면 영생을 얻을 것입니다"(눅 10:28 참고).

제1라운드는 예수의 승리가 명백해 보인다. 하나 순순히 물러설 율법학자가 아니다. 한낱 촌구석에서 올라온 목수 출신인 예수와 논리 싸움에서 밀리면 제도권 학자의 체면이 뭐가 되겠나. 하여 제 딴에는 노련한

답시고 말꼬리를 물고 늘어지면서 기습질문을 던진다. "그러면, 내 이웃이 누구입니까?"

율법의 알짬이 '하나님 사랑'과 '이웃 사랑'이라는 건 이미 알겠다. 안 다음에는 또한 실천해야 한다는 것도 맞다. 그런데 사랑의 대상으로서 '하나님'은 명확한 반면에, '이웃'은 그 범위가 모호하다는 말이다. 대체 어디까지가 나의 이웃인가. 이 율법학자는 아마도 예수의 '행실'을 소문으로 들어 익히 알고 있었을 것이다. 세리, 창녀, 이방인 등 율법이 '죄인'으로 규정한 사람들과 거리낌 없이 어울리는 예수의 행태가 불온하게 보였을 것이다. 그들은 경건한 유대인의 통념에 비추어 보면 결코 이웃의 범주에 들어갈 수 없는 '잡것'들이다.[13] 그런 자들과 함께 밥까지 나누어 먹고 있으니, 예수는 영락없이 죄인으로 몰릴 판이었다.

율법학자의 질문 뒤에 깔린 교활한 복선을 예수가 모를 리 없다. 하지만 야단을 친다고 해서, 혹은 일방적인 훈시를 내린다고 해서 그가 변화될 것인가. 참된 배움은 스스로 깨달을 때 이루어진다. 약간 돌아가더라도, 조금 더디더라도 스스로 깨달음에 도달하여 기존의 생각을 바꾸고 마음을 고쳐먹어야 참으로 배우는 것이다. 그렇게 하도록 이끄는 가장 좋은 도구가 바로 이야기다. 이야기꾼 예수가 마침내 입을 연다.

어떤 사람이 예루살렘에서 여리고로 내려가는 길에 강도를 당했다. 이 길은 고도가 대략 1천 미터 차이가 있을 만큼 급격한 내리막길로 길이가 32킬로미터에 달하는 멀고 험한 길이다. 강도들은 그의 옷을 벗기고 때렸다. 옷이 벗겨졌으므로 그의 신분이나 정체를 파악할 단서는 어디에도 없다. 그는 '거의 죽게' 된 상태로 길바닥에 방치되었다. 이윽고 제사장이 나타난다. 피를 흘리며 길바닥에 쓰러진 사람이 그의 눈에 들어왔지만, '보고' '피하여' '지나간다.' 다음에는 레위 사람이 나타나는데, 그 역시 제사장처럼 '보고' '피하여' '지나간다.'

그들의 행동은 정당한가. 그 여부는, 우선 강도 만난 사람이 확실한 '이웃'의 범주에 포함되는지에 달렸고, 그 다음으로는 '거의 죽게' 되었다는 모호한 말을 어떻게 이해하는지에 달렸다. 만약 그가 확실한 유대인이며, 아직 살아 있는 상태라면, 당연히 그를 도와야 한다. 하지만 유대인이 아니고, 이미 죽은 상태라면, 제사장과 레위인의 행동은 오히려 율법을 준수한 것이 된다. 이웃인지 아닌지 불분명할 때는 이웃으로 대접할 필요가 없다는 것이 유대인의 보편적인 윤리의식인데다가, 시신을 만지는 행위는 율법의 금기 중에서도 최고 금기인 까닭이다.

이때 세 번째 등장인물이 나타난다. 앞의 두 명이 그냥 지나갔으므로, 그는 필경 강도 만난 사람에게 구세주 역할을 할 것이다. 유대인 청중은 제사장과 레위인 다음에 나오는 이 세 번째 인물이 서열상 평신도쯤 되겠거니, 지레짐작한다. 아울러 강도 만난 사람은 물론 등장인물 전체가 유대인이라고 자연스레 가정한다. 그런데 예수는 이런 논리적 기대를 무시한 채, 능청스럽게도 제3의 인물을 내세운다. 유대인이 아닌 사마리아인이다! 유대인에게는 단순 외국인만도 못한, 600년 이상 지속된 증오와 반목의 역사로 인해 '개'보다도 못한 존재로 취급해온 사마리아 사람이 구세주 역할을 하고 있다. 허를 찌르는 반전이라니.

그 사마리아인은 강도 만난 사람을 '보고' '가까이 가서' '돌보아주었다.' 가지고 있던 올리브오일과 포도주를 환자의 상처에 부어 응급처치를 하고, 자기 짐승에 태워서 여관으로 데리고 가 간호하고 다음 날 두 데나리온을 여관 주인에게 주었다. 게다가 "이 사람을 돌보아주십시

오. 비용이 더 들면, 내가 돌아오는 길에 갚겠습니다"(눅 10:35)라고까지
했다.

자비로운 사람이
되라

이야기를 마친 뒤, 예수가 율법학자에게 되묻는다. "당신은 이 세 사람
가운데서 누가 강도 만난 사람에게 이웃이 되어주었다고 생각합니까?"
(눅 10:36. 우리말 성서에는 예수의 말씀이 '낮춤말'로 서술되어 있는데, 이는 '온유
하고 겸손하신' 그분의 성품에 부합되지 않는다는 구약학자 민영진의 지적에 공감하
여, 이 장에서는 높임말로 문체를 바꾸어보았다.) 율법학자가 대답한다. "자비를
베푼 사람입니다." 그러자 예수는 말한다. "가서, 당신도 이렇게 실천하
며 사십시오"(눅 10:37 참고).

프랑스 철학자 에마뉘엘 레비나스는 우리가 타자의 고통에 '볼모'로
잡혀 있다고 말한다.[14] 타자의 얼굴, 그것도 왕이나 지배자나 부자의 얼
굴이 아니라, 가난한 자, 고아, 과부, 나그네 등 고통받는 사람의 얼굴은
나 또는 주체가 아무리 모른 체하려고 해도 도저히 그로부터 도망칠 수
없는 강력한 도덕적 호소력을 지닌다는 것이다.[15] 이런 의미에서 레비나
스는 윤리를 보는 것과 연결한다. 여기서 '봄'은 타인의 고통을 보되 회
피하지 않는 것, 다가가서 기꺼이 자비를 베푸는 행위를 포함한다. 그에
따르면, 주체가 진정한 의미의 주체가 되는 길은 오직 타인에 대해 열려
있고 타인을 위해 고통받을 수 있는 존재가 되는 길밖에 없다.

그렇다면 강도 만난 사람을 보고도 못 본 체 외면한 제사장과 레위인

의 행동은 얼마나 부도덕한가. 반면에 그를 보자마자 '측은한 마음이 들어서' 가까이 다가가 돌보아준 사마리아인의 행위는 또 얼마나 갸륵한가. 측은지심은 히브리어로 '레헴rehem'에 해당하고, 그리스어로는 '스플랑크니조마이splanchnizomai'라 한다. 둘 다 어원이 '자궁' 또는 '창자'인 것을 보면, 오장육부가 뒤틀릴 정도로 애끓는 마음이라 하겠다. 사마리아 사람이 강도 만나 쓰러져 있는 낯선 타인에게 다가간 것은 이 마음이 시켜서 한 일이다. 그 사람이 동족인지 아닌지 따질 겨를이 없다. 피를 만지고 시신을 만지는 행위가 율법에 어찌 규정되어 있는지 알아볼 여유도 없다. 마음이 달려가는 속도가 머리의 계산을 앞질렀다.

대승불교의 진수가 담긴 《금강경金剛經》을 보면, "마땅히 어디에도 머물지 말고, 마음이 일어나면 그냥 실천하라應無所住 而生其心"는 가르침이 나온다. 마음이 머문다는 건 집착한다는 뜻이다. 율법학자가 율법에 집착하듯이 말이다. 마음속에서 자연스럽게 측은지심이 발동하는데, 이것저것 따지기부터 한다. 같은 종교인가, 소속교단은 어디인가, 동문인가, 동향인가 등을 따지며 선행의 범위를 결정한다. 이런 식으로 동일자를 끝없이 확대재생산하는 문화는 건강할 수가 없다. 참된 선행은 타자를 보듬는 데서 나온다.

사마리아인이 선한 것은 그가 강도 만난 사람의 출신성분이나 정체에 집착하지 않았다는 데 있다. 상대가 되갚을 능력이 있든 없든 무조건 베푼다. 또 그렇게 베푼 다음에는 자신이 누군가에게 자비를 베풀었다는 기억 자체를 놓아 보낸다. 어디에도 머물지 않는 이런 마음이야말로 "빈 탕한 데 맞혀 노는" 각자覺者의 마음이다. 이리해야 비로소 베푼 사람施者도 없고 받은 사람受者도 없으며 오고간 것施物도 없는 깨끗한 자비淸淨布

施가 될 수 있다. 예수 가라사대, 자비를 베풀 때는 "오른손이 하는 일을 왼손이 모르게"(마 6:1–3) 해야 한다는 말씀이 바로 이런 경지를 가리키는 것이겠다.

자비慈悲란 자애로운 마음과 비탄한 마음의 합성어다. 남을 조건 없이 사랑할 뿐만 아니라, 남이 당하는 고통에 함께 슬퍼하며 가엾게 여기는 마음을 가리킨다. 사람의 경우에는 그 '남'이 대단히 제한적이어서, 혈연적 근친관계에 따라, 혹은 정치적 이해관계나 심리적 우호관계에 따라 자비의 대상이 되기도 하고 안 되기도 한다. 그러나 신의 마음은 모든 중생을 향해 열려 있기에, '나'와 '남'의 구별이 따로 없다. '대자대비大慈大悲'니 '동체대비同體大悲'니 하는 말은 그래서 나왔다. 신의 자비는 너무나도 크고 넓어 모든 중생의 괴로움을 자신의 괴로움인 양 품으신다는 말이다. 너의 고통과 나의 고통이 둘이 아니라, 마치 한 몸처럼 느껴진다. 그야말로 천상천하유아독존天上天下唯我獨尊의 경지라, 하늘 위로나 하늘 아래로나 오로지 존재하는 건 '나'밖에 없는 상태다.[16]

예수의 위대함이 여기에 있다. 기독교 전통이 예수를 '사람의 아들'인 동시에 '신의 아들'이라고 고백해온 이유도 그 때문이다. 예수는 사람의 아들로 세상에 왔지만, 범속한 인간의 한계를 뛰어넘었다. 나와 남, 우리와 그들, 이웃과 원수 사이의 경계가 분명한 유대사회에서 부단히 '월경越境'을 감행하는 예수의 행동은 그 자체가 도발적인 스캔들이었다.

예수는 말한다. "여러분이 여러분을 사랑하는 사람만 사랑하고, 자기한테 잘해주는 사람만 좋아하면, 또 남에게 선을 베풀 때도 도로 받을 생각으로 베푼다면, 그게 무슨 장한 일입니까? 보통 사람하고 다를 바가 뭐 있겠습니까? 무릇 사랑을 할 때는 원수까지도 품을 줄 알아야 합니다. 비록 원수지간이라도 좋게 대해주어야 합니다. 또 베풀 때는 아무런 보상을 바라지 말아야 합니다. 그래야 하나님의 자녀가 됩니다. 하나님은 심지어 배은망덕한 사람들이나 악한 사람들까지도 인자하게 대해주시기 때문입니다. 하나님의 자녀라면, 그분이 자비로우신 것같이 자비로운 사람이 되어야 합니다"(눅 6:32-36 참고).

공감하라,
기적을 낳으리니

생면부지의 청각장애인들이지만, 그들이 당한 고통이 남의 일 같지 않아서 한달음에 달려간 소설가의 마음이 하나님의 마음이겠다. 또 소설을 읽다가 '욱하는' 마음에 영화화를 결심한 배우의 마음 역시 하나님의 마음이겠다.

영화 〈도가니〉의 힘은 바로 그것이다. 사람들의 마음이 움직인다. 제한 몸 건사하기도 어려운 시대에, 다른 이의 아픔을 돌아보게 한다.[17] 영화 속에서 무방비로 폭력에 노출된 아이들에게 연민을 느끼고, 그런 아이들만 골라 상습적인 구타와 성추행과 성폭력을 일삼은 '나쁜 놈'들에게 분노를 느끼는 것은 특별한 사연을 지니거나 특별한 감수성을 지닌 소수만의 경험이 아니다. 모두들 보신주의保身主義에 빠져 내 눈 앞에서 남이 죽어가든 말든 자기 일이 아니면 아예 신경 끄고 사는 시대에, 영화는 말 그대로 '공분公憤'을 자아낸다.

공분은 공중公衆이 다 같이 느끼는 분노다. 사건의 당사자는 의당 개인인데, 대중이 마치 자신이 당한 일처럼 분개한다. 흥행 코드를 무시한 사회 고발성 영화가 그토록 많은 관객을 '동원'할 수 있었던 것은 순전히 공분의 힘이다.

공분은 사회를 뒤흔든다. 나쁜 놈들끼리 '좋은 게 좋은 거지' 하면서 서로 타협하는 방식으로 착한 사람들의 고통과 희생을 배가하는 동맹의 카르텔에 균열을 낸다. 이런 식의 불의한 동맹은 철저히 돈으로 매개되어 있다는 점에서 '돈맹'이라 부를 만하다. 돈이 없는 사람들은 결속도 어려운 것이, 돈의 절박성에 떠밀려 언제든지 회유당할 수 있는 까닭이다.

영화 속에서 민수의 할머니가 민수의 소송 취하를 조건으로 합의금을 받은 게 그 보기다. 쓰러져가는 판자촌에서 날품팔이를 하며 근근이 살아가는 민수의 할머니는 아들이 사고로 드러눕는 바람에 손자들의 보호자 노릇을 떠맡게 되었다. 민수를 때리고 강간한 가해자 측이 내민 돈 봉투는 할머니에게 얼마간 목숨 줄이 될 터였다.

민수가 수화로 "내가 용서하지 않았는데, 누가 나 대신 용서를 해요?"라고 말하며 짐승처럼 울부짖을 때, 그 분노는 사실 할머니보다도 '돈 없는 게 죄'인 사회를 향해 있었다. 결국 교란해야 하는 것은 가난하고 힘없는 사람들을 먹잇감으로 사냥하여 욕망의 배설구로 삼는 사회구조 자체여야 하는 것이다.

대중의 공분이 포털사이트 다음에서 '아동성범죄 공소시효 폐지' 캠페인으로 이어진 것은 대단히 고무적인 일이다. 다음 아고라에서는 '사건 재수사 서명운동'이 일어나 수많은 누리꾼들의 서명을 받아냈다. 사회 전체가 그야말로 공분의 도가니였다. 이쯤 되면 국회도 움직이지 않을 수 없다. 자고로 민심은 천심이라 했으니까. 하여 장애 여성과 아동을 대상으로 한 성폭행 범죄에 대해서는 공소시효를 폐지하는 내용의 '도가니 법'이 국회 본회의를 통과하기에 이르렀다.[18] 이 '쾌거'는 한동안 대중의 기억 속에서 공분의 승리로 기억될 터다.

영화에서 지루한 법정 공방의 와중에 강인호 선생과 서유진 간사가 피해 아이들을 데리고 바다를 보러 가는 장면이 나온다. 어릴 때 들었던 파도소리가 이젠 기억도 나지 않는다며 우울해하는 연두의 말에 강 선생이 위로한다. "세상에서 가장 소중한 것은 볼 수도, 들을 수도 없다. 오직 마음으로 느낄 수 있을 뿐." 보지 못하고 듣지 못하는 장애 속에서도 생의 아름다운 꽃을 피워낸 헬렌 켈러의 말이다.

그런데 눈을 뜨고 있다고 해서 과연 제대로 본다고 말할 수 있을까. 귀가 멀쩡하다고 해서 잘 들을 수 있는 것도 아니다. 눈과 귀는 열려 있으나, 자신이 보고 싶은 대로만 보고 듣고 싶은 소리만 골라 듣는 청맹과니들이 얼마나 많은가. 마음을 닫으면 이리 된다. 참된 봄과 들음의 시작은 언제나 마음이다.

뜻이 맞는 사람을 동지라 한다면, 마음이 통하는 사람은 친구가 제격일 것이다. 동지는 뜻이 맞지 않을 때 '배신자'로 낙인찍어 결별하면 그만이지만, 친구는 그럴 수 없다. 티격태격 다투더라도, 언제 그랬냐는 듯 시시덕거린다. 끼리끼리 모이게 되는 동지와 달리, 친구의 이데올로기적 편차가 다양한 것은 그런 연유다. 인문학자 김영민 교수의 말대로 "이론이 부재한 자리를 정서적 일체감이 들물처럼 채우는 사적 우연성",[19] 그것이 친구다.

친구는 시간을 먹으며 자란다. 마음을 헤아리는 능력은 농익은 시간이 전제되어야 가능할 것이다. 하지만 친구는 공유된 이념 없이, 다만 오랜 시간의 명암과 굴곡을 거치며 두루뭉술하게 이어져온 관계라, 또한 정실

情實에 치우치기가 쉽다. 친구의 빚보증을 거절치 못해 파산을 당해본 사람이라면 이 말이 무슨 뜻인지 금방 알리라.

김영민 교수는 제3의 인간관계로 동무同無를 제시한다. 굳이 요약하면, 동지의 '이념'과 친구의 '감정'을 결합한 관계다. "서로간의 차이가 만드는 서늘함의 긴장으로 이드거니 함께 걷는"[20] 사이로서, 한데 어울려 '길 없는 길'을 걸으며 또 다른 길을 조형하는 특징이 있다.

예수공동체는 무릇 동무공동체가 아닐까. 한 뜻 품음의 중요성과 마음 통함의 중요성을 동시에 고려하고 배려하면서 기존에 없던 길을 함께 만들어나간다. 이 공동체의 특징은 늘 기적을 동반했다는 점이다. 한 어린 아이가 저 혼자 먹으려고 싸온 도시락을 여럿이 함께 나누어 먹기 위해 내놓는(요 6:9) 식의 기적이 꼬리에 꼬리를 물고 일어났다. 공감의 능력은 연대의 기적을 낳는다.

오늘도 예수가 손짓해 부르는구나. 동무 되어 함께 '길 없는 길'을 가자고. "그리움이 먼 길을 움직인다"[21]고 했다. 우리는 과연 어느 길 위에 서 있는가. 또 어떤 세상을 그리워하는가.

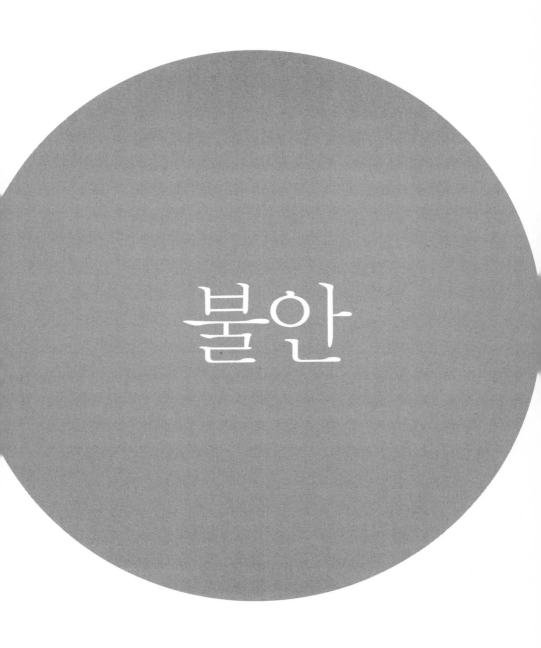

불안

사랑을 하면서도 잎 지는 소리에 마음 더 쏠려라
사랑을 하다가도 흩어지는 산향기에 마음 더 끌려라 _도종환

참을 수 없는
존재의 불안에 대하여

자타 공인 '살림고수' 친구가 놀러왔기에, 모처럼 집 근처 전통시장에 데려갔다. 없는 게 없고, 에누리와 덤은 기본이고, 사람 냄새 물씬 풍기는 시장 풍경은 비타민보다 더 좋은 '원기 충천' 특효약인지라, 내 딴에는 친구한테 동네 자랑을 할 요량이었다. 그런데 이게 웬일? 친구의 표정이 영 떨떠름한 거다. 뭐라도 사려 하면 손사래를 치면서 말리는데, 보는 족족 사고 싶어 하는 내 손이 갑자기 '저렴하게' 느껴졌다. 친구 왈, 이런 시장 물건은 원산지 표시를 믿을 수가 없어서 불안하다나. 그리고 보니, 깜빡 잊고 있었다. 이 친구, 명색이 '강남' 아줌마라는 걸.

대형마트나 백화점 식품매장에만 가면 '먹음직도 하고 보암직도 한' 먹을거리들이 즐비한 세상이다. 원치 않아도 '다국적' 밥상을 차릴 수밖에 없는 시대가 되었다. 그런데 불안감으로 따지자면, 원산지 표시가 제대로 되어 있다고 해서 예외일 수 있을까. 어차피 계절도 무시하고 국경도 무시한, 요컨대 자연의 순리를 거스른 먹을거리들이 과연 얼마나 안전하겠느냐는 말이다. 아무리 비싸도 사람들이 백화점 상품을 선호하는 건 결국 대중의 불안심리를 이용한 소비전략이 먹혔다는 증거다.

하여 이 시대의 화두는 단연 '불안'이라고 말하련다. 안전이라고는 도무지 눈 씻고 찾아보려야 찾아볼 수가 없다. 새집으로 이사 가면 다 좋은 줄 알았더니, '새집증후군'이라나 뭐라나. 헌집은 안전할까 했더니, 또 '헌집증후군'이라나 뭐라나. 발암물질 풀풀 풍기는 집에서 자고 일어나, 안전성이 보장되지 않은 불안한 밥상으로 허겁지겁 끼니를 때우고, 서둘러 자동차에 몸을 싣는다. 자가용은 자칫 잘못하면 나를 죽이든지 남을 죽이든지 하는 살인무기나 다름없고, 대중교통은 '대구 지하철 화재'나 '서울 버스 폭발' 사건에서 보듯이 대형 참사로 이어질 공산이 크니, 집 밖을 나서기도 불안한 세상. 그래도 먹고 살자면 어쩔 수 없이 직장을 가야 하므로, 출퇴근 '전쟁'이란 표현이 괜히 나온 게 아니다 싶다.

그렇게 목숨 걸고 출근하는데, 직장인들 안전하냐는 것이다. 들어간 사람은 언제 잘릴지 몰라 불안하고, 아직 들어가지 못한 사람은 들어갈 길이 요원해서 불안하다. 유치원부터 대학교까지 '모든 길은 직장으로 통한다'는 명제 하나에 모두들 목숨을 걸고 달리는데, 어째서 그곳에 들어가기가 '낙타가 바늘 귀 통과하기'보다 어려운지 모르겠다.

이렇게 세상이 불안하니까, 보험회사만 신이 났다. 위에 말한 친구는 역시 재테크의 달인답게 이런저런 건강보험들과 연금보험들을 줄줄이 들어놓아서 든든하다고 자랑질이다. "나는 그런 보험 없는데", 반사적으로 말했다가 얼마나 타박을 받았는지 모른다. 한동안 '뭐 이런 대책 없는 인간이 다 있나' 한심한 표정을 짓던 그녀는 화를 벌컥 내면서 "너 그렇게 살다간 큰 코 다친다" 악담까지 퍼붓는 거였다. 스스로도 한심한 생각이 들어 곰곰 기억을 더듬어보았다. 아, 다행이다. 예전에 보험설계사였던 한 대학원 학생의 권유로 어영부영 들어둔 보험이 하나 있었다. 자동이체로 돈이 빠져나가는 통에 까맣게 잊고 있었는데, 친구의 닦달에 퍼뜩 기억이 난 것이다. 그만 야단치라고, 나도 보험 든 것 하나 있다고 말대답했다가 잔소리만 바가지로 듣고 말았다. 이 나이에 하나 갖고는 턱도 없다나. 보험회사 직원이 빙의라도 한 듯, 어찌나 나의 미래를 가지고 달달 볶든지, 순간적으로 '전도'당할 뻔했다.

사람들의 불안을 상술에 이용하기로는 보험보다 로또가 한 수 위일 것이다. 바야흐로 로또의 시대다.[1] 500원짜리 주택복권 하나에 울고 웃던 예전과 달리, 지금의 로또 열풍은 기형적인 감이 있다. 오죽하면 '복권 방'이 다 생겼을까. '연금복권' 상품이 대박을 터뜨렸다는 뉴스에 기분이 우울해지는 건 나만의 과민반응이 아닐 것이다. 우리나라가 로또강국이라는 것은 그만큼 현재도, 미래도 불안하다는 뜻이니까.

혹시 나랏일하시는 분들이 나더러 우리 사회의 '저출산' 문제가 장기화되는 원인을 분석하라면, 정말 몰라서 묻거나 해결할 마음이 있어서 묻는 거라면, 확실히 진단해드릴 수 있다. 그건 '불안하기 때문'이라고! 자녀를 출산해야 하는 나이대의 부부들이 처한 지금의 삶도 불안하지만, 앞으로 태어날 자녀들의 삶은 더 불안하니까 못 낳는 것이다. 불안하지 않게만 해주시라. 로또에 기대는 대신에 복지에 기대게 하시라. 돈 없어서 교육 못 받고, 돈 없어서 병원 못 가는 한스런 사태가 벌어지지 않게 하시라. 아이 하나 낳을 때마다 양육비와 교육비가 통장에 차곡차곡 들어오게 되면, 낳지 말라고 해도 쑥쑥 잘만 낳을 것이다.

하나 냉정하게 말해서 복지가 해결된다고 불안이 싹 가시는 것도 아니라는 데 문제의 심각성이 있다. 작년 봄에 일어난 후쿠시마 원자력발전소 폭발 사고를 보자. 단순 사고 수준이 아니라 완전 재앙이 아니던가. 1986년 체르노빌 원전사고로 유명한 그 체르노빌에서 서쪽으로 1천 킬로미터 떨어진 독일은 오랫동안 방사능 공포에 시달리다가 급기야 후쿠시마 재앙을 접하고는 '탈핵'을 선언했다. 2022년까지 핵발전소를 모두 폐기하기로 결정한 것이다.[2] 우리나라는 어떤가. 후쿠시마에서 부산까지의 거리도 정확히 1천 킬로미터다. 그런데 이미 원전을 20기나 보유하고 있어 세계 6위의 자리에 있는 우리나라는 2022년까지 추가로 12기를 더 건설할 계획이라고 한다. 미국과 프랑스에 이어 세계 3대 '원전강국'이 되겠다는 당돌한 발상이 너무나도 불안하고 무책임하게 들린다.

현대문명 자체가 길을 잃은 느낌이다. 자연의 가공할 위협 앞에서 인간이 그 좋은 머리를 사용해 안전을 도모한 대가가 이를테면 원전사고 같은 것으로 드러나고 있다. 지구 위의 모든 인간을 멸절시킬 막강한 힘을 가진 핵무기와 원자력발전소가 존재하는 한, 누구도 불안감에서 벗어날 수는 없으리라. 그리고 보면 모든 지구인이 언제 터질지 모를 시한폭탄을 끌어안고 있는 셈인데, 그런 줄도 모르고 잠깐의 편리와 안전에 취해 있으니, 얼마나 어리석은가.

불안,
실존의 조건

'불안'은 아예 실존의 조건이 아닌가 싶다. 말 그대로 '요람에서 무덤까지' 불안이 인간의 뒤를 졸졸 따라다닌다. 아하, 그래서 인간은 한 사람도 예외 없이 태어날 때 모두 '시일야방성대곡是日也放聲大哭'을 외치나보다. 생존하기 위해 땀 흘리며 수고하지 않아도 되는 천국과도 같은 엄마 배 속에서 왕자와 공주처럼 편히 지내다가('자궁子宮'이라는 한자어를 풀이하면, 정확히 이런 뜻이다) 정글의 법칙이 난무하는 생지옥으로 떨어졌으니, 어찌 하늘이 노랗지 않겠는가. 하이데거가 인간을 가리켜 '피투적被投的 존재',[3] 곧 세상에 내동댕이쳐진 존재라고 한 것도 그런 까닭이겠구나.

하여 모든 젖먹이들은 낯선 사람을 두려워하기 마련이다. 통상 스스로 몸을 가누는 운동능력과 대상을 분간하는 인지능력이 부쩍 자라는 6개월 무렵에 그 현상이 강하게 나타난다. 그중에서도 낯가림이 유독 심한 아기들이 있다. 엄마 이외의 모든 사람을 극도로 경계하면서 한시도 엄마 품에서 떨어지지 않으려 한다. 억지로 떼어놓으면 자지러지게 울어젖히니, 한 번 안아보려던 사람들의 손이 괜스레 민망해진다. 보통은 '아기가 엄마만 찾는다'고 간단히 넘기기 일쑤지만, 아주 심한 경우에는 일종의 병으로 진단되는데, 심리학에서는 이를 '분리불안'이라고 부른다. 유아기 때만이 아니라 학령기에도 종종 엄마와 떨어지지 못해 '등교거부'를 하는 아이들이 이에 해당한다.

굳이 엄마가 아니더라도 상관없다. 세계적으로 유명한 만화 〈피너츠〉[4]를 보면, 라이너스라는 아이가 항상 담요를 끌고 다니는 캐릭터로 등장한다. 낡고 꼬질꼬질한 그 담요가 없으면 안절부절못하고 거의 패닉 상태에 빠지는 것이 전형적인 분리불안장애다. 그 증상을 얼마나 실감나게 재현했으면, '라이너스증후군' 혹은 '블랭킷(담요)증후군'이라는 말이 생겼을까.

심리적 요인을 짐작하기로는 엄마 배 속에 있을 때 엄마로부터 거부당한 기억이 있는 아이가 분리불안에 걸릴 확률이 높을 것 같다. 탯줄로 연결되어 둘이지만 한 몸을 이루고 있기에, 태아는 엄마의 생각과 감정을 용케도 읽어낸다. 특히 자신의 존재에 대한 엄마의 거부감은 본능적으로 태아에게 각인되어 무의식적 불안과 공포를 자아낼 터다. 이런 표현이 혹자는 거북할지도 모르겠다. 모성애라는 거룩한 단어에 대한 모욕처럼 들릴 것이다. 세상에 어떤 몹쓸 어미가 제 새끼를 그리 여기겠나. 하지만 진실인즉, 모성은 결코 자연발생적이지 않다. 모든 여성이 임신과 동시에 저절로 모성이 발동하는 것처럼 말하는 이론들은 사실상 그릇된 신화

나 이데올로기일 공산이 크다.[5]

　겨우 중학생이나 고등학생 나이에 임신을 하게 된 '미혼모'를 생각해 보라. 임신 사실을 확인한 순간부터 (자기가) 죽거나 (아기를) 죽이고 싶은 마음이 들지 않겠는가. 대구 페놀 사태나 IMF 사태 때 기혼여성들의 낙태가 속출했던 것도 마찬가지 맥락이다. 그녀들이 특별히 비정해서가 아니다. 임신이 일어난 맥락이 불안과 공포를 동반했기 때문이다. 임신은 과연 놀라운 생명의 신비이고 우주적인 사건임에 틀림없지만, 그것도 임신 당사자인 엄마의 상황이 불안하지 않은 한도 내에서 그렇다. 모성이 아이와 맺는 상호관계를 기반으로 한다면, 그 관계가 순탄하게 형성되도록 제반 조건부터 마련되어야 한다. 그러한 전제 없이 무조건 강요되는 모성은 폭력과 횡포이기 십상이다.

　아기가 분리불안에 사로잡히지 않게 하려면, 엄마 또는 엄마의 대리인이 아기에게 진심 어린 환대와 극진한 애정을 지속적으로 표현해야 한다. 그저 시늉만 하거나 의무감에서 억지로 하는 건 소용없다. 아무리 천지분간 못하는 젖먹이라도 상대방의 말과 행동에 담긴 저의를 직감적으로 알아채는 능력이 탁월한 것을 믿어야 한다. 인간은 영물이라지 않은가.

　일단 마음속에서 우러나오는 사랑이 전달되었으면, 그 다음은 아이 눈에 엄마 또는 엄마의 대리인이 잠시 보이지 않더라도 완전히 사라진 게 아니라는 '대상연속성' 개념이 확립될 차례다. 이 대목에서 모르긴 몰라도 전 세계 사람들이 거의 다 경험했을 '까꿍놀이'에 새삼 감탄하게 된다. 엄마가 얼굴을 손으로 가렸다가 '까꿍'(영어로는 'bopeep' 또는 'peeka-boo'라고 한다) 하며 내보이는 단순한 놀이를 통해 아기는 저절로 대상의 지속성을 배우게 된다. 조금 더 자라서 아이가 홀로 걸을 수 있을 무렵에는 '숨바꼭질놀이'로 바통이 이어진다. 이 놀이에 참여하면서 아이는 상대방의 몸 전체가 안 보여도 불안해하지 않는 마음 상태를 연습하게 된다. 놀이와 학습과 수행이 삼위일체를 이루니, 이처럼 완벽한 교육 방법도 없을 성싶다.

고해 또는
'숨은 신'을 향한 절규

하나님과 인간의 관계도 그와 비슷하지 않을까. 가수 임재범의 〈고해〉라는 노래를 듣고 있으면 정말 그런 생각이 든다. "어찌합니까? 어떻게 할까요? 감히 제가, 감히 그녀를 사랑합니다." 임재범 본인의 설명에 의하면, 이 노래는 그의 인생이 밑바닥까지 추락했을 때 탄생했다고 한다. 그래서인지 첫 소절부터가 절규 형식으로 되어 있는 이 노래에서 '그녀'는 다름 아닌 하나님을 가리킨다.

이어지는 구절을 들으면 정말 그런 것 같다. "조용히 나조차, 나조차도 모르게 잊은 척 살아간다는 건 살아도 죽은 겁니다." 부침을 거듭하는 우리네 삶에서 도대체 하나님의 임재를 경험하기란 얼마나 어려운가. 신의 존재는 자주 잊히기 일쑤다. 급기야 '신은 없다'고 선언하고 제 힘으로만 사는 이들도 많다. 하나 손바닥으로 해를 가릴 수는 없는 일. '잊은 척' 산다는 말은 도저히 잊을 수가 없다는 뜻. 그러니 하나님에 잇대어 살지 않는 인생이란 '살아도 죽은' 것이다.

이쯤 되면 이 노래는 단순히 '고해'라기보다는 〈고해성사〉라는 제목을 달고 있어야 맞다. 하나님의 뜻대로 살고 싶은데 그게 잘 되지 않더라는 죄책 고백에 해당한다. 이 죄의식은 하나님을 고발하고 싶은 심리로까지 연결된다. 내 마음을 뻔히 알면서, 내 말을 훤히 듣고 있으면서 묵묵부답으로만 일관하시니 정녕 당신은 귀머거리가 아니냐고 항변하는 것이다. "어디에 있나요? 제 얘기 정말 들리시나요? 그럼 피 흘리는 가없은 제 사랑을 알고 계시나요?" 삶의 길을 가르쳐달라고 그토록 간절히 애원하는데도, 아무런 대답이 없다. 하여 그런 하나님을 사랑하는 일은 십자가에 달리는 고통을 동반한다.

노래를 듣노라면 하나님의 일방적인 침묵 앞에서 철저히 무기력한 인간의 절망감이 구구절절 가슴에 와 닿는다. 매순간 그분의 구체적인 지시와 인도에 따라 살면 오죽 좋으련만, 그분은 어쩐 일인지 내가 찾을 때마다 꼭꼭 숨어 계신다. 사실 숨바꼭질 놀이란 게 어떤 의미에서는 잔인한 놀이가 아닌가. 이 놀이의 묘미는 기어코 숨으려는 상대를 집요하게 추격하는 데 있다. "꼭꼭 숨어라, 머리카락 보일라"를 주문처럼 외우면서 상대가 숨을 만한 곳을 샅샅이 찾아다닌다. 그러다가 끝내 못 찾으면 "못 찾겠다 꾀꼬리"를 외친다. 자신의 패배 혹은 실패를 스스로 증언하는 것이다. 그렇게 졌다는 걸 시인해야만 그제야 상대가 척 나타나니, 이런 경우에는 반가움보다도 야속함이 앞서겠다.

그런데 그가 숨은 장소가 대개는 알 만한 장소라는 데 숨바꼭질놀이의 또 다른 재미가 있다. 아까 들여다봤을 때는 분명히 없었다. 혹은 도저히 그런 곳에 숨어 있을 것 같지 않아서 그냥 지나쳤다. 그런데 어떻게 숨었는지 용케 틈새에서 기어 나온다. 그러니까 상대를 못 찾은 것은 그가 잘 숨었기 때문이라기보다는 내가 부주의해서다. 그렇다면 숨바꼭질놀이는 자신의 어리석음을 깨닫기 위한 일종의 수행이 아닌가.

구약성서를 보면 하나님의 정체는 영락없이 '숨은 신'이다.[6] 물론 처음부터 그랬던 건 아니다. 태초의 에덴에서 그분은 사람과 늘 함께 계시는 '무소부재無所不在'한 신이셨다. 마치 갓 태어난 젖먹이를 돌보는 어미처럼 사람에게 필요한 모든 것을 살뜰히 챙기며 보살피시는 자상함이 그분의 특질이었다. "보기에 아름답고 먹기에 좋은 열매를 맺는 온갖 나무를 땅에서 자라게"(창 2:9) 손수 에덴동산을 일구신 건 순전히 사람을 위해서였다. 네 개의 강이 사방으로 흐르는 그곳은 그야말로 거친 사막의 오아시스였다. 심지어 그분은 사람이 혼자 지내는 게 안쓰러워 '짝'까지 지어줄 정도로 섬세하셨다.

문제는 사람이다. 엄마가 불장난하지 말라고 그렇게 일러주었는데도 꼭 엄마 없을 때 불장난했다가 집을 홀랑 태우고 나서야 비로소 정신이 드는 아이처럼, 어리석은 사람의 호기심이 문제였다. 호기심이 강하기로는 남자보다 여자 쪽이 더한지, 하와가 먼저 하나님의 금기명령을 어겼다. 에덴동산에 있는 모든 나무의 열매를 먹고 싶은 대로 따 먹되, 선과 악을 알게 하는 나무의 열매만은 먹어서는 안 된다고 하신 하나님의 명령에 도전한 것이다. "눈이 밝아지고 하나님처럼 되어서 선과 악을 알게 된다는 것"(창 3:5)은 오히려 축복이 아닌가. 눈이 밝아져서 하나님의 시각으로 선악을 판단할 수만 있다면야 오죽 좋으랴, 하고 생각했을지도 모를 일이다.

이런 생각이 들게 만든 내면의 욕망이 신화적 표현으로는 '뱀'이라 지칭되었다.[7] 고대세계에서 뱀은 지혜의 상징이거니와 자주 허물을 벗는 생태로 인해 재생과 성장을 의미하기도 한다. 그리스 신화에 나오는 의술의 신 아스클레피오스가 뱀이 휘감긴 지팡이를 들고 있는 것도 그런 연유다. 뱀은 세계보건기구의 로고에도 들어 있고, 대한의사협회의 로고에도 들어 있다. 그러니 애꿎게 실제 뱀을 악마시할 일은 아닐 것이다. 어쨌든 하와는 자신의 욕망에 충실했다.[8] 또 저 혼자만 그 좋은 열매를 독차지하면 안 된다고 생각했는지, 함께 있던 아담에게도 나누어주었다.

아브람의 유랑

그런데 정작 눈이 밝아지자, 두 사람은 "자기들이 벗은 몸인 것을 알고, 무화과나무 잎으로 치마를 엮어서 몸을 가렸다"(창 3:7). 인간이 하나님처럼 되기를 욕망하는 건, 그 욕망이 설령 선한 의도에서 나왔다 하더라도, 애당초 교만한 발상일까. 이제 겨우 '하나 더하기 하나는 둘'을 배운 어린아이가 복잡한 미적분을 이해할 수는 없는 노릇이다. 이제 막 바둑알을 잡은 햇병아리는 이세돌 9단의 위력을 도저히 가늠조차 할 수 없다. 눈이 밝아진 사람은 그제야 깨닫게 된다. 하나님 앞에서 자신이 얼마나 작은 존재인지를.

수치심에 몸을 숨긴 건 그래서 인간 쪽이다. 술래가 되신 하나님이 인간을 찾아 나서신다. "네가 어디에 있느냐?"(창 3:9) 들키는 게 문제가 아니다. 벌 받을 일이 걱정이다. 불안과 공포로 인해 아담은 핑계를 댄다. "하나님께서 저와 함께 살라고 짝지어 주신 여자, 그 여자가 그 나무의 열매를 저에게 주기에 제가 그것을 먹었습니다"(창 3:12). 새겨들으면 이 말은 궁극적으로 하나님을 비난하는 것이다. 하나님이 여자라는 요물만 창조하시지 않았어도 이런 낭패는 없었을 것이라는 식이다. 하와 역시 핑계를 댄다. "뱀이 저를 꾀어서 먹었습니다"(창 3:13). 이 또한 하나님을 탓하는 말이긴 마찬가지. 뱀을 만드신 이도 결국은 하나님이 아니냐는 논리다. 그러고 보면 삶에서 우리가 내뱉는 온갖 불평과 비난과 핑계의 끝은 하나님이 아닐까. 하나님의 마음은 인간이 할퀸 상처들로 갈기갈기 찢기는구나.

자식이 부모 말을 듣지 않고 제 마음대로 해서 인생을 그르쳤다. 그러고는 도리어 '왜 나를 낳았냐'며 부모한테 대든다. 그런 불효막심한 자식을 위한 특효약은 무엇일까. 스스로 책임질 줄 알게 하는 것이다. 남에게 떠넘기면 안 된다. 모든 죄는, 아무리 겉보기에 수동적으로 보여도, 결국은 능동적이다. 결자해지라, 자신이 지은 죄는 스스로 값을 치러야 한다. 그래야 새로운 삶으로 나아갈 수 있다.

아담과 하와를 에덴에서 추방할 때 하나님의 마음은 몹시도 상했으리라. 손수 가죽옷을 만들어 입히시는 손길은 안타까운 사랑이지, 냉혹한 징계가 아니다(창 3:21 참고). 그러니까 '실낙원' 이후의 인간은 숙제 하나를 떠안은 셈이다. 더 이상 하나님이 에덴에서처럼 자상하게 대하지 않더라도, 인간이 술래가 되어 하나님을 찾을 때마다 머리카락 한 올 안 보이게 꼭꼭 숨어 계시더라도, 하나님의 변함없는 사랑을 믿고 불온한 현실을 견뎌야 한다.

이 숙제에서 합격 점수를 받은 이가 바로 아브라함이다. 그래서 유대-기독교인들이 아브라함을 가리켜 '믿음의 조상'이라 부르는 것이다. 본명이 '아브람'이었던 그가 '아브라함'이 된 것도 하나님의 작품이다. 그의 삶은 인간이 하나님과 관계 맺는 방식의 모범답안을 보여준다.

대략 기원전 2천 년경에 살았을 것으로 추정되는 아브람은 원래 갈대아 우르 출신이다. 거기서 태어나고 자라 어여쁜 아내 사래와 결혼까지 했으니, 아브람에게 그곳은 고향이나 진배없다. 그런데 난데없이 아버지 데라가 '집단 이주'를 선포한다. 가나안 땅으로 가야 한다며 짐을 싸란 다. 맏아들 중심의 사회답게 아브람과 사래, 그리고 아브람의 조카인 롯 이 데라를 따라나서게 되었다. 롯은 어려서 아버지를 여의었기에 아브람 이 거두고 있었다.

갈대아 우르를 떠난 그들은 하란에 정착해 살았다. 그러는 사이 데라 가 하나님의 품으로 돌아갔다. 이제 아브람이 명실공히 가장이 되었는 데, 어찌나 가계 경영을 잘했던지 재산도 불어나고 종들도 얻었다. 이 정 도면 가장이 아니라 족장 수준이다.[9] 그렇게 하란에서 아무 걱정 없이 안 락한 삶을 누리고 있을 무렵, 어느 날 문득 하나님의 음성이 들려왔다. "너는 네가 살고 있는 땅과 네가 난 곳과 너의 아버지의 집을 떠나서, 내 가 보여 주는 땅으로 가거라. 내가 너로 큰 민족이 되게 하고, 너에게 복 을 주어서 네가 크게 이름을 떨치게 하겠다. 너는 복의 근원이 될 것이 다"(창 12:1-2).

그때 아브람의 나이가 75세였다고 한다. 그가 산 총 햇수가 175년이라 고 하니(창 25:7), 75세면 대충 중년의 나이겠다. 그 나이에 안정적으로 일 군 삶터를 떠나 새로운 땅으로 이주한다는 건 사실 말처럼 쉬운 일이 아 니다. 그래도 아브람은 하나님의 약속에 의지해 하란을 떠난다. 이곳저곳 을 떠돌다 불모의 땅 네겝 사막을 거쳐 한동안 기근을 피해 살려고 이집 트까지 내려갔다. 하란 이후 아브람의 삶은 영락없는 떠돌이의 그것이다.

도대체 왜 이렇게 유랑해야 하는가. 멀쩡하게 잘 살던 하란, 아니 더 거슬러 올라가면 갈대아 우르를 왜 떠나야 하는가. 그냥 거기서 계속 몸

붙여 살면 안 되나. 갈대아 우르는 메소포타미아의 비옥한 초승달 지역 동쪽 끝 부분에 위치한 곳으로, 유프라테스 강과 티그리스 강 하류 지역의 성읍이다.[10] 오늘로 치면, 이라크와 이란의 남서부 지방쯤 된다. 메소포타미아라는 말뜻 자체가 '두 강 사이의 땅'이니, 비옥하기가 이루 말할 수 없었겠다. 유수한 문명이 이 지역을 중심으로 피고 졌다. 그 메소포타미아 문명의 중심지 중의 하나가 갈대아 지역인데, 우르는 그중 한 도시다.

약속은
불안하다

짐작하기로 갈대아 우르는 대단히 화려하고 부유한 도시였음에 틀림없다. 고대 수메르와 바빌로니아 문화가 이 도시를 수놓았다. 농업은 말할 것도 없고, 구리와 돌을 실은 배가 페르시아 만을 수시로 오가며, 대상들이 모였다 흩어지는 상업과 무역의 중심지였다. 아브람 일가가 버리고 떠난 그 땅은 두말할 나위 없이 풍요로운 대도시였다.

다음에 정착한 땅 하란은 또 어떤가. 유프라테스 강 상류지역에 자리 잡은 성읍으로, 메소포타미아 북서부 지역의 중심지다. 규모가 우르만은 못해도 꽤 잘나가는 도시였다. 그런데 그곳도 떠난다. 이유는 간단하다. 하나님이 약속하신 가나안 땅으로 가기 위해서다.[11]

약속이란 걸 해본 적이 있는가. 연인 사이에 서로 사랑하기로, 절대 한눈팔지 않기로, 죽을 때까지 헤어지지 말기로 손가락 걸고 도장 찍고 복사까지 해가며 사랑의 맹세를 해본 적이 있는가. 그걸 했더니 속이 편한가.

내 경험에 미루어보면, 약속은 하는 순간부터 불안하더라. 나는 사랑하는데, 상대방이 한눈팔까 전전긍긍이다. 나는 죽을 때까지 변심하지 않을 자신이 있는데, 상대방이 나보다 더 잘나고 근사한 사람한테 넘어갈까 노심초사다. 눈에 보이는 사람하고의 약속도 그럴진대, 하물며 보이지 않는 하나님과의 약속은 어떠랴.

우르에서 살 때는 먹을거리 걱정 같은 건 할 필요가 없었다. 하란에서도 얼마간 재산을 축적할 만큼 괜찮았다. 그런데 달랑 '약속' 하나 믿고 길을 떠나니, 그 다음부터는 매사가 불안이고 천지사방이 공포다. 어쩌면 아브람의 불안과 공포는 역설적으로 '약속의 땅' 가나안에 도착했을 때 최고조에 달했는지도 모르겠다. 하란을 떠나 마침내 가나안 땅에 이르렀다. 그 땅에는 당연히 가나안 원주민들이 살고 있었다. 민수기의 정보를 인용하면, 가나안 원주민들은 "키가 장대 같은 사람들"(13:32)이다. 특히 네피림 자손들은 거인족으로, 그들 앞에서는 일반인이 '메뚜기'같이 보일 정도였다. 아브람의 마음이 무척이나 불안했겠다. 바로 그때 하나님이 나타나 말씀하셨다. "내가 너의 자손에게 이 땅을 주겠다"(창 12:7). 아브람 자신이 아니라 '자손'이다. 약속의 땅 가나안은 아브람 당대보다도 후대 자손들이 살 땅이다.

다시 길을 떠나며 아브람의 마음이 어땠겠나. 보통 사람의 행동양식에는 '후대'가 입력되어 있지 않다. 지구의 자원이 당대에 거덜 나든 말든 아낌없이 쓰는 걸 보면 안다. 현 세대의 인류가 계속 이런 식으로 살면 분명히 지구가 열을 받아 머지않은 장래에 환경 대재앙이 밀어닥칠 것이다. MBC가 방영한 다큐멘터리 〈북극의 눈물〉[12]만 보더라도 지구 온난화(최근에는 '열대화'라는 표현이 더 적절해 보인다)의 폐해가 얼마나 잔혹하던가.

북극곰이 겪고 있는 생존의 위험이 인간의 현안으로 전이되는 데는 그리 긴 시간이 걸리지 않으리라.

기후학자들은 이미 지난 2010년을 '기후 붕괴'의 원년으로 선포했다. 그 예언이 적중하기라도 하듯이, 2011년 1월 12일 정오, 아이티에서 대지진이 일어나 졸지에 15만 명이 목숨을 잃었다. 가뭄과 홍수는 이제 지구의 일상이 되고 말았다. 영국의 환경운동가로《지구의 미래로 떠난 여행》[13]의 저자이기도 한 마크 라이너스Mark Lynas는, 다시 《6도의 악몽》[14]이라는 책에서 지구의 평균 온도가 6도 상승하면 인류를 포함한 모든 동식물이 멸종에 이른다고 경고한다. 하여 지구를 고열에 시달리게 만드는 주범인 이산화탄소의 농도를 350ppm으로 낮추자는 '350캠페인'이 전 세계적으로 진행 중이다. 현재 지구 대기의 평균 이산화탄소 농도는 산업혁명 당시(270ppm)보다 무려 42퍼센트나 증가한 390ppm에 달하고 있다. 불과 200년 전만 해도 275ppm 수준을 유지했는데, 이제는 문명이 그야말로 고삐가 풀려서 해마다 2ppm씩 증가하고 있는 실정이다.

만약 현 인류가 후대를 생각한다면, 미래의 자손들에게 '젖과 꿀이 흐르는 땅'을 물려주고자 한다면, 지금의 삶의 방식을 바꾸어야 함은 당위다. 하지만 이른바 '탄소 발자국'[15]을 덜 남기는 생활이라는 게 얼마나 불편한가. 개인 차원에서 보면 당장에 자가용을 버리고 대중교통을 이용해야 한다. 종이컵 대신에 텀블러 같은 것을 항시 휴대해야 한다. 비행기 타는 것도 가급적 자제해야 한다. 만약 해외여행을 다녀왔다면 비행 거리만큼 발생시킨 탄소의 양을 벌충하기 위해 '녹색 헌금'이라도 바칠 일이다.[16] 어쨌거나 덜 먹고 덜 쓰고 덜 돌아다니는 게 정답이다. 그런데 과연 인간이 그걸 할 수 있냐는 말이다.

아브람이 훌륭한 것은 그것에 있다. 미련 없이 가나안을 떠난다. 하나님의 약속을 받은 건 분명 자신이지만, 그 약속의 열매를 따 먹는 건 자손이 될 터다. 눈에 보이지 않는 후대의 축복을 위해 자신은 기꺼이 불편을 감수한다. 대가족을 이끌고 네겝 사막을 떠돌다가 봉변을 당할 수도 있다. 어디로 가서 살라는 것인지 하나님의 내비게이션은 도통 작동할 기미가 안 보인다. 설상가상 기근까지 겹쳐서 남의 나라로 건너가 살아야 할 판이다. 게다가 더 불길한 건 후대는 고사하고 아직 자식조차 생길 기미가 안 보인다는 사실이다.[17] 이건 구름 한 점 없이 쨍쨍한 하늘에서 비가 내리기를 바라는 형국인데, 그럼에도 그는 뒤로 물러서지 않고 전진하니 도대체 이걸 뭐라 불러야 할지 난감하다.

불안과 실수의 함수관계

섣불리 믿음이라 부르지 않으련다. 아브람의 다음 행보를 보면 적이 실망스럽기 때문이다. 이집트에 가까워질수록 불안감에 휩싸이는 아브람. 아내 사래가 어지간히 예뻐야 말이지. 이집트 사람들이 그녀를 한번 보면 가만 놔두지 않을 것 같다. 임자 있는 몸이라고 안 건드리면 다행인데, 여차하면 '골키퍼'를 제거할 수도 있는 상황. 아브람은 잔머리를 굴린다. "그러니까 당신은 나의 누이라고 하시오. 그렇게 하여야 내가 당신 덕분에 대접을 잘 받고, 또 당신 덕분에 이 목숨도 부지할 수 있을 거요" (창 12:13). 소심함을 넘어 '지질하게' 보이는 이 남자, 불안과 공포로 합리적인 판단능력이 마비되고 말았다. 생계에 대한 불안과 생존에 대한

190

공포는 하나님의 약속마저 잊게 만드는 무시무시한 위력을 발휘한다.

불길한 예상은 꼭 들어맞는 법. 이집트 사람들이 낯선 절세미인의 출현을 파라오에게 알린다. 그러자 왕이 이들을 궁궐로 초대하는데, 그의 눈에도 사래는 당연히 예뻐 보였다. 파라오는 자신을 '오빠'라고 소개한 아브람에게 "양 떼와 소 떼와 암나귀와 수나귀와 남녀 종과 낙타"(창 12:16)를 선물한다. 이제 그 '여동생'을 취할 일만 남았다.

이 상황에서 가장 당황한 건 누구보다도 하나님. 내가 그동안 약속 파트너한테 너무 무심했나, 반성하며 수습에 나서신다. 파라오와 그 집안에 무서운 재앙을 내리신 것. 파라오 입장에서는 상당히 억울했겠다. "어찌하여 너는 나를 이렇게 대하느냐? 저 여인이 너의 아내라고, 왜 일찍 말하지 않았느냐? 어찌하여 너는 저 여인이 네 누이라고 해서 나를 속이고, 내가 저 여인을 아내로 데려오게 하였느냐?"(창 12:18) 아브람에게 따지고 꾸짖는다.

이집트를 떠나 다시 네겝으로, 네겝에서 헤브론으로 길을 떠나는 아브람. 낯선 길 위에 서는 일은 언제나 불안하다. 안전하게 집 안에만 있는 사람은 그걸 모른다. 하지만 사람이 성장하는 건 '집 안'에서가 아니고 '길 위'에서다.[18] 낯선 만남을 두려워하지 않으며 끊임없이 자기를 변이시키는 과정에서 비로소 새로운 자아가 탄생한다.

아브람이 '아브라함'이 된 것은 그의 나이 99세 때의 일이다. 그러니까 하나님의 약속에 의지하여 하란을 떠난 지 어언 24년이 흘렀다. 그 사이 우여곡절도 많았고 실수와 실패도 있었지만, 그래도 아브람은 "집짐승과 은과 금이 많은 큰 부자"(창 13:2)로 성공했다. 집에서 훈련시킨 사병만 318명에 이르렀다는 보도(창 14:14)로 미루어, 그의 재물과 권력의 규모를 대충 짐작할 수 있다. 그런데 여전히 걱정되는 부분이 하나 있으니, 바로 자식이 없다는 것이다. 하나님은 분명 하늘의 별처럼 엄청나게 많은 자손을 주시겠다고 약속하셨건만, 사래의 몸에는 어째 아무런 기별도 없다.

이집트에서 있었던 불미스러운 사건으로 둘 사이에 틈이 벌어졌을지도 모르는 일이다. 어쨌거나 물려줄 자식이 없다면 그 많은 재산이 다 무슨 소용인가. 불안한 마음에 일을 꾸민 건 사래 쪽이다. 아브람에게 권하기를, 이집트에서 데려온 젊은 여종 하갈의 몸을 빌려 대를 이으라 한다.[19] 이 대목에서 아브람이 하나님의 약속을 굳게 믿었다면, 사래의 청을 거절했어야 옳다. 사래도 내심 그걸 기대하지 않았겠나. 하지만 아브람은 별 망설임 없이 사래의 말을 따른다. 그러고 곧바로 하갈이 임신했으니, 사래의 속이 뒤집어지는 건 당연지사.

성서는 사래와 하갈 사이의 힘겨루기를 제법 장황하게 소개한다. 한편에는 임신하지 못한 여주인이 있고, 다른 편에는 임신한 여종이 있다. 서로 으르렁대고는 있으나, 근본적으로 여성의 존재 이유가 남편의 혈통을 잇는 데 있는 철저한 가부장제 사회에서 두 사람은 똑같이 피해자일 터다. 하지만 그걸 헤아리기에는 그네들의 생존 기반이 너무도 협소하고, 그네들의 마음자리가 너무도 절박하다.

우여곡절 끝에 하갈의 몸에서 이스마엘이 태어난다. 아브람의 나이 86세 때의 일이다. 그토록 자식을 바랐는데, 늘그막에 드디어 아들을 보게 되었다. 아브람의 마음이 얼마나 흡족했겠는가. 유일한 상속자로서 이스마엘은 온 가족의 사랑과 관심을 한 몸에 독차지하며 '기대주'로 자랐을 것이다. 하나님이 약속하신 '자손'은 이스마엘을 통해 이어질 것임을 아무도 믿어 의심치 않았다.

그때 하나님이 다시 나타나셔서 아브람은 물론 사래의 이름까지 바꾸셨다. 이들은 각각 '많은 사람의 아버지'와 '많은 사람의 어머니'라는 뜻의 아브라함과 사라가 되었다. 개명의 의미는 단순한 이름 바꿈이 아니다. 존재 자체가 완전히 새롭게 바뀌어야 하는 것이다.

이름을 바꾼 다음에 하나님이 하신 약속은 무엇인가. 별다른 게 아니다. 사라를 통해 자식을 주시겠다는 처음 약속 그대로 재확인하신 것뿐이다. 하나님의 뜻은 손톱만치도 변하지 않았다. 변한 건 인간의 마음이다. 하나님의 뜻이 이루어지는 '때'와 자신이 생각하는 때가 다르다는 이유로, 진득하니 인내하지 못하고 제 마음대로 일을 저질렀다. 이런 것을 보면 하나님도 '하나님 노릇' 하기 참 힘드시겠다는 생각이 든다. 당신 쪽에서는 나름대로 성실하게 약속을 지킨다고 하는데, 인간이 믿지 않고서는 도리어 하나님만 타박하니 말이다. 심지어 아브라함과 사라는 하나님을 비웃기까지 한다. 사라의 달거리가 멈춘 지가 언제인데, 이제 와서 자식 타령이냐고.

모리아 산으로 가는 사흘 길

이쯤에서 한 가지 짚고 넘어갈 게 있다. 아브라함이 여기까지 온 것은 하나님의 불가해한 섭리에 기인한다는 사실이다. 그는 선택받았다. 역사상 인류가 경험해보지 못한, 수메르 문명이나 바빌로니아 문명과 전혀 다른 생경한 종교문화가 이제 막 태동하려는 찰나에 하나님은 그를 언약의 파트너로 지명하셨다.

이러한 하나님의 결정에 '노no'라고 답할 수도 있었을 것이다. 하나님이 인간에게 허락하신 여러 가지 특질 가운데 가장 통 큰 선물이 바로 '자유의지' 아닌가. 자유의지라는 말에는 거부권이 포함된다. 그것은, 비유하자면, 햇빛이 싫다고 기어코 차단막인 양산을 쓰는 사람이 문득 햇빛이 좋아져서 자진하여 양산을 거둘 때까지 잠자코 기다려야 한다는 뜻이다. 상대방의 자유의지를 존중하는 일은 많은 경우 외로움과 괴로움을 수반한다. 거절당할 위험을 감수한 채 사랑하고, 배신당할 걸 알면서도 억지로 구속하지 않으니, 좁은 인간의 소견으로 어찌 그 사랑의 깊이를 가늠할까.

하나님이 처음 사람을 만드실 때 노예로 설계했더라면, 아담과 하와로 인해 상처받을 일도 없었을 것이다. 자유의지 따위는 삭제하고 맹목적인 순종 모드로만 프로그래밍하면, 얼마나 편했겠나. 하지만 그것은 '신의 형상대로' 창조하는 방식이 아니다. 자유가 신의 본질이라면, 인간도 그 본질을 나누어 가져야 한다. 사랑은 자유로운 쌍방이 기꺼이 자기를 비우고 상대방을 선택하는 위대한 모험이기에 그렇다.

아브라함은 일단 하나님의 선택에 '예스yes'라고 답했다. 하지만 그 순종의 속내가 참으로 사랑인지는 더 두고 볼 일이다. 사랑을 빙자하여 제 잇속만 챙기는 짝퉁 신앙인이 얼마나 많은가. 아브라함이 너무나도 불안했던 시기에 하나님이 종종 침묵하신 것은 그 때문이다. 하나님으로서는 그가 참으로 자유롭게 자신을 사랑하는지, 혹시라도 어떤 목적 달성을 위한 수단으로 이용하려는 것은 아닌지 그것이 알고 싶으셨으리라.

그러므로 이야기는 아브라함이 100세에 드디어 사라를 통해 아들을 낳았다는 대목에서 끝나면 안 되는 것이다. 오히려 이제부터가 본론이다. 하나님은 아브라함을 시험하신다. 기적처럼 얻은 아들, 눈에 넣어도 아프지 않을 이삭을 도로 내놓으라신다. "너의 아들, 네가 사랑하는 외아들 이삭을 데리고 모리아 땅으로 가거라. 내가 너에게 일러주는 산에서 그를 번제물로 바쳐라"(창 22:2).

그야말로 '마지막 한판'이다. 이보다 더 큰 시험은 이제까지도 없었고 앞제에도 없을 것이다. 그런데 이 시험은 비단 아브라함에게만 해당하는 것이 아닐 성싶다. 만약 아브라함이 더 이상 시험을 치르지 않겠다고 거부권을 행사하면, 하나님의 입장이 어떻게 되겠는가. 여태까지 맺어온 언약관계가 모두 수포로 돌아간다. 그러므로 아브라함이 시험을 당할 때, 하나님도 함께 시험을 치르신다고 이해해야 맞다.[20]

아브라함 입장에서는 따지고 항의해도 분이 풀리지 않을 판이다. 이 무슨 고약한 심보란 말인가. 주었다가 도로 뺏는 법이 어디에 있나. 하늘의 별처럼, 바다의 모래처럼 자손이 많게 해주겠다고 약속하시지 않았나. 속이 부글부글 끓어오를 텐데, 의외로 침착하다. 본문은 하나님의 무리한 요구 다음에 곧장 이런 문장으로 이어진다. "아브라함이 다음날 아침에 일찍이 일어나서 나귀의 등에 안장을 얹었다. 그는 두 종과 아들 이삭에게도 길을 떠날 준비를 시켰다. 번제에 쓸 장작을 다 쪼개어 가지고서, 그는 하나님이 그에게 말씀하신 그곳으로 길을 떠났다"(창 22:3).

무슨 여행이라도 가는 품새다. 크게 동요한 흔적을 찾아볼 수가 없다. 그러나 꼬박 사흘이 걸려 모리아 산까지 가는 동안, 아브라함의 마음인들 온전했을까. 걸음마다 초죽음이 아니었을까. 하루가 천년같이 길었을 것이다. 입술은 바짝 마르고 눈은 움푹 꺼진 게 넋이 나간 노인처럼 보이지 않았겠나.[21]

마침내 모리아 산에 당도하자, 아브라함은 종들을 산 아래 머물게 하고, 이삭과 단둘이서 산을 오른다. 번제에 쓸 장작을 지고 가는 이삭의 모습은 영락없이 십자가를 진 예수의 모습이다. 그러니까 이 장면을 토대로 유추해보면, 예수가 십자가에 달릴 때 하나님은 홀로 하늘에 계셨던 것이 아니라 예수와 함께 혹은 예수보다 먼저 십자가에 달리셨다고 보아야 맞겠다. 우리에게 희망이 되시는 하나님은 이런 하나님이다. 아들의 죽음에도 눈 하나 깜짝 안 하는 강한 하나님이 아니라 먼저 달려가 함께 못 박히는 약한 하나님이다.

모리아 산까지 오는 사흘 동안 아브라함은 이미 죽고 없어졌다. 죽은 자에게 희로애락의 감정이 웬 호사인가. 주시는 분도 하나님이요, 거두시는 분도 하나님이다. 언제 주고 언제 거두는지는 철저히 그분의 자유일 뿐, 인간이 왈가왈부할 바가 아니다. 내가 바라는 '때'에 일이 이루어지지 않는다고 해서 불평할 수는 없다는 것, 이미 그것을 깨우친 아브라함이 아닌가.

님은 더 깊이
사랑하는데

한참을 걷고 있는데 이삭이 묻는다. "불과 장작은 여기에 있습니다마는, 번제로 바칠 어린 양은 어디에 있습니까?"(창 22:7)[22] 정곡을 찌르는 질문이다. 독자들은 안다. 이 경우 정직하게 답하려면 "애야, 네가 바로 그 어린 양이란다" 하고 알려줘야 한다는 것을. 하지만 그랬다가는 하나님이 궁지에 몰린다. 이삭이 죽는 순간까지 제 목에 칼을 댄 아버지는 물론이거니와 그러라고 시킨 하나님까지 증오해서야 쓰겠나. 그렇다고 거짓말을 할 수도 없는 노릇. 곤혹스런 상황에서 아브라함이 천천히 입을 연다. "얘야, 번제로 바칠 어린 양은 하나님이 손수 마련하여주실 것이다"(창 22:8).

이 정도 대답이면 '게임 오버'가 아닌가. 이제 숨바꼭질놀이의 의미를 완전히 터득한 그다. 하나님의 개입이 즉각적으로 임하지 않더라도, '때'를 기다릴 줄 아는 지혜가 생겼다. 지금 당장 눈에 보이지 않는다고 완전히 사라진 것은 아님을 아는 까닭이다. 그렇다면 불안을 견디는 힘은 믿음이 아닐까. 이때의 믿음은 특정 교리에 대해 머리로 동의하는 것과는 차원이 다르다.[23] 오히려 그것은 텅 빈 항아리를 연못 속에 집어넣는 행위에 비유할 수 있을 터인데, 이런 믿음은 신뢰라는 단어로 표현하는 것이 더 적절할 것이다.

신뢰는 죽이 되든 밥이 되든 턱 맡기는 마음이다. 일절 고집을 부리지 않는다. 별스런 기대나 바람도 없다. 그저 이끄시는 대로 지며리 따를 뿐. 내 뜻이 없으니 자연스레 그분의 뜻이 곧 내 뜻이 된다. 둘이 온전히 하나가 되는 경지, 이 차원에 이르면 믿음은 사랑과 동의어다.

아브라함이 공을 하나님께로 넘긴 건 지극한 신뢰의 표현이겠다. 하나님이 알아서 하시란다. 이러셔도 좋고 저러셔도 상관없다. 어차피 인간의 셈법으로는 무엇이 진정 이롭고 유익한지 온전히 파악할 능력이 없다. 신을 향한 인간의 사랑이 아무리 큰들, 인간을 향한 신의 사랑에 비할까. 신을 믿는 일은 신의 사랑을 믿는 일. 그분이 변함없이 나를 사랑하고 계심을 믿는다면, 그분의 이해할 수 없는 침묵이나 부재 정도는 아무렇지 않게 견디는 법을 익혀야 한다. 심지어 받아들이기 힘든 요구까지도 기꺼이 감내하는 내공이 필요하다. '때'가 되면 저절로 이해하고 수용하게 될 테니까.

렘브란트는 이 장면을 여러 해에 걸쳐 반복적으로 그렸다. 성서를 읽을 때마다 자꾸만 새로운 게 보이는지, 한 장도 똑같은 그림이 없다. 어떤 때는 이삭의 고통을 강조하고, 어떤 때는 아브라함의 고뇌를 강조한다. 아들을 제단 위에 올려놓고 어떻게 잡아야 할지 몰라 쩔쩔매는 '대머리' 아브라함을 보고 있으면, 성서를 대충 읽고 나서 전부 이해한 양 건방을 떠는 우리네 습성이 무안해진다. 유화와 동판화 등이 여러 장 있지만, 그중에서도 1655년에 그린 그림이 압권이다. 렘브란트가 젊었을 때(1636년) 그린 유화에서 이 장면은, 이삭이 아버지의 손아귀에서 빠져나가려고 발버둥치는 모습으로 묘사되었다.[24] 그러나 이 그림에서는 아무런 저항 없이 아버지의 품에 다소곳이 안겨 있는 것으로 나온다. 그런 아들을 아버지도 감싸 안는데, 특히 칼이 보이지 않도록 오른손으로 눈을 가려주는 모습이 짠하다. 한편, 천사는 아브라함이 칼을 쥔 왼팔을 자신의 왼손으로 잡고 오른손으로는 아브라함의 오른 손목을 잡으며 부드럽게 말리는 시늉을 한다. 그림 어디에서도 폭력과 강압을 찾아볼 수가 없다. 서로가 서로를 위하는 가운데 살림의 기적이 일어나는 것을 잘 표현한 역작이다.

아브라함이 힘들었던 만큼 하나님도 힘드셨다. 그러므로 아브라함의 승리는 곧 하나님의 승리인 셈이다. 지옥과도 같은 불안의 늪을 통과할 때조차 하나님과의 숨바꼭질놀이를 포기하지 않았기에 그는 '믿음의 조상'이 될 수 있었다.

재물이 불안을 상쇄하는 게 아니다. 로또에 당첨된 사람들의 평균수명이 비정상적으로 짧은 게 그 본보기다. 또 남 보기에 근사한 파트너가 있으면 좋을 것 같지만, 막상 그리 되는 순간 불안감만 커진다. 권력이 있다고 덜 불안한가. 높이 올라갈수록 언제 떨어질지 몰라 더 불안한 게 사람이다. 남들이 우러러보는 재벌회사에 취직을 하고 승승장구 잘나간다고 안 불안한가. 나보다 더 유능한 아랫사람이 언제 치고 올라올지 몰라 늘 전전긍긍이다.

어차피 인생에서 불안의 요소들을 완벽히 제거하기란 불가능하다. 그렇다면, 차라리 피하지 말고 즐길 일이다. 불안은 나의 힘듦이 신의 고난보다 크지 않음을, 나의 믿음이 신의 사랑보다 강하지 않음을 깨닫게 해주는 일종의 수행일 수 있다. 더 중요한 비밀은 우리가 불안할 때 하나님도 불안해하신다는 사실이다. 그러니 어차피 불안한 인생, 하늘의 뜻에 모든 걸 맡기고 여여如如하게 사는 편이 훨씬 낫다. 우리가 턱 맡길 때 하나님도 신이 나서 운동하신다. 우리가 알거니와 하나님의 운동을 막을 세력은 지상에 아무것도 없다.

도종환 시인의 〈님은 더 깊이 사랑하는데〉²⁵라는 시로 기도를 대신해본다. 불안은 역시 사랑에 성실하지 못한 이에게 주어지는 정서적 부담인 모양인데, 지금 이리 내 마음이 불안한 걸 보니 눈을 다른 데 돌리고 있는 게 아닌가.

> 사랑을 하면서도 잎 지는 소리에 마음 더 쏠려라
> 사랑을 하다가도 흩어지는 산향기에 마음 더 끌려라
> 님은 더 깊이 사랑하는데 나는 소쩍새 소리에 마음 끌려라
> 사랑을 하다가도 사라지는 별똥 한 줄기에 마음 더 쏠려라

질투

스승님이 가지고 계신 능력을 제가 갑절로 받기를 바랍니다. _엘리사

**부러우면
지는 거다**

'폼생폼사'를 강요당하는 대한민국 남자들에게 드디어 구원자가 나타났다. 외모 자체가 '폼'과는 거리가 있는, 자기 인생의 분기점을 고작(!) 파마머리 전과 후로 가르는 김정운 교수가 바로 그다. 그가 설파하는 '복음'은 한 문장으로 요약된다. "수컷들이여, 폼 잡지 말고 척하지 맙시다."[1] 신문에 실린 그의 신작 소개를 읽는 것만으로도 여자인 내가 다 속이 후련한데, 남자들은 오죽할까. 이를테면 이런 대목이 나를 빵 터지게 했다.

> 황상민 연세대 교수에 대한 내 질투심은 말도 못했다. 그러나 황 교수는 목소리도 참 특이하고 짧은 다리에 바지도 짧게 입고 다녀 나름 위안이 되었다. … 김난도 교수는 사람까지 착하고 순수하다. 그가 쓴 책은 나름 베스트셀러인 내 책의 몇 배나 팔렸다. 환장한다.[2]

그러니까 이 책은, 김정운 교수가 인터뷰어 노릇을 하고, 우리나라에서 이름께나 알려진 유명남들이 인터뷰이가 되어, 자신의 애장품을 소개하는 형식으로 되어 있다.[3] 그런데 무슨 인터뷰어가 인터뷰이에 대해 저토록 노골적인 질투의 감정을 드러낸단 말인가. 말쟁이들도 그렇지만, 글쟁이들도 보통은 고매한 척하는 데 이골이 난 사람들이다. 속으로는 엄청난 콤플렉스 덩어리를 끌어안고 있으면서도 겉으로는 초연한 척한다. 자기 감정을 솔직하게 드러내면 '꿀릴까봐' 그렇다. 혹은 남 앞에서 이래라 저래라 하는 데 하도 익숙해진 나머지 스스로를 이상화하는 병에 걸렸을지도 모를 일이다.

어쨌거나 "부러우면 지는 거다"라는 사회적 합의는 이러한 맥락에서 형성되었다. 속으로는 부러우면서도, 그 감정을 내비치면 인생 패배자로, '루저looser'로 낙인찍힐까봐, 아무렇지 않은 척한다. 자신의 감정을 있는 그대로 드러내는 일은, 더구나 우리처럼 체면문화가 지배적인 사회일수록 결코 쉬운 일이 아니다.

김정운 교수의 매력은 이 지점이다. 그는 자기를 포장하지 않는다. 독자들을 향해서도 그렇고, 자신과 마주할 때도 그렇다. 그의 고백에 따르면, 파마머리를 하기 전까지는 자신도 '우리'와 똑같았다고 한다. 근사한 인간인 양 위선을 떨었다는 뜻이겠다. 하지만 머리를 뽀글뽀글하게 지지고 난 다음부터는 모든 게 달라졌다. 더 이상 표준화된 틀에 자기를 가두어두지 않는다. 자기 개성, 자기 취향, 자기 감정을 존중하는 법을 배웠다. 요컨대 파마는 그에게 일종의 일탈이자 동시에 자기 안에 잠자고 있던 '참 인간'과 만나는 계기였던 셈.

문득 삭발을 하고 싶다는 생각이 든다. 그러고 보면 나도 엄청 속이며 살고 있다는 뜻이다. 한밤중에 골목길에서 낯선 사람을 만나는 일보다 더 무서운 건 자신의 시커먼 속내와 마주하는 일이 아닐까. 그렇게 못나고 못된 인간이 바로 나 자신이라는 사실을 인정하기가 겁이 나서 서둘러 외면해버린다. 그러고는 밖에 나가 한껏 '폼'을 잡으며 썩 괜찮은 인간인 '척' 연기를 하니, 나의 구원은 아직도 요원한 듯하다.

하여 자신보다 실력 있고 인기 많은 (것처럼 보이는) 또래 학자들 앞에서 질투심을 유감없이 토로하는 그가 나보다 월등히 나은 사람이로구나. 질투는 열등감의 다른 표현이라 배우고, 심지어 '칠거지악七去之惡'의 하나라 배운 까닭에, 그런 감정이 올라오는 것을 애써 숨기고 누르기 바쁜 우리를 그가 깨우친다. 칼에 베여 생긴 손가락의 상처가 바람을 쏘여야 낫는 것처럼, 우리 안의 부정적인 감정들도 출구로 배출되어야 병이 안 생긴다고.

한데, 가만 있자, 자신보다 잘나가는 사람을 부러워하는 감정이 질투가 맞기는 한 건가. 그건 단순한 선망羨望 아닌가. 이 대목에서 잠시 머리를 식히고 개념 정리를 해보자. 유명한 영화 〈아마데우스〉(1985)에 등장하는 살리에리(1750~1825)와 모차르트(1756~1791)의 관계가 이 문제를 공부하기에 딱 좋은 보기다.

영화는 살리에리를 중년으로, 모차르트를 천방지축 청년으로 묘사했지만, 실제로 그들은 여섯 살밖에 차이가 나지 않는다. 말하자면 둘은 충분히 티격태격할 만한 사이다. 고기도 먹어본 사람이 맛을 알듯이, 당시 요제프 황제의 신임을 받으며 궁정작곡가로 활동하던 살리에리는 소문으로만 듣던 모차르트의 연주를 처음 듣는 순간, 그것이 '신의 소리'임을 직감한다. 네 살 때 협주곡을 작곡하고, 일곱 살 때는 심포니를, 열두 살 때는 장편 오페라를 작곡한 신동이라더니, 모차르트의 음악은 과연 살리에리가 그때까지 한 번도 들어보지 못한 천상의 음악이었던 것이다.

질투와
시기의 차이

여기까지는 선망이다. 살리에리는 모차르트를 부러워하면서 그처럼 되기를 바란다. 하지만 그럴 수 없다. 아무리 노력한들 모차르트의 발뒤

꿈치라도 따라갈 수 있겠나. 모차르트가 있는 한 자신은 만년 이인자 자리에 머물 수밖에 없다. 차츰 절망감에 사로잡히자, 선망은 이내 시기로 돌변한다. 시기는 남이 잘되는 데 샘을 내며 공연히 미워하는 마음이다. 남이 잘 되는 꼴을 보지 못하는 심리, 남의 불행이 곧 나의 행복이라는 심보가 시기의 골자다. 증명되지는 않았으나 살리에리가 모차르트를 독살했다는 추측이 난무했던 것은, 그만큼 그의 시기심이 하늘을 찔렀다는 뜻이리라.

　시기는 6세기 초에 교황 그레고리우스 1세가 규정한 일곱 가지 대죄大罪 중 하나였다.[4] 13세기에 가톨릭 신학을 집대성한 토마스 아퀴나스는, 탐식·탐욕·나태·정욕·교만·시기·분노라는 일곱 가지가 그야말로 대죄인 까닭은, 그 자체가 도덕적으로 중대한 죄일 뿐만 아니라 그것이 결정적인 원인이 되어 다른 죄악을 낳기 때문이라고 설명했다. 흥미로운 것은 영문학의 아버지라 일컬어지는 제프리 초서Geoffrey Chaucer의 관점이다. 《캔터베리 이야기》로 유명한 그는 이 책에서 시기를 7대 죄악 가운데 가장 치명적인 것으로 꼽았다. "시기는 가장 나쁜 죄입니다. 다른 모든 죄는 하나의 미덕에 적대하는 반면, 시기는 모든 미덕과 모든 선에 적대합니다."[5]

　참된 것, 아름다운 것, 훌륭한 것, 고결한 것, 순수한 것 등 모든 좋은 것이 자기 외부에 있을 때, 사람은 그것들을 결여하고 있는 '텅 빈 자기'에 대해 참을 수 없는 모욕감을 느끼게 된다. 이런 감정을 나르시시즘적 분노라 부른다. 이 분노는 자신이 그 좋은 것을 소유할 수 없다는 자각에서 비롯되어, '못 먹는 감 찔러나 보자'는 식의 심리로 이어진다. 영국의 정신분석학자로 대상관계이론을 창시한 멜라니 클라인Melanie Klein에 따

르면 시기가 질투jealousy나 탐욕greed과 구분되는 것은 그 지점이다.[6]

질투는 누군가에 대한 사랑을 두고 다른 사람과 경쟁할 때 일어나는 감정이다. 아니 굳이 제3자가 개입되지 않아도 상관없다. 사랑에 빠진 커플들은 혹시나 상대방이 한눈팔지 않을까 전전긍긍하면서 가공의 인물을 상정하여 '위험한 상상놀이'에 빠지기 예사다. 그런가 하면 탐욕은 소유에 대한 줄기찬 욕망이다. 이게 위험한 것은, 대상에 한번 꽂히면, 설령 남의 것이라 하더라도 어떻게든 내 것으로 만들기 위해 물불을 안 가리는 까닭이다.

클라인은, 시기를 질투나 탐욕과 근본적으로 다른, 더 위험할 뿐만 아니라 모든 악의 근원이기까지 한 악덕이라고 보았다. 질투도, 탐욕도 그 목적은 결국 좋은 것을 자신이 소유하려는 마음인 데 반해, 시기는 좋은 것이 내 것이 될 수 없다는 이유로 무조건 파괴하려 들기 때문이란다.[7] 나아가 시기하는 자는 자신의 도덕적 부담감을 떨치기 위해 증오와 분노를 투사하는 영악함까지 발휘한다. 이를테면 살리에리의 눈에 비친 모차르트가 '경박하고' '오만하며' '교양 없고' '퇴폐적인' '인간 말종'으로 표상되는 게 그런 예다. 이쯤 되면, 시기라는 영어 단어 'envy'의 라틴어 어원 'invidia'가 '쏘아봄' 내지 '흘겨봄'이라는 뜻을 지닌다는 것도 하등 이상하지 않다.

한데 심리학적·정신분석학적 분석의 엄밀함과는 별도로, 우리의 일상에서는 질투와 시기가 서로 맞물리는 것 같다. 다시 살리에리의 경우를 보면, 그의 명백한 시기심은 사실상 질투에서 비롯되었음을 알 수 있다. 예컨대 그는 모차르트의 재능을 시기했다기보다는, 그에게 그런 재능을 물려주고 후원을 아끼지 않은 아버지가 있다는 것을 질투했다. 모차르트의 아버지는 오스트리아 잘츠부르크 대주교 궁정악단의 바이올리니스트이자 작곡가이며 부악단장인 레오폴드 모차르트. 볼프강 아마데우스 모차르트가 여섯 살 때부터 해외 연주 여행을 다닐 수 있었던 건 순전히 아버지의 후광 덕분이었다. 반면에 살리에리의 아버지는 음악적 소양이라고는 눈곱만큼도 없고 오로지 돈만 아는 장사꾼이 아닌가. 그런 아버지의 몰이해와 반대를 뚫고 순전히 자신의 노력과 의지만으로 일가를 이루었으니, 살리에리가 얼마나 외롭고 힘들었을지는 굳이 말할 필요조차 없으리라.

살리에리는 모차르트의 아버지를 자신도 갖고 싶었다. 그랬더라면 자신 역시 모차르트처럼 어려서부터 만인의 사랑과 인기를 독차지할 수 있었을 것이다. 아니 조금 더 깊이 들어가면 살리에리의 질투는 궁극적으로 신을 향하고 있었을지도 모른다. 자신처럼 성실한 인간에게는 음악에 대한 열정만 주고 재능은 주지 않은 야박한 하나님이 모차르트처럼 '방탕한' 인간에게는 어째서 천재적인 재능을 허락했는가. 자신이 몇날 며칠씩 걸려 머리를 쥐어짜가며 힘들게 완성한 행진곡을 모차르트가 보란 듯이 간단하게 편곡하는 것을 본 뒤로 살리에리는 신을 원망하며 부정한다. 그렇게 불공평하고 편파적인 신을 어떻게 믿고 사랑한단 말인가.

하나님의 편애에 반항하다

살리에리의 분노는 상당히 낯익다. 성서에서 최초로 벌어지는 살인 사건도 그와 같은 심리적 기제에 근거하기 때문이다. 가인이 제 아우 아벨을 살해한 경위는 이렇다. 아담과 하와의 맏아들인 가인은 밭을 가는 농부가 되어 땅에서 거둔 곡식을 하나님께 제물로 바쳤다. 한편, 양을 치는 목자로 자란 아벨은 양의 첫 새끼와 그 기름을 바쳤다. 그런데 어쩐 일인지 하나님이 아벨의 제물만 받으시고, 가인의 제물은 반기지 않으셨다. "가인은 몹시 화가 나서 얼굴빛이 달라졌다"(창 4:5).

흥미로운 것은 하나님의 태도다. 하나님이 먼저 가인에게 말을 거신다. "어찌하여 네가 화를 내느냐? 얼굴빛이 달라지는 까닭이 무엇이냐? 네가 올바른 일을 하였다면, 어찌하여 얼굴빛이 달라지느냐? 네가 올바르지 못한 일을 하였으니, 죄가 너의 문에 도사리고 앉아서 너를 지배하려고 한다. 너는 그 죄를 잘 다스려야 한다"(창 4:6-7).

독자로서는 가인이 했다는 '올바르지 못한 일'이 무엇인지 알 도리가 없다. 다만 하나님은 제물을 바치는 '행위'보다도 거기에 담긴 '마음'을 중시하시는 분이므로, 가인의 마음에 문제가 있지 않았을까 짐작할 따름이다. 다시 말해 아벨은 양 떼 중에서도 '처음 난 것'을 골라 그 기름까지 전부 바칠 정도로 세심한 정성을 기울였다면, 가인은 대충 요식행위로 바친 게 아닌가 싶은 것이다.

그렇게 올바르지 못한 일을 해놓고 도리어 씩씩대고 있으니 호된 야단을 맞아도 시원찮을 판인데, 하나님의 태도는 예상 밖이다. 너 자신을 안다면 안색이 변할 이유가 없다며 가인을 다독이고 위로하신다. 더 나아가 가인의 마음에 벌써 아벨을 향한 시기심이 들끓는 것을 눈치 채셨는지 '죄'를 다스려야 한다고 충고까지 하신다.

그러나 이미 시기심에 발목이 잡힌 가인의 귀에는 하나님의 말씀이 전혀 들리지 않는다. 가인은 아벨에게 들로 나가자고 유인해서는 그만 달려들어 쳐 죽이고 만다. '아벨'이라는 이름은 히브리어 '헤벨'의 음역으로, '허무'라는 뜻이 있다. 이름대로 그는 성서 무대에 등장하자마자 허무하게 사라져버렸다. 이 대목에서 다시 하나님이 가인에게 말을 걸어오신다. "너의 아우 아벨이 어디에 있느냐?" 몰라서 물으시는 게 아니다. 다 알면서 물을 때는 반성을 촉구하기 위함이다. 하지만 이미 하나님과의 사이가 틀어진 가인은 방자하게도 시치미를 뗀다. "모릅니다. 제가 아우를 지키는 사람입니까?"(창 4:9)

가인은 명색이 맏아들이다. 고대 가부장제 사회에서 '장자'의 지위는 엄청난 권력이다. 그의 존재감은 어디서나 도드라졌을 것이다. 하나님이 그의 제사를 거부하시기 전까지는! 이 일로 그는 자존심에 어마어마한 상처를 입었다. 아우 앞에서 그가 느낀 모욕감은 이루 말할 수 없었으리라. 아우는 신의 사랑을 받았다. 신은 장자인 자신을 제쳐두고 아우를 선택했다. 인간의 가장 원초적인 욕망이 신의 은총을 입는 것일진대, 아우에 대한 질투가 증오로 바뀌는 건 시간문제다. 가인이 아벨을 죽인 건 순전히 신에 대한 보복이었다.

아버지를 잃고 시름에 잠긴 모차르트에게 레퀴엠 작곡을 의뢰하는 살리에리를 보라. '파파보이'인 모차르트가 지금 얼마나 큰 슬픔과 상실감에 빠져 있을지 누구보다 잘 알면서, 잔인하게 진혼곡을 지으라고 한다. 작곡하는 과정에서 신경쇠약에 시달려 날로 피폐해져가는 모차르트를 바라보며 그가 느낀 희열은 신에 대한 복수심이나 다름없었다. 그러나 신에 맞서는 인간의 운명이란 또 얼마나 불행하고도 허무한가. 가난과 질병 속에 서서히 죽어가던 모차르트가 마지막으로 남긴 대작을 바라보며 살리에리는 탄식한다. "이것은, 이 소름 끼치는 음악은 누굴 위한 것이었을까요? 그 자신을 위해서는 아니었습니다. 물론 아니죠. 영원히 살아 있을 사람을 애도할 필요가 있겠습니까?"

실제보다 훨씬 부풀려졌다고 해도, 푸시킨의 희곡《모차르트와 살리에리》나 피터 쉐퍼의 각본으로 만들어진 영화 〈아마데우스〉에 나오는 살리에리는 동정받기에 충분한 캐릭터다. 신이 그에게 허락한 것이라고는 천재를 알아보는 안목뿐, 정작 천부적인 재능은 그의 몫이 아니었다. 차라리 어리석은 둔재였더라면 덜 불행했을 것을. 모차르트의 존재 앞에서 매순간 신의 편애를 확인하는 일은 얼마나 큰 고통이었을까.

모차르트가 지상에 머문 시간은 길지 않으나, 그의 음악만큼은 영원할 것이다. 여기까지도 헤아리고 있으니 살리에리의 탄식은 일종의 체념이라 하겠다. 신의 불가해한 뜻을 이해할 수도, 인정할 수도 없지만, 그렇다고 저항할 수도 없는 인간의 무력감이라고나 할까.

살리에리에게서 신과 불화한 인간의 우울감이 느껴진다면, 가인은 뻔뻔스러울 정도로 반항한다. 이러한 가인의 태도에 하나님이 오히려 애달파하시는 것처럼 보인다. 제 아우를 죽여놓고도 딴청을 피우는 가인을 향해 하나님이 입을 여신다.

"네가 무슨 짓을 저질렀느냐? 너의 아우의 피가 땅에서 나에게 울부짖는다"(창 4:10). 가인은 빈 들에서 아벨을 죽이고는 황급히 시신을 땅 속에 묻고 흙으로 덮었을 것이다. 억울하게 희생당한 아벨의 피가 땅을 적시는 동안 서둘러 자리를 뜨면서 속으로 완전범죄를 꿈꾸었는지도 모를 일이다. 그러나 설령 목격자가 아무도 없다고 해도, 또 하나님마저 속일 수 있다거나 아예 신은 없다고 해도, 한 가지 간과한 사실이 있다. 그건 바로 땅이 살아 있다는 것! 아무 말도 하지 못한 채 허무하게 스러져간 아벨의 죽음을 땅이 기억한다.

"땅이 그 입을 벌려서 너의 아우의 피를 너의 손에서 받아 마셨다"(창 4:11)는 하나님의 말씀은 그런 의미다. 요컨대 가인이 받게 된 저주는 하늘의 저주라기보다도 먼저 '땅의 저주'라는 말이다. 하늘과 땅은 이런 식으로 교호交互한다. "이제 네가 땅에서 저주를 받을 것이다. … 네가 밭을 갈아도 땅이 이제는 너에게 효력을 더 나타내지 않을 것이다. 너는 이 땅 위에서 쉬지도 못하고, 떠돌아다니게 될 것이다"(창 4:11-12). 부당한 폭력에 의해 학살당한 생명을 품에 안고 땅이 대신 울부짖는다. 사람이 침묵하면 돌들이 소리 지르는 법이다(눅 19:40).

엘리사의
질투

이에 가인이 응수하는데, 어째 좀 이상하다. 잘못했다고 싹싹 빌어도 모자랄 판에, 벌이 너무 무겁다며 반발한다. 그렇게 땅에서 유리방황하는 신세가 되면, 만나는 사람마다 자신을 죽이려 들 거란다(창 4:13-14). 이건 명백히 엄살이다. 이런 경우, 보통은 벌의 강도를 높이는 것으로 대응하기 마련이건만, 하나님은 또다시 가인을 위로하고 두둔하신다. "그렇지 않다. 가인을 죽이는 자는 일곱 갑절로 벌을 받을 것이다"(창 4:15). 그러고는 정말로 "가인에게 표를 찍어주셔서 어느 누가 그를 만나더라도 그를 죽이지 못하게 하셨다"(창 4:15).

이 정도 되면 하나님은 영락없이 '인간바보'다. 인간 중에서도 특히 죄인을 더 사랑하신다. 죄인을 향한 그분의 자비는 참으로 무량無量하여

감개感慨스럽기 그지없다. 어쩌자고 하나님은 사이코패스처럼 도통 반성할 줄 모르는 가인을 저리도 챙기신단 말인가. 당장에 지옥행을 선고하고 아벨의 원한을 풀어주셔야 마땅할 터인데, 왜 자꾸 기회를 주시는가.

도무지 이해할 수 없는 하나님의 처신은 엘리사에게도 골치 아픈 화두였다. 기원전 9세기에 활동했던 엘리사는 엘리야와 더불어 북이스라엘 예언자 전통의 양대 산맥을 이루는 인물이다. 엘리야라면, 맞다, 죽지 않고 산 채로 회오리바람에 실려 승천했다는 신화적인 예언자다(왕하 2:1 참고).⁸ 신약성서의 복음서를 보면, 1세기 유대인들이 세례 요한과 예수를 가리켜 엘리야가 환생했다고 수군거리는 내용이 나온다. 그 정도로 그들의 뇌리에 강하게 박혀 있는 위인이 바로 엘리야다. 그런 사람의 그늘 아래서 평생 이인자로 지내야 하는 사람의 내면이 얼마나 복잡했을지는 두말하면 잔소리.

이연철의 장편소설 《엘리사의 질투》⁹는 이 부분을 집요하게 파헤친다. 작가의 손에 벌거벗겨진 엘리사의 내면 풍경은 '살리에리증후군'의 전형이다. 엘리사가 바란 건 딱 하나, 신과 가장 가까운 인간이 되는 것이었다. 하나님과 직접 만나서 친구처럼 대화를 나누었던 아브라함이나 모세 같은 선조들이 그렇게 부러울 수 없었다. 젊은 나이에 대머리가 될 정도로(왕하 2:23 참고) 머리카락을 쥐어뜯으며 양피지에 적힌 하나님의 말씀을 치열하게 공부한 것도 따지고 보면 질투심의 발로였다. 자기를 갈고 닦으면 언젠가는 신의 계시가 임하리라는 믿음 하나로 버티고 또 버텼다.

그러나, 그러나 하나님의 선택은 자신이 아니었다. 그분은 "가볍게, 아무런 일도 아니라는 듯 엘리사가 아니라 엘리야의 머리에 기름을 부었다."[10] 엘리야는 길르앗 사람이다. 엘리사가 사는 아벨므흘라에 비하면 아주 시골이다. 그런 촌구석에서 무슨 선지자가 나온단 말인가. 엘리사는 질투심에 몸을 떨었다. 왜 하필 엘리야가 신으로부터 선택받았는지 궁금해 미칠 지경이었다. 누구보다 경건하고 누구보다 총명한 자신이 신으로부터 외면당한 이유를 알고 싶었다.

소문을 듣자하니 엘리야는 키도 작고 뚱뚱하단다. 온몸에 털은 또 왜 그렇게 많은지 마치 털뭉치가 굴러다니는 것 같단다. 명색이 예언자라면 기도와 금식으로 제 몸을 단련하여 결코 살이 쪄서는 안 된다고 믿던 엘리사의 신념에 균열이 생긴다. 더욱이 소심한 엘리야가 사악한 왕비 이세벨의 진노를 피해 요단강 동쪽에 있는 그릿 시냇가에 숨어지내는 동안, 하나님이 까마귀들을 보내어 아침저녁으로 떡과 고기를 공수하셨다는 소문은(왕상 17:3-6) 엘리사의 속을 완전히 뒤집어놓았다. 선택받은 자에 대한 질투는 선택하신 이에 대한 분노와 동전의 양면이다.

신은
위대하지 않다

엘리야가 시돈에 있는 사르밧 과부의 죽은 아들을 살려냈다는 소문은 빠른 발을 달고 이스라엘 전역으로 퍼져나갔다(왕상 17:8-24). 이세벨 왕비에게 녹을 얻어먹는 바알 예언자 450명과 아세라 예언자 400명을 상대로 갈멜 산에서 비를 부르는 대결을 벌여 엘리야가 당당히 승리한 사건 역시 온 이스라엘을 떠들썩하게 했다(왕상 18장). 무려 850대 1로 싸워서 이겼다는 소식은 이제 이스라엘의 전설로 남을 터다. 엘리야의 인기가 충천할수록 엘리사의 심기는 더욱 노골적으로 불편해져갔다.

소설 《엘리사의 질투》에서는 하나님이 종종 노인의 모습을 하고 등장하는데, 엘리사에게 나타나 깨우침을 주는 것도 이 대목이다.

그가 왜 선지자로 택함을 받았는지 궁금한 거지? 그 등신 같은 인간이…. 그건 나도 모른다. 아이야, 궁금해하지 말거라. 해답을 얻을 수 있는 문제가 아니다. 다만 이것만은 확실하게 말하고 싶다. 하나님이 하시는 것보다, 하나님이 주신 것보다 더 많은 일을 하고 더 많은 확신을 가지려고 애쓰는 일이야말로 하나님을 시험하는 어리석은 짓이라는 것을. 신을 다 알려고 하지 말거라. 인간이 아무리 커도 신을 다 이해할 수는 없단다.[11]

그렇다면 인간이 할 수 있는 일은 아무것도 없냐고, 그저 가만히 신이 하시는 대로 당하고만 살아야 하냐고, 혹시 기도를 열심히, 간절히 하면 하나님의 마음을 돌릴 수 있지 않겠냐고 절망적으로 질문하는 엘리사에게 현자는 말한다.

하지만 기도란 하나님의 음성을 듣는 것이지, 하나님의 마음을 돌리는 것이 아니다. 기도를 통해 내가 하나님의 편이 되는 것, 그게 중요하다.[12]

엘리야가 하나님의 지시에 따라 엘리사를 자신의 후계자로 지명하기 위해 찾아왔을 때, 그는 열두 겨릿소를 앞세우고 밭을 갈고 있었다(왕상 19:19). 쟁기를 멘 두 마리 소를 겨릿소라 부르는데, 열두 겨릿소가 한꺼번에 밭을 가는 걸 보면, 엘리사의 집안이 얼마나 부유한지를 대략 짐작할 수 있다. 엘리사로서는 아무리 기다려도 엘리야가 살아 있는 한 하나님이 자신을 예언자로 세울 확률이 전혀 없다고 판단했을 것이다. 공부고 뭐고 때려치우고 고향에서 농사나 지으며 살겠다는 심산이었을지도 모른다.

엘리야는 엘리사의 곁으로 지나가면서 슬쩍 자신의 외투를 벗어 그에게 던져주었다(왕상 19:19). 어른의 겉옷은 권위를 상징한다. 하물며 위대한 예언자가 자신의 겉옷을 벗어줄 적에는, 그가 지닌 예언자의 권위를 이양하겠다는 뜻이 아닌가.

부모님께 하직인사를 하고 성대한 마을잔치를 뒤로 한 채 엘리사는 엘리야를 따라 순례길에 오른다. 이제야말로 엘리야의 진면목을 알아볼 기회라고 여겼을 것이다. 하나 가까이에서 지켜본 엘리야는 온갖 기적을 일으킨 장본인이 맞나 의심스러울 정도로 초라하고 작았다. 거창한 가르침을 기대했건만, 그의 입에서 흘러나오는 메시지는 실망스러울 만치 소박했다.

갈멜 산 전투 이후 엘리야는 이세벨의 사형 통고를 받고 광야로 도망을 갔었다. 끝없이 불안하게 펼쳐진 광야에서 비로소 그는 신 앞에 홀로 서는 법을 배웠다. 인생에서 광야를 만나면, 혹은 광야로 내몰리면 사람들은 저마다 신의 저주를 받아 그리 됐다고 여기기 마련이지만, 신과 참된 만남을 하기에 그보다 더 좋은 곳이 없다고 한다.

호렙 산(시내 산이라고도 불린다)의 어느 동굴에 숨어 있던 무렵, 하나님의 음성이 들려왔다. 이제 곧 내가 네 앞을 지나갈 테니, 그때 동굴 밖으로 나와서 잘 보라는 것이다. 이 말씀이 끝나기가 무섭게 갑자기 크고 강한 바람이 불어와 산을 쪼개고 바위를 부수었다. 그러나 하나님은 그 바람

속에 계시지 않더란다. 바람이 지나가자 이번에는 지진이 일어났는데, 그 거대한 지진 속에도 하나님은 계시지 않았다. 지진이 지나가고 난 뒤에 땅에서 시뻘건 용암이 치솟아 온 천지를 태울 듯이 거대한 불기둥을 이루며 넘실댔지만, 그 안에서도 하나님의 모습은 찾아볼 수가 없었다.

마침내 불꽃마저 사위고 사방이 조용해졌을 때, "부드럽고 조용한 소리"가 들려왔다(왕상 19:12). 엘리야는 그 소리를 듣고서 "외투 자락으로 얼굴을 감싸고 나가서 동굴 어귀에 섰다"(왕상 19:13). 하나님을 직접 본 자는 누구나 죽는다는 말이 생각났기 때문이다. "방금 전에 본 그 큰 바람과 큰 지진과 큰 용암 불꽃에 내가 있더냐? … 나는 한없이 작은 자다. 그러므로 큰 곳에 없다. … 나는 세상의 고아와 과부와 가난한 자와 함께 하는 지극히 작은 자니라."[13]

능력의 갑절을 내게 주소서

엘리야의 하나님은 그랬다. 전혀 크고 위대한 분이 아니었다. "신은 동네 골목에 어느 집 똥개가 싸 놓은 개똥 위에도 있고, 노숙자의 빈 술잔에도, 술 취해 남의 집 담을 붙잡고 토악질하는 취객의 그렁그렁 매달린 눈물 속에도 있음을 알았지."[14] 자기 혼자만 야훼 신앙의 수호자로 고군분투한다고 투덜대던 엘리야의 교만이 꺾이는 순간이었다. 바알에게 무릎 꿇지 않은 '남은 자'가 7천 명이나 된다는 말씀에 엘리야는 눈물을 흘리고야 만다. 그것은 회개의 눈물이자 감격의 눈물이었다.

엘리사가 이해하기 어려운 말들이 이어지고 있었다. 위대한 예언자가 위대한 신을 부정하다니, 불경하게 들리기까지 했다. 엘리야가 다시 입을 열었다. "삶은 우리가 열심히 살아가는 정도만큼만 우리에게 자신을 드러내 보이지. 신도 마찬가지야. … 신이 어떠한 상황에서도 끝까지 지켜주시리라는 그런 무모한 희망을 갖도록 하게."[15]

그 후로 여러 가지 사건이 일어났지만, 조연에 불과한 엘리사로서는 질투심만 더해갈 뿐이었다. 이 세상과 하직하기 전, 엘리야가 엘리사더러 마지막 선물을 주겠다고 했을 때 더럭 "스승님이 가지고 계신 능력을 제가 갑절로 받기를 바랍니다"(왕하 2:9)라고 대답한 것은 무의식적 반동이었다.

작가는 어쩌면 이 구절에서 소설의 영감을 얻었을지도 모를 일이다. 스승보다 더 뛰어난 능력을 발휘하고 싶다는 욕망은 명백한 질투의 표현이기 때문이다. 사실 질투의 목적은 긍정적이다. 남이 소유한 좋은 것을 자신도 갖고 싶다는 열망이 삶을 추동推動하기에, 잘만 다스리면 강력한 행동 에너지가 된다. 스물아홉 나이에 요절한 시인 기형도의 시에도 나오지 않던가. "질투는 나의 힘"[16]이라고.

엘리사는 이른바 부유층 자제였다. 그가 엘리야의 부름을 받고 따라나설 때도 겨릿소를 잡아 마을 사람들과 통 큰 잔치를 벌일 정도로 여유 있는 집안이었다. 그는 동원 가능한 인맥과 자원을 활용하여, 엘리야가 생각만 했지 감히 실행하지 못했던 일들을 착착 진행해나갔다. 엘리야가 꿈을 꾸었다면, 엘리사는 그 꿈이 실제 역사가 되게 만든 인물이다. 엘리야의 꿈대로 예후 혁명을 성공시킨 것도 그의 업적이었다. 심지어 엘리사에게는 베델과 여리고 등지에 그를 따르는 수련생 집단까지 있었다(왕하 2:3, 5 참고). 그는 실로 준비된 예언자요 조직적인 혁명가였다.

218

그러나, 그럼에도 이스라엘 민중의 기억 속에서 엘리사는 엘리야보다 한 수 아래였다. 인간적인 죽음을 맞이하지 않고 하늘로 올라갔다는 표현이 전설적인 인물에 대한 전형적인 수사修辭이고 보면, 엘리야는 그만큼 백성의 전폭적인 사랑과 지지를 받았다는 뜻이리라.

소설은 "지금도 모르겠다"는 엘리사의 고백으로 흐지부지 끝나버린다. "그 많은 기적을 이루었음에도 스승처럼 살아서 하늘로 오르지 못한 데 대해 사무치는 질투만 가슴에서 들끓을 뿐, 나는 나 자신을 아직도 모르겠다."[17] 예언자가 이럴진대, 범부 필부들은 어떻겠나. 어쩌면 모른 채로 그냥 살아가는 게 인생일지도 모른다. 더 알려고 하면 다친다. 모르는 게 약이다.

여기서 문득 질투의 한자어가 궁금해진다. 질투의 '질嫉'은 병 질疾 자와 여자 여女 자의 합성어다. 한편 '투妬'는 여자女가 돌石을 던진다는 뜻을 내포한다. 유교사회에서 여성을 통제하는 윤리규범인 '칠거지악七去之惡' 가운데 질투가 포함되어 있는 것을 보면, 한자어에 담긴 차별적 이데올로기가 더욱 선명해지는 것 같다. 질투는 사실 모든 남녀인간의 자연스러운 속성인데, 유독 여성과 관련된 감정으로 치부하여 금기시하는 속내는 남성의 지배를 공고히 다지려는 흑심이나 다름없다.

영어로는 질투를 뜻하는 'jealousy'의 어원이 그리스 신화에 나오는 질투의 여신 '젤로스Zelos'에 가 닿는다. 젤로스는 타이탄족의 하나인 지혜의 신 팔라스와 저승에 흐르는 강의 여신 스틱스 사이에서 태어났다. 승리의 여신 니케와 폭력을 뜻하는 비아, 권력을 뜻하는 크라토스가 젤로스의 남매들이다. 이러한 연관관계의 함의는, 질투란 것이 본래 지혜롭게 잘 활용하면 인생의 승리를 가져다주지만, 어리석게 잘못 활용하면 힘겨루기만 하다가 죽음에 이를 수도 있다는 깨달음일 터다.

이쯤에서 균형 잡힌 논의를 위하여 성서에 나오는 여자들의 질투에 관한 이야기를 덧붙여야겠다. 구약성서에 나오는 무수한 처첩 갈등을 다루려는 게 아니다. 그런 이야기들은 흥미를 유발하기는 하지만, 대안을 제시하지는 못한다. 가인의 질투와 엘리사의 질투를 공유하면서도 그런 질투심을 파괴적인 시기심으로 끌고 가지 않고 오히려 자기승화의 자양분으로 삼은 여자가 있다. 그녀의 이름은 마르다. 예수를 둘러싸고 벌어지는 자매간의 미묘한 경쟁 현장 속으로 들어가보자.

질투를 승화시킨 여인

마르다가 처음 등장하는 장면은 누가복음 10장, '선한 사마리아인의 비유' 다음이다. 예수 일행이 길을 가다가 어떤 마을에 들어가게 되었다. 그때 예수를 알아본 마르다가 얼른 그를 제 집으로 모셔들였다. 예정에 없던 손님인지라, 마르다는 "여러 가지 접대하는 일로 분주하였다"(눅 10:40). 앉을 자리를 챙겨드리고 약간의 음료와 간식을 내놓은 다음, 부엌으로 쪼르르 달려가 음식 준비에 여념이 없었을 것이다.

이렇게 정신없이 손님 접대를 하고 있는데, 가만 보니 동생 마리아가 예수의 발치에 앉아 있는 것이다. 둘이 소곤소곤 이야기를 나누는 게 영 볼썽사납다. 마르다의 마음에 갑자기 부아가 치밀어오른다. 모셔온 사람이 누군데, 제가 예수를 독점하나. 손이 모자란 걸 뻔히 알면서, 태평하게 놀고 있는 동생이 미워 죽겠다. 아니 더 미운 건 예수다. 동생더러 이야기는 나중에 하고 지금은 언니를 도와주라고 시켜야 옳은 것 아닌가. 성질 급한 마르다가 예수께 항의한다. "주님, 내 동생이 나 혼자 일하게 두는 것을 아무렇지 않게 생각하십니까? 가서 거들어주라고 내 동생에게 말씀해주십시오"(눅 10:40).

그러면 예수가 "오냐, 미안하다" 할 줄 알았다. 그런데 웬걸, 예수의 대답이 의외다. "마르다야, 마르다야, 너는 많은 일로 염려하며 들떠 있다. 그러나 주님의 일은 많지 않거나 하나뿐이다. 마리아는 좋은 몫을 택하였다. 그러니 아무도 그것을 그에게서 빼앗지 못할 것이다"(눅 10:41-42).

선문답같이 아리송한 이 말을 끝으로 이야기는 더 이상 진전되지 않는다. 이 구절을 끌어안고 씨름해야 하는 건 마르다의 숙제일 뿐만 아니라 독자들도 마찬가지다. 언뜻 봐서는 예수가 마리아를 칭찬한 대신에 마르다를 야단친 것처럼 읽힌다. 문맥상 마리아가 택한 '좋은 몫'이란 '말씀을 듣는 일'로 압축될 것이다. 그렇다면 전통적으로 여성들이 전담해온 집안일, 이를테면 집안을 청소하고 음식을 준비하는 등의 가사노동을 예수가 폄훼했다는 뜻일까. 예수를 믿는 모든 여자는 살림을 내팽개치고 '교회 일'에 매진해야 칭찬을 듣는다는 말인가.

마르다가 다시 등장하는 장면은 요한복음 11장이다. 마르다와 마리아가 그들의 오라비인 나사로의 병세 악화로 예수께 사람을 보내는 대목이다. 누가복음에서 그들의 집이 '마르다의 집'으로 등장하고, 나사로에 대한 언급이 전혀 없는 것을 보면, 그는 병약한 가장이었던 것 같다. 하여 실질적인 가장 노릇은 마르다가 했던 것으로 풀이할 수 있다.

나사로가 아프다는 소식을 들은 예수는 그의 병이 '죽을 병'이 아니라며 한사코 늦장을 부린다. 당장에 달려올 줄 알았던 마르다와 마리아로서는 여간 실망이 크지 않았을 게다. 그 사이 나사로는 죽어 매장되었다. 예수가 도착했을 때는 이미 장례를 치른 지 나흘이나 지난 뒤였다.

예수께서 오신다는 말에 마중을 나간 건 이번에도 마르다 쪽이다. 반면에 "마리아는 집에 앉아 있었다"(요 11:20). 누가복음의 에피소드와 연결해 추측컨대, 마르다가 '꽁'하는 성격이었다면 예수를 맞이하러 달려나가지 않았을 것이다. 마르다는 성격 자체가 활달하고 호방한 여성임에 틀림없다. '앉아 있는 것' 말고 별다른 대사가 없는 수동적인 마리아에 비해, 마르다는 자신이 생각한 것을 곧바로 내뱉어야 직성이 풀리는 능동적인 여성으로 보인다.

마르다가 예수께 말한다. "주님, 주님이 여기에 계셨더라면, 내 오라버니가 죽지 아니하였을 것입니다"(요 11:21). 여기까지만 들으면 원망처럼 들린다. 하지만 이어지는 말의 어감은 원망과는 거리가 멀다. "그러나 이제라도 나는, 주님께서 하나님께 구하시는 것은 무엇이나 하나님께서 다 이루어주실 줄 압니다"(요 11:22).

언제 이토록 믿음이 자랐던가. 예수가 마르다에게 대답한다. "나는 부활이요 생명이니, 나를 믿는 사람은 죽어도 살고, 살아서 나를 믿는 사람은 영원히 죽지 아니할 것이다. 네가 이것을 믿느냐?"(요 11:25-26) "예, 주님! 주님은 세상에 오실 그리스도이시며 하나님의 아들이심을 내가 믿습니다"(요 11:27).

가만 있자, 마르다의 이 고백은 공관복음서에서 시몬 베드로가 했던 고백과 동일한 것이 아닌가. 한번은 예수가 제자들더러 "사람들이 나를 누구라고 하느냐?"(마 16:13; 막 8:27; 눅 9:18) 물은 적이 있다. 제자들이 대답했다. "세례자 요한이라고 하는 사람들도 있고, 엘리야라고 하는 사람들도 있고, 예레미야나 예언자들 가운데 한 분이라고 하는 사람들도 있습니다." 예수가 다시 물었다. "그러면 너희는 나를 누구라고 하느냐?" 이때 베드로가 한 대답이 그것이었다. "선생님은 살아 계신 하나님의 아들 그리스도십니다."

중력과 은총
사이에서

이 대답을 들은 예수는 제자들에게 예루살렘에서 자신이 죽임을 당하리라는 것과 사흘째 되는 날에 부활할 것을 밝힌다. 그러자 베드로가 예수를 붙들더니 절대로 그런 일이 일어나서는 안 된다며 '항의'한 것이다. 이에 예수는 베드로를 향해 "사탄아, 내 뒤로 물러나라. 너는 나에게 걸림돌이다. 너는 하나님의 일은 생각하지 않고, 사람의 일만 생각하는구나!"(마 16:23; 막 8:33) 하고 야단을 친다.

사람의 생각으로는 스승이 권력을 잡아 제자까지 덩달아 부귀영화를 누리고 싶은 게 당연하다. 그러나 하나님의 뜻은 다른 데 있었다. 아들 예수가 멸시와 천대의 십자가를 지는 게 그분의 뜻이었다. 그 뜻을 가로막으니, 베드로는 졸지에 사탄에 썬 자가 되고 말았다.[18]

이에 비하면, 마르다의 고백은 해피엔드다. 예수는 그녀의 믿음을 보고, 죽은 나사로를 살려주었다. 이 일은 장차 예수 자신의 부활을 예고하는 징표가 될 것이다. 적어도 그 본문에서 마르다는 베드로보다 더 우월한 믿음을 과시하고 있다. 열두 제자 명단에도 이름을 올리지 못한 일개 여자가 열두 제자 가운데서도 수장이라는 베드로의 믿음을 능가한다!

그렇게 될 수 있었던 힘이 '질투'라고 하면 지나친 과장일까. 누가복음의 에피소드에서 마르다는 분명 마리아를 질투했다. 그 질투는 살림만 하던 여자가 직업생활에서 성공하는 여자를 보고 느끼는 질투라고 해석할 수 있다. 또는 가톨릭 영성신학자로 널리 알려진 안셀름 그륀과 그 여동생 린다 야로슈가 《여왕과 야성녀》에서 분석한 대로, 한 여자 안에 있는 두 측면으로 해석해도 무방하다.[19] 여성의 내면에는 살림을 잘한다고 인정받고 싶은 안주인의 욕구와 자신에게 몰두하는 예술가의 욕구가 다 들어 있다. 이 두 욕구는 서로 경쟁할 뿐만 아니라 서로 견제하기도 한다. 여기서 균형과 조화가 깨지면 병에 걸리지만, 두 욕구를 적절히 존중하고 보살필 줄 알면 건강한 자아로 발전한다는 것이다.

마르다는 자기 집에 예수를 맨 처음 초대할 때 마리아와 상의하지 않았다. 예수를 접대할 때도 마찬가지로 예수의 의향을 물은 흔적이 없다. 적극적인 성격은 흔히 독단적이 될 수 있다. 그런 자신을 예수가 깨우쳐준 것이다. 이른바 '주님의 일'을 한다고 하면서 진정한 기쁨 없이 의무적으로 하는 건 소용이 없다. 많은 의무를 감당하며 여러 업적을 내는 것보다 더 중요한 건 자신의 내면을 성찰하는 일이다. 자신이 정말로 '좋아하는 것'을 즐겁게 행할 때만큼 사람을 황홀하게 만드는 일도 없다. 그 사람의 기쁨은 곧 하나님의 기쁨이다.

그러니까 마르다가 '자기 집'에 예수를 모셔들였다는 말은 자기 삶의 주인 자리를 예수께 내어드렸다는 뜻으로 바꾸어 이해할 수 있다. 이는 또다시 온 우주의 주인이 바로 그분임을 인정하는 일이기도 하다. 그렇다면 이 집의 규칙도 내 마음대로 정할 수 없다. 집의 주인이 달라진 이상, 식구간의 관계도 변해야 한다. 마르다는 마리아에게 더 이상 혈연을 근거로, 혹은 서열을 이유로 지배하거나 군림하려고 하면 안 되는 것이다. 새로운 집에서는 아무도 기득권을 주장할 수 없다.[20]

요한복음의 마르다가 아름답게 보이는 건 그처럼 낯선 깨달음을 자기 것으로 소화했기 때문이다. 저 유명한 기독론적 고백을 한 다음에 마르다는 마리아에게 가서 가만히 말한다. "선생님께서 와 계시는데, 너를 부르신다"(요 11:28). 본문만 놓고 보면, 예수가 정말 그런 말을 한 기록은 어디에도 없다. 짐작하기로, 마르다의 따뜻한 배려가 아닌가 싶다. 마르다는 자기 내면의 질투심과 씨름하여 마침내 승리한 것이다.

성서에 나오는 첫 사람 아담과 하와를 하나님이 만드셨다는 건 누구나 아는 사실이다. 그렇다면 인간이 만든 첫 사람은 단연 가인일 터다. 가인은 실낙원 후 아담과 하와가 '에덴의 동쪽'에 둥지를 틀고 동침하여 얻은 첫 사람이다. 이 말은 결국 모든 인간이 가인의 후예라는 뜻이다. 그런 만큼 가인의 원죄로부터 자유로울 수 있는 인간은 아무도 없다. 질투에 눈이 먼 나머지, 질투의 대상을 파괴하고 싶은 금단의 욕망 말이다.

유태계 프랑스인 철학자 시몬 베유는 《중력과 은총》이라는 책에서 인간이 중력의 법칙에서 벗어날 길은 오직 은총에 기대는 수밖에 없다고 말한다. "스스로의 에너지를 사용하여 자기 자신으로부터 벗어나려고 애쓰는 것은 발목에 족쇄를 찬 암소가 그것을 끌어당기다가 결국 무릎이 꺾이고 마는 것과 같다."[21]

중력의 법칙은 질투심에 사로잡힌 가인으로 하여금 아벨을 죽이게 만들었다. 그리고도 그는 끝내 자기합리화를 하며 신의 심판대 앞에 서려고 하지 않았다. 만약에 그가, 한편으로는 아벨의 울부짖음을 들으면서도, 다른 편으로는 끊임없이 자신을 돌보시는 하나님의 은총에 눈을 떴더라면 어찌 되었을까. 질투의 중력은 우리를 지옥으로 '떨어지게' 하지만, 구원의 은총은 우리를 하나님의 품으로 '떨어지게' 한다.[22]

오직 오를 뿐, 오직 갈 뿐! 십자가를 향해 뚜벅뚜벅 걸어가는 예수의 어깨 위로 은총의 날개가 돋는구나. 그리하여 우리에게도 가인의 후예가 아닌 하나님의 자녀로 거듭 태어날 수 있는 희망이 엿보이는구나.

저항

안 하는 편을 택하겠습니다! _필경사 바틀비

벌거벗은 생명,
호모 사케르

가치의 본질은 희소성이다. 귀해야 대접받지, 흔한데 누가 알아주나. 발부리에 차이는 게 '박사'인 시대, 어디 가서 박사라고 자랑하면 도리어 웃음거리가 될 판이다. 하물며 학사는 말해 무엇할까. 학력 인플레가 극심한 우리 사회에서 대졸자라는 명함의 유통기한이 지난 지는 꽤 오래다.

1980년대에 접어들어 대졸자의 과잉배출이 본격적인 사회문제로 떠오르자, 기업의 꼼수가 작동하기 시작했다. 소위 '인턴사원제'를 도입한 것이다. 당시로서는 취업 대기 중인 대졸 인력 가운데 '우수 인재'를 고른다는 의미였는데, 그마저도 1997년 IMF 사태를 겪으면서 변질되고 말았다. 2000년대의 인턴사원제는 '실업자 구제'의 외피를 두른 복지정책의 하나로 자리 잡았다. 자본주의 사회에서 밥벌이를 하지 못하는 인간의 삶이란 그 자체가 지옥일 터. 그들에게 일자리는 파우스트에게 다가온 메피스토펠레스의 유혹만큼이나 달콤하고도 간절한 구원의 징표임에 틀림없다. '취업을 위해서라면 영혼까지도 팔겠다'는 아우성이 괜히 나온 게 아니리라.

얼마 전 어느 신문에 인턴들의 대담 기사가 실렸다.[1] 노동절 특집기사였던 것 같다. 취업희망자 3인이 자신의 인턴 경험을 털어놓는다. 물론 철저한 익명 보장을 다짐받은 후다. 정규직 전환이라는 '희망고문' 때문에 어떤 부당한 처우도 참아야 했다는 그들의 고해성사는 엿듣는 것만으로도 눈물겹기 그지없다. 그중 압권은 '여자 2호'. 모 은행에서 두 달여 인턴사원으로 근무했던 그녀는 실무라고는 거의 접해보지도 못했다. 창구 앞에서 손님맞이, 커피 타기, 복사하기, 문서 폐기하기 등 온갖 잡일이 그녀 몫이었는데, 가장 싫었던 건 매주 회식 때마다 2차, 3차 끌려다니며 성희롱을 감내하는 것이었단다.

하루 여덟 시간, 주 5일 일하는 건 정규직과 다름없으면서도 대학생 '알바'보다 못한 급여를 받는 그네들, 아무리 억울한 일을 당해도 끽소리도 내지 못하는 그네들에게 정의라는 단어는 무익한 추상이거나 관념의 사치일 것이다. 제법 건실했던 출판사들마저 줄줄이 부도를 맞는 상황에서도 무려 100만 부가 넘는 판매고를 올린《정의란 무엇인가》[2]는 도대체 누가 사서 읽었더란 말인가. 대통령까지 사서 읽었다는 입소문을 타고 유행처럼 팔려나가더니만, 정작 현실은 더 불의해져만 가는 게 미스터리다.

이 대목에서 요즘의 인문학 열풍에 대해 한마디 꼬집고 지나가야겠다. 어쩌다 책 한 권이 히트를 쳤다고 해서 인문학의 중흥을 예견하는 건 대단히 성급한 발상이라는 생각이다. 아니 다양한 분야의 인문학 도서들이 골고루 대박이 난들, 현실이 바뀌지 않으면 무슨 소용인가. 오로지 자기를 남과 구별 짓는 기호로서만 작동하는 인문학, 책깨나 읽은 사람이라는 교양 프리미엄에 머물러 있는 인문학, 수많은 상품이 빠르게 소모되고 폐기되듯 이렇게 하나의 소비재로 전락한 인문학은 그저 생계노동에 내몰리지 않아도 되는 여유로운 부르주아의 허영일 뿐, 참된 삶의 인문학이 아닐 터다.[3]

《정의란 무엇인가》라는 인문학 도서가 불타나게 소비되기만 했을 뿐, 막상 정의는 공허한 미사여구에 불과한 이 땅에서 여자 2호는 다음과 같이 토해낸다. "인턴이란 정규직 희망고문을 받고 있는, 존재감 없는 존재"⁴라고. 행여 취업에 불이익이 생길까봐, 밟아도 꿈틀대지 못하는 그들을 보며 프란츠 카프카의 《변신》⁵에 나오는 그레고르 잠자를 떠올린다. 존엄한 인격으로 존재해야 마땅한 사람을 한낱 '벌레'로 비인간화하는 주체는 누구이며 또 무엇이란 말인가.

이탈리아의 철학자인 조르조 아감벤Giorgio Agamben은 '존재하기는 하는데 존재감이 없는 사람'을 호모 사케르Homo sacer라고 불렀다.⁶ 문자적 의미로는 '벌거벗은 생명'을 뜻한다. 이 개념은 아리스토텔레스가 구분한 두 종류의 삶에 기원을 둔다. 그저 단순히 살아 있는 삶과, 공동체 안에서 선을 추구하며 가치 있게 사는 정치적 삶이다. 이 구분은 두 종류의 생명, 곧 조에zoe와 비오스bios에 근거한 것으로, 서구 정치사상에서는 조에의 영역을 오이코스oikos, 즉 가정에, 비오스의 영역을 아고라agora, 즉 광장에 일치시켜왔다. 이때의 광장이 시장이나 공공집회의 기능을 담당한 장소이고 보면, 비오스는 폴리스polis의 일원으로 그 권리가 인정되는 정치적 생명을 가리킨다고 하겠다.

이러한 구분에 착안하여 아감벤은, 조에의 영역에 있되 비오스의 영역에서는 예외적으로만 포함되어 있는 존재를 일컬어 호모 사케르라 이름 지었다. 라틴어 어원에 따르면 호모 사케르는 "살해는 가능하되 희생물로 바칠 수는 없는 생명"⁷을 가리킨다. 인간의 법적 질서에서 벗어나 있고 신의 법적 질서에서도 배제되어 있는, 그렇기에 언제든 극악무도한 폭력에 노출된 존재가 바로 호모 사케르다. 공동체 안에서 어떠한 제도적 보호도 받지 못하는 상태에 놓여 있다는 의미에서 '벌거벗은' 존재인 그들은 과거 나치 수용소에 수감된 유대인들이나 최근 국민국가의 경계 위로 범람하는 난민들을 떠올리면 이해하기가 쉬운데, 요점은 '그

들'만이 아니라 우리 모두가 언제든지 벌거벗은 생명이 될 수 있다는 사실이다.[8]

포함과 배제의
정치공학

벌거벗은 생명의 문제를 그들의 문제가 아니라 우리 모두의 것으로 다루어야 하는 당위가 거기에 있다. 근대의 주권권력 자체가 벌거벗은 생명을 끊임없이 양산하는 원리에 기대어 있기 때문이다. 주권권력은 조에와 비오스, 외부와 내부, 배제와 포함의 경계를 구획함으로써, 공동체 외부로 배제된 생명을 죽음으로 내모는 일에 복무한다.

이를테면 장애인의 경우를 보자. 이른바 암흑시대라 불리던 중세 봉건 사회만 해도 장애인이라는 범주적 개념은 아예 존재하지도 않았다. 그저 장님, 귀머거리, 꼽추, 난쟁이 등 개별적 개념이 있었을 따름이다. 물론 이들은 공동체 외부로 떠밀리지 않았다. 당시 노동은 농업과 가내수공업의 형태로 이루어져서 얼마든지 개인의 능력에 맞게 노동과 휴식을 조율할 수 있었다. 동일한 지리적 공간 안에 거주하는 사람들이 함께 농사를 지으며 수확을 나누는 전형적인 지역 코뮌territorial communes 안에서 마을 사람들은 능력의 유무와 상관없이 보호받았다.

그런데 산업혁명이 일어나자 상황이 달라졌다. 농사를 짓던 땅이 양을 키우는 목초지로 탈바꿈하기 시작했다. 영국에서 최초로 발원한 산업혁명은 (면과 모를 생산하는) 방직공업이 중심이었는데, 모직물의 원료인 양을 키우기 위해 농부들을 내쫓고 땅을 사유화하게 된 것이다. 그 과정을 일컬어 '인클로저enclosor' 운동이라 한다.⁹ 울타리를 친다는 말에서 유래한 이 용어는, 농사지을 땅을 상실한 농부들이 대거 실업자가 되어 도시로 몰리게 된 상황을 가리킨다.

농업노동과 달리 공장노동에서는 개인의 자율성이나 고유성을 보장받을 수가 없다. 정해진 노동시간에 맞춰 기계적으로 움직이며 더 많은 생산량을 내는 몰개성적 노동자만이 필요할 뿐이다. 말하자면 효용성이 최고의 가치로 각광받는다. 이 말은 능률적이지 못한 사람들이 공장 밖으로, 또 공동체 밖으로 내몰리게 되었다는 뜻이기도 하다. 도시의 노숙자, 부랑자, 거지가 탄생한 배경은 이렇듯 문명사와 궤를 나란히 한다. 당시 엘리자베스 여왕이 제정한 '구빈법救貧法'은 사실 거리를 떠도는 벌거벗은 생명을 합법적으로 격리·수용한 절차 이외의 다른 것이 아니었다.¹⁰ 이에 따라 몸이 아파서 혹은 마음이 아파서 효율적으로 일할 수 없는 사람들이 현대적 의미의 '장애disability'라는 꼬리표를 달게 되었다.

도대체 누가, 무엇을, 할 수 있는able 사람이고, 또 할 수 없는disable 사람이란 말인가. 신체 한 부분에 손상을 입으면, 상대적으로 다른 부분이 발달하게differently-able 되어 있지 않은가. 예컨대 눈이 안 보이는 사람들은 자연스레 귀가 발달하여 피아노 조율 같은 일에서 두각을 나타내기도 한다. 서른두 살에 귀머거리 판정을 받은 베토벤은 그로 인해 더 이상 작곡 활동을 못하게 되기는커녕 죽을 때까지 연이어 〈운명〉, 〈전원〉, 〈합창〉 교향곡과 같은 걸작들을 발표하며 세상을 열광시켰다. 그렇다면 장애라는 말의 영어 표현에 함축되어 있는 '못한다'는 판단은 무엇을 기준으로 내려진 것이란 말인가. 그것은 순전히 표준화되고 규율화된 근대의 노동 방식에 입각한 속단이 아닌가.

이 대목에서 프랑스 철학자 미셸 푸코는 근대 사회구조에 종속된 '유순한 몸'을 훈육하기 위해 세워진 기관들에 주목한다.[11] 학교·공장·군대·감옥·병원 같은 근대적 기관들이야말로 끊임없는 '감시와 처벌'의 수단을 통해 '배타'를 실행하는 사회적 장치라는 것이다. 한 보기로, 초등학교에서 고등학교까지 무려 열두 해 동안이나 '의무교육'이라는 명분 아래 이루어지는 학교교육(그리고 사교육)을 생각해보자. 솔직히 말해 그것의 알짬은 순진한 아이들을 기업이 요구하는 '표준사양spec'에 맞춘 '인간제품'으로 가공하는 공정이나 다름없지 않은가. 서태지의 〈교실 이데아〉도 그렇다고 폭로하지 않았나.

매일 아침 일곱 시 삼십 분까지 우릴 조그만 교실로 몰아넣고,
전국 구백만의 아이들의 머릿속에 모두 똑같은 것만 집어넣고 있어. (…)
좀 더 비싼 너로 만들어주겠어, 네 옆에 앉아 있는 그 애보다 더.
하나씩 머리를 밟고 올라서도록 해. 좀 더 잘난 네가 될 수가 있어.

그러고 보면 한창 뛰놀아야 할 아이들이 '공부기계'가 된 이유, '성형공화국'이라는 말이 무색하게 너도나도 몸에 칼을 대는 이유, 남자 연예인이 미국 시민권을 포기하면서까지 군 입대를 자원하는 이유 등도 알 만하다. 모두가 '포함'을 위한 애처로운 몸부림인 것이다. 공동체 외부로 떠밀려 벌거벗은 생명이 되지 않으려는.
그러니 정규직에 간절히 포함되고 싶으나 그 때와 기한을 알 수 없어 묵묵히 시키는 대로 복종하기만 해야 하는 인턴들의 '희망고문'이란 얼마나 잔인한가. 인턴들이 알바보다 못한 급여를 받으면서도 불평하지 못

하는 건 그들의 독특한 존재론적 지위 때문이다. 알바는 아무리 내부인에게 잘 보여도 그들 중 하나로 포함될 확률이 별로 없지만, 인턴은 처음부터 포함 가능성을 전제로 하고 고용된 처지이기에 그렇다. 포함의 욕구가 강할수록 희망고문의 강도도 세어지기 마련이다. 아울러 이를 역이용한 내부인의 인권 탄압 역시 더 가혹하게 자행되리라는 것은 불을 보듯 뻔한 일이다.

안 하는 편을 택하겠습니다

내부인의 부당한 요구 앞에서 '아니요'를 발설하지 못하는 그네들에 비하면 바틀비의 용감함은 가히 풍차를 향해 달려드는 돈키호테의 그것에 비유할 수 있겠다. 바틀비는 허먼 멜빌의 소설 《필경사 바틀비》[12]의 주인공이다. 멜빌이라고 하면 《모비 딕》[13]으로 유명한, 19세기 미국 문학의 대표적인 작가다. 지금에야 그 소설이 걸작으로 대우받고 있지만, 발표 당시에는 거의 팔리지 않아서 출판사 창고에 쌓여 있다가 그마저도 화재로 불타버렸다고 한다. 그 뒤 《피에르 혹은 모호함》(1852)이라는 제목의 소설을 한 편 더 발표했지만 역시 비난과 조롱만 당하다가, 어느 월간지에 헐값을 받기로 하고 쓰게 된 소설이 바로 《필경사 바틀비》(1853)다. 장인이 얻어준 허름한 농가에서 농장 일을 하는 틈틈이 생계를 꾸리기 위해 글을 쓰는 가난한 소설가! 당시의 멜빌에게 딱 맞는 황인숙의 시가 있다.

마감 닥친 쪽글을 쓰느라 낑낑거리며

잡문 없는 세상에서 살고 싶다! 부르짖는

가난하고 게으른 시인이

그 동네에도 살고 있을 것이다[14]

다행히 《필경사 바틀비》는 처음 잡지에 실렸을 때부터 반응이 좋아서 단행본 출간의 영광을 얻는다. 그로 인해 멜빌의 경제 문제가 단박에 해결된 것 같지는 않지만, 그래도 《모비 딕》과 그 후속작의 연이은 실패로 인한 작가적 상처를 회복하는 데는 상당한 도움이 되었을 것이다.

필경사scrivener는, 컴퓨터는 물론 하다못해 복사기도 없던 시절에 특정 문서를 그대로 베끼는 일을 담당했던 단순노동자를 가리킨다. 흥미롭게도 바울이 로마교회에 보낸 편지를 보면, "이 편지를 받아쓰는 나 더디오도 주님 안에서 여러분에게 문안합니다"(롬 16:22)라는 문장이 나온다. 여기서 더디오가 바울의 개인 필경사임을 짐작하기란 어렵지 않다. 바울은 다마스쿠스 사건으로 눈이 좋지 않았기 때문에(행 9:8 참고) 직접 문서 작업을 하기가 곤란했을 것이다. 바울이 불러주는 대로 편지를 작성하던 더디오가 저런 식으로 슬쩍 자기 이름을 끼워 넣지 않았더라면, 우리는 끝내 로마서를 '기록한' 손의 수고를 잊었을 터다.

바틀비는 월스트리트에서 변호사로 일하는 '나'의 사무실에 필경사로 들어온 젊은이다. 그 사무실에는 이미 터키와 니퍼스라는 두 필경사 말고도 꼬마 심부름꾼이 먼저 고용되어 있어서, 바틀비가 가장 늦게 들어온 '후임'이 되었다. 그 자리가 어떤 자린가. 지위고하를 막론한 전임자들의 온갖 '텃새'를 견뎌야 할 뿐만 아니라 번거로운 뒤치다꺼리를 도맡아하는 자리가 아닌가. 한데 바틀비는 보기 좋게 그 예상을 뒤엎은 것이다.

필경사에게 가장 중요한 덕목은 뭐니 뭐니 해도 정확도다. 원본을 그대로 오자 하나 없이, 아니 원본에 오자가 있다면 그것까지도 한 치의 착오 없이 옮겨 적어야 한다. 여기에 더하여 글씨체가 남이 알아보기 쉽게 단정한 데다가 글씨를 쓰는 속도까지 빠르다면 금상첨화다. 이 점에서 보면 바틀비는 분명 나무랄 데 없이 훌륭한 필경사임에 틀림없다. 하지만 딱 거기까지다. 그는 도대체가 '후임'에게 요구할 법한 모든 '업무 외적 일'을 거부할 뿐만 아니라, 필사를 한 뒤에 그 필사본이 정확한지 원본과 대조해가며 일일이 '검증'하는 일조차 거부한다.

바틀비가 고용된 지 사흘째 되던 날의 일이다. '나'는 바틀비에게 적은 양의 문서를 함께 검증하자고 제안한다. 그렇게 "따분하고, 넌더리 나고, 권태로운 일"[15]을 고용주인 '나'가 직접 나서서 거들 적에는 꽤나 선심을 쓴 것이다. 그런데 "매우 상냥하면서 단호한 목소리로" 그가 한 대답은 이랬다. "안 하는 편을 택하겠습니다!"

내가 얼마나 놀랐을지, 아니 당황했을지 한번 상상해보라. 나는 충격받은 감각기관들을 추스르며 잠시 완벽한 침묵 속에 앉아 있었다. 곧 내가 뭘 잘못 들었거나, 바틀비가 내 말뜻을 완전히 잘못 알아들었을 거라는 생각이 들었다. 나는 내가 취할 수 있는 가장 분명한 어조로 요구를 반복했다. 그러나 그만큼 분명한 어조로 그 전과 같은 대답이 되돌아왔다. "안 하는 편을 택하겠습니다."[16]

그 뒤로도 바틀비는 본인이 담당했던 문서의 검증은 물론, "가령, 붉은

색 테이프로 서류뭉치를 묶으려던 참에 그에게 한쪽을 손으로 좀 눌러달라고"**17** 하는 '작은' 부탁이나 요청에도 매번 똑같은 대답을 반복했다. "안 하는 편을 택하겠습니다."

저항하는 인간
'바틀비'

하여 사무실 식구 전체가 이 사실을 받아들이는 데는 그리 오래 걸리지 않았다. 바틀비는 '폴리오(100자)당 4센트'를 받고 필사 일을 하지만 자신의 필사본을 검증하는 일에서 영구히 면제되었다는 것, 그 임무가 터키와 니퍼스에게 전가되었다는 것, 더욱이 심부름이라면 그 어떤 것도 그에게 시킬 수 없다는 것, 아무리 간청해도 그는 "안 하는 편을 택하겠습니다"라고 딱 잘라 거절하리라는 것 말이다.

물론 그는 여전히 훌륭한 필경사다. '나'는 그의 "안정성, 어떤 유흥도 즐기지 않는 점, 부단한 근면, 놀라운 침묵, 어떤 경우에도 변함없는 몸가짐"**18**을 좋아할 뿐만 아니라, 그의 성실성, 곧 아침에 남보다 일찍 와서 일을 시작하고, 밤에도 가장 늦게까지 남아 있는 점을 높이 산다(사실 집이 없던 그는 사무실에서 숙박을 해결하고 있었다). 그가 시력에 이상이 와서 더 이상 필사 일을 하지 못할 지경에 이르렀을 때도 당장 해고의 수순을 밟지 않은 것은 그의 남다른 정직함 때문이었다. 그러나 봐주는 것도 하루 이틀이지, 그는 이내 사무실의 '군식구'가 되고 말았다. 다른 건 고사하고 필사를 하지 않는 필경사가 책상을 차지하고 앉아 있을 이유란 절대로(!) 없는 것이다. 고심 끝에 '나'는 그의 손에 거금을 쥐어주며 사무실에서 그만 나가달라고 애원한다.

소설이 여기서 끝났더라면, 이야기의 초점은 '나'의 합리성 내지 자비심에 맞춰졌을 것이다. 한데 바틀비는 이 대목에서도 예의 단호한 목소리로 "그러지 않는 편을 택하겠습니다"라고 대꾸한다. 이로써 소설은 이른바 '바틀비적 인간'의 저항이라는 문제의식으로 초점이 옮겨지게 되었다. 바틀비가 해고되지 않는 편을 택했다는 것은 '나'와 함께 머무는 편을 택했다는 뜻이다. '나'는 고뇌한다. "새 계명을 너희에게 주노니, 서로 사랑하라"는 기독교적 양심과 사무실에서 무용지물이 된 직원을 마냥 품을 수는 없다는 시장의 논리가 내면에서 충돌한다. 결국 '나'는 바틀비를 버려두고 사무실을 이전하기로 결정한다. 그리고 여전히 사무실에 남아 있던 바틀비는 새 입주자에게 '무단 점거'로 고소를 당한다.

그로 인해 일말의 양심이 동한 '나'는 마치 회심이라도 한 듯 바틀비를 찾아가 '나의 집'에서 함께 살 것을 제안하지만, 보기 좋게 거절당한다. 그리하여 결국 부랑자 수용소에 갇히게 된 바틀비는 식사마저도 '안 하는 편을 택'하더니, 급기야 홀로 죽음을 맞이한다. 그의 주검 앞에서 '나'는 이렇게 중얼거린다. "세상 임금들과 모사들과 함께."[19]

이 대목에서 멜빌이 왜 성서를 인용했는지는 분명치 않다. 그 글귀는 구약성서 욥기 3장 14절에 나오는 말로, 고통의 나락으로 떨어진 욥이 자신이 태어난 날을 저주하는 맥락에 놓여 있다. "어머니의 태가 열리지 않아, 내가 태어나지 않았어야 하는 건데. 그래서 이 고난을 겪지 말았어야 하는 건데!"(욥 3:10)라고 절규할 만큼 욥의 고통은 참혹했다. "어찌하여 내가 모태에서 죽지 않았던가? 어찌하여 어머니 배에서 나오는 그 순간에 숨이 끊어지지 않았던가? 어찌하여 나를 무릎으로 받았으며, 어찌

하여 어머니가 나를 품에 안고 젖을 물렸던가? 그렇게만 하지 않았더라도, 지금쯤은 내가 편히 누워서 잠들어 쉬고 있을 텐데. 지금은 폐허가 된 성읍이지만, 한때 그 성읍을 세우던 세상의 왕들과 고관들과 함께 잠들어 있을 텐데"(욥 3:11-14).[20]

욥이 이어서 토로하듯이, 죽음의 세계는 "악한 사람들도 더 이상 소란을 피우지 못하고, 삶에 지친 사람들도 쉴 수 있는 곳"(욥 3:17)이다. 또 "그곳은 갇힌 사람들도 함께 평화를 누리고, 노예를 부리는 감독관의 소리도 들리지 않는 곳"(욥 3:18)이며, "낮은 자와 높은 자의 구별이 없고, 종까지도 주인에게서 자유를 얻는 곳"(욥 3:19)이다. 반면에 우리가 사는 세계는 어떤가. 욥의 경험으로는 '의인'이 까닭 모를 고난에 휩쓸리는 게 이승의 삶이다. 인과응보니 사필귀정이니 그런 법칙이 딱딱 들어맞으면 좋겠는데, 늘 엇박자다. 삶은 그야말로 '부조리'라는 단어로밖에는 설명이 되지 않는다.

그러니까 어찌해야 하나. 서둘러 죽음을 향해 달려가는 게 답인가. 삶의 부조리성에 대해 누구보다 깊이 성찰했던 알베르 까뮈라면 이렇게 대답했을 성싶다. 반항하라고. "유일하게 일관성 있는 철학적 태도는 곧 반항이다."《시지프 신화》에서 그가 한 말이다.[21] 까뮈는 시지프(시시포스 또는 시지푸스라고도 한다)를 반항하는 인간의 원형으로 소개한다. 그는 신들에게 반항한 죄의 대가로 커다란 바위를 산꼭대기까지 밀어올리는 형벌을 받았다. 그런데 이게 일회성이 아니라 끝도 없이 반복적이라는 데 문제가 있다. 기를 쓰고 바위를 정상까지 밀어올리면 또다시 아래로 굴러떨어지는 일이 계속해서 반복된다. 말하자면 이 무의미성 혹은 부조리를 견디는 것이 그가 받은 형벌의 속내였다.

그는 바위보다
강하다

까뮈는 "무겁지만 한결같은 걸음걸이로, 아무리 해도 끝장을 볼 수 없는 고통을 향하여 다시 걸어 내려오는" 시지프의 반항이야말로 그에게 덧씌워진 "운명보다 더 우월하다"고 평가한다. 삶의 무의미성에 직면하여 죽음을 향해 '도피'하는 식으로 삶을 기권하지 않고, 또 헛된 희망에 기대는 식으로 스스로를 기만하지 않으면서 지며리 버티는 인간이 오히려 바위보다 강하며 신처럼 위대하다는 것이다.

이 대목에서 반항과 저항의 의미를 슬쩍 되새김하고 지나가야겠다. 거칠게 구분하면, 반항은 실존적인 의미맥락에서 주로 쓰인다. 어떤 대상으로부터 주어진 강제에 순응하지 않을 때 '반항한다'고 말한다. 반면에 저항은 사회정치적인 의미맥락에서 주로 사용된다. 특정 대상보다는 체제나 질서를 상대로 하는 경우가 많다. 하지만 현실에서는 그 둘을 구분하기가 그리 쉽지만은 않다. 선생에게 반항하는 것처럼 보이는 학생도 실제로는 그 선생이 재현하고 있는 어떤 교육이념 내지 방식, 더 나아가 선생이 주입하고 정당화하는 체제에 저항하는 경우가 많기 때문이다(내가 이 장의 주제로 '반항'과 '저항' 사이에서 고민하다가 결국 '저항'을 택한 것도 그런 연유에서다).

어쨌거나 까뮈가 일러준 대로 반항 혹은 저항에 그토록 신성한 의미가 깃들어 있다면, 멜빌이 어째서 바틀비의 죽음에다가 성서적 수사를 덧붙였는지 조금은 알 것도 같다. 사실 멜빌은 바틀비가 소설에 처음 등장하는 장면에서도 감히(!) 구세주의 '강림'을 뜻하는 단어 'advent'를 사용했다. 그러니까 소설의 화자인 '나'의 입장에서는 그가 '나'의 사무실에 들어온 것이 그리스도의 '도래'에 버금가는 사건이라는 말이다.

'나'의 직업은 변호사라고 했다. 현대사회에서 변호사는 성공한 엘리트를 상징한다. 또한 정의는 아랑곳없이 돈을 위해서라면 얼마든지 못된 죄인도 무고한 시민으로 둔갑시키는 부패한 능력자를 가리키기도 한다. 그러한 '나'의 세계 안으로 저항의 화신 바틀비가 들어온 것이다. 그렇다면 집도 절도 없는 가난뱅이 주제에 반골 기질로만 똘똘 뭉쳐 '죽기까지' 체제에 순응하기를 거부한 그의 삶이 나에게 주는 메시지는 무엇인가.

무엇보다도 권위주의로부터의 해방일 터다. '나'는 알량한 사회적 지위를 이용하여 그를 강제해선 안 된다. 심지어 그가 노동 능력을 상실했을 때조차도 '노동하지 않는 인간은 살 가치가 없다'는 그릇된 자본주의 이념에 따라 그를 내쳐서는 안 된다. 요컨대 그는 기독교의 핵심 진리인 '은혜'를 깨달아 실천하도록 나/인류의 양심을 깨우치기 위해 강림한 그리스도인 셈이다. 지금 내가 누리는 모든 것이 궁극적으로 신의 은혜임을 깨달아 안다면, 불운한 남에게 나 역시 은혜를 베풀고 사는 게 마땅하다. 형제자매를 향한 조건 없는 사랑만큼 인간을 고양시키는 숭고한 가치도 없다. 그가 사무실에 '도래'한 지 사흘째 되던 날에 문제의 '저항'이 발생했다는 설정은 그의 그리스도적 역할에 신빙성을 더해준다.

여기서 바틀비의 저항이 단순히 특정 행위를 부정하는 데 있지 않음을 주목할 필요가 있다. 그가 부정한 것은 특정 행위가 기정사실로 받아들여지는 맥락, 곧 현존질서 자체다.[22] 이를테면 '동유럽의 기적'이라는 별명을 지닌 철학자 슬라보예 지젝Slavoj Zizek이 말하는 "수동적 공격성"이 바틀비의 행동양식에 딱 들어맞는다.[23] 이는 남편에게 능동적으로 맞서는 대신에 수동적으로 그를 파괴하는 주부에게서 나타나는 전형적인 행동양식인데, 본질적으로는 '급진적인 정치적 태도'라고 한다. 왜냐하면 언제나 능동적이기만 한 '공격적 수동성'은 현실에서 아무것도 달라지게 만들기 어렵지만, 수동적으로 물러나서 참여하기를 거부하는 '수동적 공격성'은 현존질서의 좌표를 변화시키는 데 효과적이기 때문이다.

그러니까 지젝은 현존 사회가 요구하는 끊임없는 참여의 압박으로부터 한 걸음 물러서는 수동적 거부행위야말로 능동적인 정치적 행위라고 주장하는 것이다. 예컨대 김예슬의 경우가 대표적이겠다. 2010년 3월 10일, 당시 고려대 경영학과 3학년에 재학 중이던 김예슬은 이른바 '김예슬 선언'을 통해 세상에 알려졌다.[24] 그녀가 쓴 자퇴 대자보는 '대학-기업-국가'라는 삼각동맹 체제를 떠받치고 있는 것이 바로 '나'라는 자각에서 시작된다.

그녀가 겪은 대학은 '진리'를 학점과, '자유'를 두려움과, '정의'를 이익과 맞바꾼 채 "글로벌 자본과 대기업에 가장 효율적으로 '부품'을 공급하는 하청업체"나 다름없다. 오로지 대학 입시만을 목표로 이루어지는 '의무교육'이란 국가가 대학-기업의 하청업체임을 방증할 뿐이다. 이러한 상황에서 그녀는 '공부만 잘하면' 모든 것을 용서받는다는 믿음으로 끝없는 경쟁 트랙에 자발적으로 참여해온 자신이 바로 체제의 희생자이기는커녕 유지자라고 고백한다. 그리하여 더 이상 이 무의미한 게임에 가담하지 않겠다며 바틀비적 물러남을 선포한 것이 '김예슬 선언'의 골자다.

김예슬 선언과
바틀비스러운 저항

그런 식의 거부 혹은 물러남이 용감하기는 하지만, 당사자에게는 결국 '사회적 자살'을 초래하는 무모한 짓이 되지 않을까. 김예슬 본인도 그 점을 모르지 않은 듯하다. "나의 대학 거부 선언은 진달래가 피고 매화 꽃이 떨어질 때쯤이면 조용히 잊혀질 것이다. 그리고 내 몫의 돌멩이 하나가 빠져 나온 대학은, 학교는, 이 거대한 시스템은, 일상의 속도로 모든 것을 빨아들이며 끄떡 없이 돌아갈 것이다."[25] 하지만 그렇다고 비관할 요량이면 처음부터 '선언' 따위는 하지 말았어야 옳다. 당차게도 그녀는 "작지만 균열은 시작되었다"[26]고 재차 선전포고를 한다. 그러고는 "나는 내 자리에서 근원적인 나의 저항을 치열하게 살아낼 것"[27]이라며 결의를 다진다.

이쯤 되면 단지 청춘의 치기 어린 반항이라고 하기에는 그 울림이 자못 크지 않은가. '공산주의자 선언'이 '마르크스·엥겔스 선언'이 아니 듯이, '김예슬 선언'도 우리 시대의 '대학생 선언'으로 불러야 마땅하다는 어느 분의 제안이 일리가 있다.[28] 그녀의 대자보는 읽는 이의 마음을, 그 자신의 삶의 자리가 어디든 상관없이, 불편하게 만든다. 이 불편함은 나 역시 현존체제를 떠받치는 역할에서 자유롭지 않다는 공동 책임을 환기하는 데서 찾아드는 감정이다.

일단 이 감정이 느껴지면, 그 다음 단계는 선택이다. 그녀처럼 용기 있게 '떠나든지' 아니면 그 자리에 '남든지' 선택해야 한다. 하지만 이때의 '남음'조차 비굴한 타협만은 아닌 것이, 그 또한 주체적인 결단에 의한 행위이기 때문이다. 여태까지는 누군가에게 떠밀리듯 그 자리에 있게 되었다면, 이제부터는 자신의 결정으로 머문다. 중요한 건 그것이다. 거대한 체제의 변화 혹은 붕괴는 의외로 쉽게, 허술하게 일어나는 법이다. 한 사람이 주체 되기를 통해 체제가 강요하는 부당한 요구나 욕망에 저항할 때, 물샐틈없이 촘촘하던 기존질서에 드디어 틈이 벌어지기 시작한다.

그렇게 보면, 이스라엘 민족의 '뿌리 경험root-experience'인 출애굽 사건은 모세가 홍해를 가른 영웅적 행위에서 시작되었다기보다는 히브리 산파들이 이집트 파라오의 명령에 불복했을 때 이미 시작되었다고 말할 수 있다. 파라오가 누군가. 태양신 '라Ra'가 지상의 보물로 아끼는 이집트 지역을 수호하도록 특별히 점지한 신의 아들이 아닌가. 그러므로 파라오의 명령을 거역한다는 것은 단순한 정치적 반역의 의미만이 아니라 종교적 불경에 해당하는 중죄가 아니던가.

당시의 파라오는 이집트 역사상 가장 유명한 람세스 2세였다고 전해진다.[29] 그는 재위 기간 66년에 걸쳐, 밖으로는 전쟁을 통해 부국강병을 꾀하고 안으로는 대규모 토목공사를 통해 제국의 위용을 자랑한, 강력한 리더십의 소유자였다. 자신의 이름을 붙인 건물과 도시 건설에 힘쓰다 보니 자연스레 노예의 수요가 늘어나 전쟁 포로들과 이방 이주민들을 무자비하게 혹사한 왕으로도 악명을 날렸다.

그의 눈에 여러 이방 노예들 중에서도 유독 이스라엘 자손들이 거슬렸던 이유는 아마도 세력화의 우려 때문이었을 것이다. 이스라엘 자손들은, 한때 요셉이 이집트의 총리대신으로 활동하는 등 이집트 정치에서 무시할 수 없는 집단이므로, 그들의 수적 확대는 언제나 감시와 견제의 대상일 수밖에 없었다. 람세스 2세가 비돔과 라암셋 도성을 건설하는 사업에 이스라엘 자손들을 강제 동원한 것은 그러한 연유에서다(출 1:11).

한데 아무리 강도 높은 노동을 시켜도 이스라엘 자손의 수는 줄어들기는커녕 날로 불어나기만 하더란다(출 1:12-14). 그래서 나온 '꼼수'가 히브리 산파들을 시켜, 모든 히브리 노예의 가정에 태어난 남자아이는 무조건 살해하도록 명령한 조치다. "이집트 왕은 십브라와 부아라고 하는 히브리 산파들에게 이렇게 말하였다. '너희는 히브리 여인이 아이 낳는 것을 도와줄 때에, 잘 살펴서, 낳은 아기가 아들이거든 죽이고, 딸이거든 살려두어라'"(출 1:15-16).

히브리 남아 살해 정책은 적어도 세 가지 효과를 겨냥한 것이었다.[30] 하나는 인구 억제고, 다른 하나는 동족 분열이며, 마지막 하나는 성비 불균형에 의한 혼혈 유도다. 히브리 남성 인구가 축소되면 히브리 여인과 이집트 남자의 결합이 늘어나 궁극적으로 히브리 민족의 정체성이 말살될 것이다. 게다가 이 모든 일이 동족의 손으로 이루어진다면, 파라오로서는 남의 손을 빌어 제 코를 푸는 격이 아닌가.

나름 완벽한 꼼수였는데, 그만 예상 밖의 '태클'이 걸리고 말았다. 시행 주체인 산파들이 감히 파라오의 명령에 '안 하는 편을 택하기'로 마음먹은 까닭이다. 산파라는 직업은 대체로 나이든 여성의 몫이다. '산파'의 '파婆'가 벌써 할머니를 뜻한다. 파라오의 입장에서 '할머니쯤'은 손쉬운 지배 대상이었을 것이다. 약간의 겁박에도 기가 죽어, 시키는 대로 고분고분 따를 것으로 판단했겠다. 하지만 이 할머니들이 정작 두려워한 대상은 파라오가 아니었다.

시민 불복종의 원조,
할매

하기야 할(흔)머니가 누군가. 크신 어머니가 아닌가. 새로운 생명의 우
주적 도래를 준비하고 맞이하는 산파産婆역에는 인생의 험난한 물결波을
헤쳐나가는 동안 몸소 삶의 지혜를 체득한 여성女이 제격이 아닐 수 없
다. 그런 할머니들이니만큼 '파라오쯤' 무섭지 않다는 것이다. 파라오가
왜 저리 날뛰는지, 그의 불안의 정체가 무엇인지 속내를 훤히 내다본다.
권력에 집착하는 그의 광기는 가소롭고 유치하기까지 하여, 그의 종말이
멀지 않았음을 예고할 뿐이다.

드디어 파라오가 산파들을 불러들여 문초한다. 성서에는 "꾸짖었다"
(출 1:18)고 완곡하게 번역되어 있지만, 실상 그 단어는 '제압'의 성격이
강하다. "어찌하여 일을 이렇게 하였느냐? 어찌하여 남자아이들을 살려
두었느냐" 다그치니, 할머니들이 이렇게 대꾸하더란다. "히브리 여인들
은 이집트 여인들과 같지 않습니다. 그들은 기운이 좋아서, 산파가 그들
에게 이르기도 전에 아기를 낳아버립니다"(출 1:19).

능구렁이다. 벌을 피하기 위해 단순히 둘러대는 것과는 차원이 다르
다. 히브리 여인이 이집트 여인보다 기운이 좋다는 말은, 히브리인이 이
집트인보다 강하다는 말이고, 더 나아가 히브리 신이 이집트 신보다 훨
씬 세다는 비유적 표현이기에 그렇다. 요컨대 할머니들은 파라오가 아니
라 "하나님을 두려워하였으므로"(출 1:17) 파라오의 명령 따위는 가벼이
'능멸'할 수 있었다.

그러니까 성서는 국가 권력의 야만적인 횡포에 저항한 시민 불복종의
원조로 이 할머니들의 이름을 호명하고 있는 것이다. 십브라와 부아, 두

히브리 산파는 제국의 공포정치를 끝장내고 하나님의 생명정치가 시작되는 데 지혜와 용기를 보탰다.[31] 헨리 데이비드 소로가 하버드 대학 졸업장을 뒤로 한 채 월든 호숫가 오두막에서 반문명의 삶을 보낸 것도, 마하트마 간디가 '아힘사ahimsa, 비폭력'에 기반하여 '사티아그라하(satyagraha, 진리의 힘)' 운동을 펼친 것도, 로자 파크스Rosa Parks가 백인에게 자리를 양보하라는 버스 기사의 지시를 거부함으로써 마침내 흑인 민권운동에 불을 지핀 것도, 따지고 보면 모두가 히브리 산파들의 정신을 계승한 저항이었다. 다시 말하면, 이 위대한 할머니들은 역사의 진보에 지대한 영향을 미친 비폭력 시민불복종운동과 관련해서도 '산파역'을 한 셈이다.

그럼에도 불구하고 대다수 기독교인들이 '저항'이라는 단어에 별로 친화적이지 않은 데는 '악한 사람에게 맞서지 말라'는 예수의 가르침이 한 몫을 담당했을 것이다. '산상설교'로 널리 알려진 마태복음 5장에서 예수는 다음과 같이 말한다.

'눈은 눈으로, 이는 이로 갚아라' 하고 말한 것을 너희는 들었다.
그러나 나는 너희에게 말한다. 악한 사람에게 맞서지 말아라.
누가 오른쪽 뺨을 치거든, 왼쪽 뺨마저 돌려 대어라.
너를 걸어 고소하여 네 속옷을 가지려는 사람에게는, 겉옷까지도 내주어라.
누가 너더러 억지로 오 리를 가자고 하거든, 십 리를 같이 가주어라.

이른바 '보복금지령'이라는 별명이 붙은 이 본문은 기독교인들이 특정한 역사적 맥락에서 정치적 행동을 취하는 것을 머뭇거리게 만드는 근거로 기능해왔다.[32] 곧이어 등장하는 "너희 원수를 사랑하라"(마 5:44)는 가르침 역시 억압당하는 쪽에서 불의한 체제를 바꿀 생각일랑 하지 말고 차라리 악을 행하는 지도자를 위해 기도하는 것이 '종교인의 바른 자세'라는 식으로 왜곡되었다.

한데 예수 자신이 법정에서 로마군인에게 뺨을 맞았을 때, 다른 뺨을 돌려대는 대신에 그 군인을 나무란 것을 보면(요 18:19~24), 또한 바리새인이나 서기관 등 당시의 위선적인 종교지도자들을 향해 가차 없이 공격을 퍼부었던 것을 보면, '악한 사람에게 맞서지 말라'는 예수의 가르침은 어딘가 아귀가 안 맞는 느낌이다. 복음서가 그리는 예수는 수동적인 성격도, 무저항주의자도 아니었다. 그렇다면 난해한 저 가르침의 참뜻은 뭐란 말인가.

'눈에는anti 눈으로, 이에는anti 이로'라는 말은 상대방에게 '대적한다'는 뜻이다. 한편 예수가 악한 사람에게 '맞서지' 말라고 할 때는 그리스어 '안티스테나이antistenai'가 쓰였다. 이 단어는 맞섬을 뜻하는 '안티anti'와 폭력적인 반란, 무장 봉기, 또는 첨예한 대결을 함축하는 명사 '스타시스stasis'의 합성어로, 구체적으로는 두 군대가 맞부딪쳐 한쪽이 패배하여 도망할 때까지 칼싸움을 계속하는 것을 가리킨다.[33] 그러니까 "악한 사람에게 맞서지 말라"(새번역)나 "악한 자를 대적하지 말라"(개정개역)나 "앙갚음하지 말아라"(공동번역) 등으로 번역된 이 본문은 사실 "악한 자에게 폭력적으로 대응하지 말아라"로 옮겨야 더 적절할 터다.

오른뺨을 치거든
왼뺨마저 돌려 대라

성서학자 월터 윙크는 제임스 1세(영국성공회 예배에서 사용할 목적으로 최초의 표준 영어 성서인 흠정역본을 만들었다)가 고용한 궁중 번역자들이 안티스테나이를 번역할 때 곧이곧대로 옮기기가 곤란했을 것으로 추론한다.[34] 아마도 제임스 왕은 백성들이 자신을 비롯한 군주들의 지배에 맞서는 어떤 다른 수단이 있을 것으로 믿게 되기를 원치 않았을 것이다. 그래서 대충 '저항하지 말라'는 식으로 두루뭉술하게 얼버무림으로써 군주의 절대권력을 인정하도록 교묘히 번역 작업을 수행했을 것이라는 설명이다.

본래의 의미는, 저항은 하되 방법이 문제라고 했다. 그렇다면, 이어지는 예수의 말은 방법론에 관한 풀이여야 옳다. 다시 말하면 "누가 오른쪽 뺨을 치거든, 왼쪽 뺨마저 돌려 대어라"라는 지침은 저항의 방법론이다.[35]

왜 하필 오른쪽 뺨일까. 정상적인 경우, 오른손잡이가 상대방의 얼굴을 때리면, 그가 맞은 뺨은 왼쪽 뺨이어야 한다. 여기서 '정상적'이란 오른손잡이가 정상적이라는 말이 아니라, 당시 유대사회에서는 왼손은 불결한 일을 할 때만 사용했기에, 우발적인 경우라면 당연히 왼뺨이 맞게 마련이라는 뜻이다. 그러니까 오른손으로 때렸는데 상대방이 오른뺨을 맞는 경우란, 손등으로 치는 상황밖에 없는 셈이다. 이는 상대방에게 모욕과 치욕을 느끼게 하려는 의도가 다분한 행동으로, 하급자를 훈계하는 통상적인 방법이었다.

주인은 종을, 부모는 자녀를, 남편은 아내를, 로마인은 유대인을 손등으로 때릴 수 있었다. 신분이 같은 사람끼리는 손등으로 치는 것이 금지

되어 있었기에, 어쩌다 그런 일이 발생하면 벌금이 부과되었다. 이를테면, 손바닥으로 치거나 주먹으로 치는 경우에는 4전의 벌금을 내지만, 손등으로 치면 400전을 물어야 했다. 물론 하급자를 손등으로 친 경우에는 벌금을 낼 필요가 없었다.

권력이 불균등한 관계에서, 게다가 권력의 불균등이 존재의 불평등으로 곧바로 연결되는 사회에서 이런 식의 수모를 당할 때 똑같은 방식으로 보복하기란 자살행위나 다름없는 일이다. 억울해도 무조건 참는 것이 유일한 처세술로 통용되던 때였다. 그런데 예수는 오른뺨을 맞고 위축된 사람들에게 다시 왼뺨을 돌려대라고 가르친 것이다. 왼뺨을 돌려대는 그 행동은 부당한 권력을 행사한 당사자를 '악한 자'로 드러내며, 그에게 이런 메시지를 전달하는 효과를 발휘한다. "나는 네가 나를 모욕할 수 있는 힘이 있다는 것을 부인한다. 나는 너와 똑같은 인간이다. 너의 지위가 높다고 해서 이 사실을 바꾸지는 못한다. 너는 나의 품위를 떨어뜨릴 수 없다."[36]

"너를 걸어 고소하여 네 속옷을 가지려는 사람에게는, 겉옷까지도 내주어라" 하신 가르침도 이와 비슷하다. 누군가 나에게 재판을 걸어 속옷을 가지려고 하는 상황은 속옷이 담보물로 설정될 정도로 가난한 사람의 채무상환이라는 배경을 전제로 한다. 구약성서를 보면 담보물과 관련하여 다음과 같은 '인권보호' 규정이 나온다. "당신들은 이웃에게 무엇을 꾸어줄 때에, 담보물을 잡으려고 그의 집에 들어가지 마십시오. 당신들은 바깥에 서 있고, 당신들에게서 꾸는 이웃이 담보물을 가지고 당신들에게로 나아오게 하십시오. 그 사람이 가난한 사람이면, 당신들은 그의 담보물을 당신들의 집에 잡아둔 채 잠자리에 들면 안 됩니다. 해가 질 무렙에는 그 담보물을 반드시 그에게 되돌려주어야 합니다. 그래야만 그가 담보로 잡혔던 그 겉옷을 덮고 잠자리에 들 것이며, 당신들에게 복을 빌어줄 것입니다. 이렇게 하는 것이 주 당신들의 하나님이 보시기에 옳은 일입니다"(신 24:10-13).

그런데 본문에 나오는 채권자는 담보물이 '속옷'인데도 그것에 대한 권리를 주장할 정도로 냉혈한이었던 모양이다. 오죽하면 맡길 것이 속옷밖에 없으랴, 하고 이해할 만한 아량이 그에게는 없다. 이럴 때 채무자는 채권자가 요구하는 대로 속옷을 벗어주되, 겉옷까지도 벗어주라고 한다. 유대사회에서는 벌거벗는 것이 금기일 뿐만 아니라, 벌거벗은 몸을 본 사람이 도리어 수치를 당하게 되어 있다(창세기 9장 22절에 기록된, 노아가 술에 취해 벌거벗고 자는 것을 본 '함'이 저주받은 것이 그 보기다). 법정과 같이 공공연한 자리에서 채무자가 겉옷과 속옷을 모두 벗고 맨 몸으로 서 있다면, 그 행동 자체가 채권자는 물론 그의 벌거벗은 몸을 본 다수 대중에게 도리어 수치를 돌리는 도발일 뿐만 아니라 잘못된 경제구조에 대한 도전이 된다는 말이다.

마지막에 나오는 "누가 너더러 억지로 오 리를 가자고 하"는 상황이란, 로마군인이 공권력을 동원하여 식민지 백성에게 강제노역을 시키는 경우를 가리킨다. 당시 로마 군인은 유대 민간인에게 자신의 군장(대략 30-38킬로그램)을 대신 지고 가도록 명령할 수 있었는데, 그 거리가 5리로 한정되어 있었다. 그 이상을 지고 가게 하는 일은 명백한 위법이었다.

그러니까 "누가 너더러 억지로 오 리를 가자고 하거든, 십 리를 같이 가주어라" 하신 예수의 가르침은, 처음 5리까지는 로마군인의 '강압적인' 명령으로 할 수 없이 걸었다면, 그 이후 5리는 '기꺼이' 그렇게 해주라는 뜻이다. 그러면 본의 아니게 군법을 어기게 된 로마군인은 이제껏 위세 부리던 오만한 모습을 버리고 도리어 식민지 백성 앞에서 쩔쩔매며 제발 자기 짐을 도로 달라고 애걸하게 될 것이다. 이 이야기를 들은 유대인 청중은 어쩌면 그 장면을 머릿속에 그리는 것만으로도 웃겨서 배꼽이 빠질 지경이 되었을지도 모른다. 제국주의가 얼마나 악한가를 단박에 폭로하는 예수의 통쾌한 상상력에 박수를 보내면서 말이다.

약자의 힘

핵심은 주도권을 악 또는 악한 자에게, 혹은 악한 체제에 넘겨주지 말라는 것이다.[37] 악한 자(대개는 악한 자가 곧 억압하는 강자다)에게 폭력을 행사할 힘이 있다면, 그 폭력을 당하는 사람에게는 그로 인해 무너지지 않을 힘이 있다. 더 나아가 억눌리는 자·약자·소수자가, 예수가 알려준 방식대로 악의 실재를 폭로하고 규명함으로써, 마침내 억압하는 자·강자·다수자의 마음까지 변화시킬 수 있다면 그야말로 금상첨화다. 그러기에 예수는 악에 대응하더라도 사랑으로 그렇게 하라고 말한다. '원수 사랑'의 가르침은 이 맥락에서 나온 것이다. 참으로 악에 대항하려면, 악을 행한 사람을 미워하거나 원수의 목록에 집어넣기를 거절하는 것까지 포함해야 한다. 그래야 적과 싸우다가 적을 닮아버리는 우를 범하지 않을 수 있다.

이 대목에서 바츨라프 하벨Vaclav Havel이 주장한 '약자의 힘Power of the Powerless'을 다시 생각한다.[38] 1978년에 그가 같은 제목으로 쓴 책을 보면, 식품점 관리인의 비유가 나온다. 모든 것이 국가의 강압적 통제 아래 있는 전체주의 체제 아래서 식품점 관리인의 일거수일투족은 '당'의 지시에 따라 이루어질 뿐이다. 그가 양파, 감자, 당근 등 즐비하게 진열된 채소들에 어울리지 않게 "만국의 노동자여, 단결하라!"는 포스터를 유리창에 붙여놓은 것도 순전히 '위로부터 내려온 명령' 때문이었다. 상부에서 배급되는 채소더미와 함께 포스터까지 덩달아 따라오는 통에, 다른 사람들이 다 그렇게 하듯이 자신도 당연히 그래야 하는 줄 알고 기계적으로 붙여놓았다. 말하자면, 그는 거대한 관료체제가 요구하는 대로, 가급적 부딪히지 않고 조용히 살기 위해, 이런 유의 수많은 자질구레한 일들을 시키는 대로 이행해왔다.[39]

그렇게 체제에 장단 맞추며 살다가, 체제가 굴러가는 데서 하나의 부속품처럼 지내다가, 어느 날 문득 깨어나 지금껏 살아온 삶의 방식을 바꾸게 된다면 과연 무슨 일이 벌어질까. 무의미한 구호가 적힌 포스터를 그만 걸고, 부정선거에서 거수기 노릇 하기를 거부하며, 정치 모임에 나가서는 남의 눈치 보지 않고 소신껏 발언하고, 또 자신과 생각이 비슷한 사람들과 더불어 힘을 모은다면 어떻게 될까. 체제가 만든 게임의 규칙을 깨는 이러한 반항 혹은 저항은 무슨 수로 가능할까.

하벨은, 인간에게는 누구나 '익명의 군중'에 뒤섞여 '거짓된 삶'의 강물을 따라 편하게 떠내려가고자 하는 욕구가 있음을 꿰뚫어보았다.[40] 그러나 이러한 관성을 떨쳐버리고 '참된 삶'을 추구하고자 반항 또는 저항하는 사람들이 있는 것 또한 사실이다. 황제가 벌거벗고 있다는 것을 알면서도 입 다물고 쉬쉬하는 어른들 틈에서 진실을 외치는 어린아이가 있던 것처럼 말이다.

어린아이가 그럴 수 있었던 건 순수해서라고밖에는 달리 설명할 도리가 없다. 하여 하벨은, 저항이란 무릇 현실 정치의 수준과 차원을 달리해야 한다고 말한다. 똑같은 수준에서 똑같은 방식으로 저항하면, 깨지거나 오염되거나 둘 중 하나가 될 뿐이다. 그러니 전혀 다른 수준에서 저항해야 하는데, 이것을 그는 '진리에의 투신'으로 보았다.[41] 진리 안에서 살고자 하는 순전한 실존적 결단만이 불온한 체제를 바꾸는 유일한 저항 무기라는 뜻이다. 그러고 보면, '프라하의 봄'은 저절로 찾아왔을 리 없다. 날마다 무의식적으로 행하던 포스터 붙이는 일에 의심을 품고 더 이상 그런 거짓된 삶을 살지 않기로 선택한 식품점 관리인의 경우처럼, 평범한 사람들의 주체적인 행동들이 하나둘씩 모여 시나브로 동토를 녹였을 것이다.

비슷한 보기로, 버마 민주화의 상징인 아웅 산 수 지 여사도 말한다. 군부 독재의 폭압에 저항하기 위해 유일하게 취할 수 있는 대안은 '메타(metta, 자비)'의 정치밖에 없다고. 저들은 자신을 굴복시키기 위해 불법으로 가택연금을 거듭했지만, "나를 굴복시킬 사람은 오직 나 자신뿐"[42]이라고. 진정한 민주화는 자신의 자아에서부터 시작되어야 한다고.

결국은 내가 문제인 것이다. 비겁하게 온갖 핑계거리를 들이대며 그냥 편히 묻어가려고 용을 쓰는 '체제의 사람'으로 고착된 내가 만 가지 악의 뿌리다. 그러므로 '깨어 있으라'는 예수의 말씀은 '반항하고 저항하라'는 말로 환치해도 좋으리라. 이런 의미에서 〈개그콘서트〉의 대세였던 "용감한 녀석들"의 도발은 그 자체가 계시다. '한숨' 대신 '함성'으로 맞서란다. '걱정'할 시간 있으면 '열정'이나 키우란다. '안 될 놈은 안 돼' 체념을 강박하는 체제의 술수에 사로잡히지 말고, '안 될 것도 없지' 호기롭게 용트림하란다. 바야흐로 '체제의 지식인'[43]들만 수두룩한 시대에는 하나님의 계시도 종교인들의 근엄한 입이 아니라 개그맨들의 발랄한 입을 통해 전달되는가 보다.

> 저것은 벽
> 어쩔 수 없는 벽이라고 우리가 느낄 때
> 그 때
> 담쟁이는 말없이 그 벽을 오른다.[44]

자본주의의 변종인 신자유주의 지구화 체제 아래서 자본의 횡포에 무방비로 노출된 이 시대의 모든 바틀비들에게 도종환 시인의 〈담쟁이〉를 기도 선물로 바친다. '여자 2호'여, 부디 뱀같이 지혜롭고 비둘기같이 순결하게 저항하시길.

환대

적의가 환대로 바뀌면, 두려워하던 나그네는…주인에게 자기가 가지고 온 약속을 드러내는 손님이 된다. _헨리 나우웬

〈두 개의 문〉
혹은 두 개의 선택

꼭 상영관에서 개봉작으로 만나야 할 영화가 있다. 전 세계를 떠들썩하게 했던 〈아바타〉(2010) 같은 입체영화를 말하려는 게 아니다. 영화가 주는 메시지에 대한 예의 때문에, 혹은 오로지 독립영화라는 이유만으로 그런 대접을 받아야 마땅한 영화가 있다. 〈두 개의 문〉(2012)이 전형적인 보기다. 용산참사를 다룬 독립 다큐멘터리 영화인데, 상업영화도 아닌 것이, 상영관조차 전국에 몇 안 되는 그것이, 개봉 한 달 만에 누적 관객 5만 명을 가뿐히 넘어섰다. 독립영화의 '흥행' 분기점이 1만 명인 것을 감안하면, 그야말로 '대박'이 아닐 수 없다.

알다시피, 재미하고는 거리가 먼 영화다. 스트레스를 '풀어주는' 역할에 충실한 수준 미달의 영화들이 판치는 현실에서 이 영화는 오히려 스트레스를 '먹여준다.' 미美보다는 추醜를 재현하고 쾌快보다는 불쾌不快에 호소하는 영화가 어떻게 이렇게 관객몰이에 성공할 수 있었을까.

신문에서 처음 개봉 소식을 접했을 때부터 보고 싶었다. 아니 보지 않으면 안 될 것 같은 '부채의식'이 들었다. 이 느낌은 사실 '죄의식'이라고 표현하는 게 더 정확할 것이다. 용산참사가 일어나던 그 시각, 같은 서울 하늘 아래 있으면서도 나는 모른 척했다. 분명히 강경진압이 있을 것이고, 그러면 망루를 지키던 사람들에게 돌이킬 수 없는 위해가 가해질 것이 충분히 예상되는 상황이었음에도, 나는 그들과 함께 있지 않았다. 강도를 만나 피 흘리며 쓰러져 있는 나그네를 '보고도' '피하여' '지나간' 제사장과 레위인이 바로 나였다.

그러니까 문제의 2009년 1월 20일과 21일 사이, 서울특별시 용산구

한강로 2가 남일당 건물에서 철거민 다섯 명과 경찰특공대원 한 명이 숨지던 바로 그 시간에, 마치 아무 일 없는 것처럼, 혹은 그런 일은 다만 '그들'의 일일 뿐 나와는 상관없는 것처럼 편리하게 살인을 외면하고 방조한 나 같은 사람들에게 〈두 개의 문〉은 일종의 고해성사 비슷한 역할을 하는 것이 아닐까. 영화는 끊임없이 그때 너는 어디에 있었냐고, 이 끔찍한 참사는 누구/무엇 때문이냐고 질문한다. 영화를 보는 내내, 자기 안에 도사리고 있는 소시민적 근성, 부정하려야 할 수 없는 나약함과 비겁함을 마주하는 일은 차라리 고문인데, 어쩌면 그 지점에서 적나라하게 정직한 것이 죄 사함과 구원의 시발점인지도 모르겠다.

그 무렵, 우리 사회는 '뉴타운' 귀신에 씌어 있었다. 2009년 봄 총선에서 한나라당(현 새누리당)과 열린우리당(현 민주통합당) 후보들은 똑같이 '뉴타운'이라고 적힌 현수막을 나부끼며, 모두가 잘 사는 세상이 마치 뉴타운 정책에 달려 있기라도 한 것처럼 '공약'했다. 남일당이 위치한 용산 4구역의 경우, 뉴타운이 조성되기만 하면 땅 주인이 챙길 이득은 무려 50배에 달했다. 공사를 맡은 재벌 건설사들은, 최근의 저축은행 사태에서 문제점이 드러난 프로젝트 파이낸싱 방식(돈을 빌리는 측에 유형 담보물이 없을 때 사업계획, 곧 프로젝트의 수익성을 보고 돈을 빌려주는 금융기법)으로 자금을 조달했다. 하루빨리 분양을 해서 투자금을 회수하자니, 철거 용역을 끌어들여 주민들을 내쫓을 수밖에 없었다. 여기에 이명박 정부의 '불관용 원칙'과 서울지방경찰청장의 공명심이 한몫을 거들었다. 25시간 만의 참사는 그렇게 일어났다.[1]

뉴타운 정책의 수혜자들은 횡재에 눈이 멀었다. 뉴타운 정책에서 소외된 사람들은 자신들의 불운을 탓했다. 헐값의 '보상금'을 받고 벼랑 끝으로 내몰린 사람들조차 어서 속히 뜨내기 생활이 끝나기를, 내 집도 마련하고 부동산 투기 행렬에도 편입하여 떵떵거리며 살기를 학수고대했다. 이명박 정부는 그런 맹목적인 이기심과 질투심의 산물이었다. "경제를 살리겠다"는 그의 말은 모두가 듣고 싶었던 '복음'이었다.

한데 그것이 어찌 모두를 위한 복음일 수 있으랴. 낙후된 기성 시가지의 주거환경을 정비하겠다며 서울시뿐만 아니라 전국 광역시에서 선심 쓰듯이 호기롭게 시행된 뉴타운 사업은 철저히 극소수 아파트 개발업주들과 투기꾼들의 배만 불렸다. 그렇다면 이 진실을 일깨우는 〈두 개의 문〉은 결국 우리 앞에 놓인 두 개의 선택을 암시한다고 볼 수 있지 않을까. 하나는 진실을 외면한 채 여전히 거짓 복음에 자신의 영혼을 파는 것이고, 다른 하나는 헛된 망상에서 깨어나 참된 복음에 새로이 눈을 뜨는 것이다.

일찍이 두 번째 문을 열려고 애쓴 사람들이 있었다. 자신들이 힘써 가꾼 삶터가 아파트 단지로 둔갑하는 것을 기를 쓰고 반대한 사람들이다. 일부 어용언론에서는 보상금이 적어서라고 호도했지만, 이는 모든 문제를 경제라는 단 하나의 변수에 종속시키는 천박한 물신주의의 시선일 뿐, 진실이 아니었다. 어찌 보면 그들이 저항한 대상은 바로 그런 시선이라고 하는 게 가장 정확한 관찰일 것이다. 어느 광고 문구대로, 집은 사는buy 것이 아니라 사는live 것이어야 한다는 단순한 믿음이 그들을 투사로 만들었다. 서울특별시 은평구 진관내동에 있었던 한양주택 주민들이 그 주인공이다.

'한양주택'이
죽었다

한양주택 단지가 세상에 태어난 이력은 이랬다.[2] 유신 독재가 한창이
던 1978년 어느 날, 골프장에 가느라 통일로를 지나게 된 박정희는 가난
한 농촌 풍경이 마음에 들지 않는다며 그곳의 정비를 지시한다. 7·4남
북공동선언 이후 남북관계가 유연해지면서 북측 대표단의 왕래가 잦을
것에 대비하여 길목을 정비하려는 '보여주기'식 전시행정의 일환이었
다. 서울시장이 나서서 부랴부랴 택지를 마련하고, 당시로서는 고급이라
할 단독주택 214채를 똑같은 모양으로 지어서 근처 주민들을 이주시켰
다. 주민들은 땅과 집을 강제로 수용당했고, 집과 마을회관 건축에 필요
한 각종 경비를 충당해야 했으며, 수도와 전기 등 기반시설을 이용하기
위한 비용도 내야 했다.

그렇게 해서 원주민의 80퍼센트가 입주했지만, 3년이 지나는 사이에
감당할 수 없는 부채로 대다수가 떠나게 되었다. 남은 세대는 고작 30가
구. 기적은 이때부터 시작되었다. 남은 주민들이 놀라운 공간철학으로
각박한 도시에서 보기 드문 '마을'공동체를 탄생시킨 것이다. 〈한겨레〉
에 실린 홍성태의 칼럼에 의하면, 한양주택이 아름다운 이유는 세 가지
란다. "첫째, 자칫 황량한 시멘트 주택단지로 전락하기 쉬운 곳을 주민들
이 잘 가꿔서 정원과 주택이 아름답게 조화를 이룬 보기 드문 '정원주택
단지'로 만들었다. … 둘째, 한양주택은 자신을 낮추고 자연으로 치장하
여 북한산 및 주변의 전원과 아름답게 조화를 이룬 '생태주택단지'이다.
… 셋째, 이곳에서는 '이웃사촌'의 의미를 쉽게 확인할 수 있다. 주민들
은 한양주택을 잘 지키고 다듬었을 뿐만 아니라 그 과정에서 서로 도우

며 살아가는 공동체적 삶을 충실하게 일구었다."3

이런 공로를 인정받아 한양주택은 1996년 서울시로부터 '아름다운 마을' 1호로 선정되었다. 2002년 당시 서울시장 이명박이 뉴타운 사업을 발표했을 때도, 보도자료에는 분명히 기자촌 및 한양주택 등 양호한 주택지는 원칙적으로 계획구역에는 포함되지만 그대로 보전하겠다고 적혀 있었을 정도다. 그런데 같은 해 10월에 이명박은 돌연 말을 바꾸어 한양주택도 은평 뉴타운 사업에 포함하겠다고 선언한 것이다.

그 뒤로 서울시를 상대로 한 주민들의 힘겨운 싸움이 이어졌다. 은평 뉴타운 개발 주체인 SH공사(전 도시개발공사)는 재개발에 합의하는 가구에는 42평짜리 아파트 분양권을, 거부하는 가구에는 27평 분양권을 준다는 식으로 내분을 조장했다. 한양주택의 집들은 뉴타운 계획에서 개인 택지 분양을 받는 기준인 70평에 못 미쳤다. 1979년 입주할 당시 일괄적으로 50평 대지를 분양받았기 때문이다. 그러니까 싫든 좋든 아파트로 가라는 소리였다.

아파트 분양권을 받는다고 모두가 입주할 수 있는 것도 아니라는 것은, 이제 알 만한 사람은 다 안다. 이를테면, 1차 서울시 시범 재개발구역의 하나였던 길음 뉴타운의 경우, 원주민의 재정착율은 10퍼센트에도 못 미쳤다. 새로 들어서는 아파트가 그야말로 집 없는 서민들을 위한 것이 아니라 투기꾼과 중산층의 수요에 맞추어 넓은 평수로 공급되는 탓에, 원주민은 분양권을 받더라도 서둘러 팔고 떠날 수밖에 없는 것이다.

한양주택이 철거되면, 가리가리 찢기는 건 비단 사람 관계만이 아니었다. 한양주택 주민인 류동희 씨에게는 아버지로부터 물려받은 나무 수십 그루도 엄연히 가족이었다. 조경업 씨는 북한산이 파괴되는 걸 차마 볼 수 없어 돌단풍의 씨를 받아다가 수백 개의 화분에 뿌려 키우던 중이었다. 이점희 씨는 기도응답을 받고 판 우물 덕분에 22년 동안 괴롭히던 피부병이 나았고 2천만 원을 들여 판 우물물을 마을 사람들에게 공짜로 나누어주고 살았다. 한양주택의 철거는 이 모든 생명과 인연과 관계의 종식을 의미했다.

협박에 가까운 회유에도 주민들은 오히려 서울시청 앞에서 기자회견을 열어,[4] 공공기관인 SH공사가 '경제적 효과'보다는 '사회적·역사적·생태적 기준들'을 더 중요하게 고려해야 하는 것 아니냐며 반발했다. 전체 가구 중 3분의 2가 '한양주택 존치 희망 확인서'에 서명하고, '한양주택 주민대책위원회'를 꾸려 국가인권위원회에 진정서를 내는 등 있는 힘을 다해 싸웠다.

그러나 하필이면 그 위치가 은평 뉴타운 3지구 중에서도 도로 접근권이 좋은 '노른자위 땅'에 속한다는 게 불행의 원인이었다. 투기꾼과 개발업자 측에서 절대로 그냥 남겨둘 리 없었다. 믿었던 국가인권위원회조차 한양주택 주민들의 진정을 기각했다. 그리하여 2006년 겨울, 한양주택은 마침내 역사의 뒤안길로 사라지고 말았다. 영화 〈연리지〉(2006)의 촬영장소가 되었을 만큼 아름다웠던 마을은 이제 흔적조차 남아 있지 않다.

여기서 나는 복잡한 사회과학이론을 동원하여 재개발을 둘러싼 정치경제 문제를 논할 생각이 없다. 그것은 내 머리 용량을 넘어서는 일이기도 하다. 다만 나의 관심은 한양주택 주민들이 지키려고 그토록 애써 투쟁한 '가치'에 쏠린다. 모두들 '돈 귀신'에 사로잡혀 "경제, 경제" 하는데, 그들의 입에서는 전혀 다른 단어가 흘러나왔다. 그 이야기를 해볼 참이다.

마을의 붕괴와
아파트의 도래

'한강의 기적'이라 불린다. 그러니까 1970−1980년대의 한국, 이른바 '건설한국'을 모토로 돌진적 근대화가 추진되던 시절, 모든 개발이 서울을 중심으로 이루어진 것을 에둘러 표현하는 말이다. 이는 똑같은 대한민국 국민이라도 '서울시민'이 되는지 못 되는지에 따라 존재론적 서열이 달라졌다는 뜻이다. 이 땅에 산다고 모두가 똑같은 국민이 아니다. 서울의 '영토성'이 발전국가의 국민적 주체를 새롭게 개념화했다.[5]

그렇게 국민의 반열에 들고 싶어서, 국민 대접을 받고 싶어서 너도나도 시골의 땅을 팔고 소를 팔아 서울로 상경했다. 대대적인 농촌 이탈 현상이 벌어진 것이다. 그러나 이들의 무작정 상경을 받아줄 서울의 영토는 턱없이 부족했다. 많은 이들이 번지수조차 할당되지 않은 무허가 판자촌에 군집하지 않으면 안 되었다. 그곳에서 그들은 서울에 살고 있지만 도저히 '서울시민'이 될 수 없는 '탈영토성'을 뼈저리게 체험해야 했다.

그러던 것이 1990−2000년대를 거치면서 또 한 번 개념 변이를 하게 된다. 예전에 말죽이나 쑤던 곳이라는 의미로 '말죽거리'라 불리던 공간이 어엿한 양재동으로 거듭나고, 뽕나무 밭과 배나무 밭 천지였던 공간이 압구정동으로 재탄생하면서, 이른바 '강남 신화'가 완성된 것이다. 이제 똑같은 서울시민이라도 강남에 사는지 못 사는지에 따라 존재론적 등급이 갈리게 되었다. 강남이 '말죽거리에서 타워팰리스까지'[6] 변천한 역사는 한국의 근현대사가 달려온 궤적과 정확히 일치한다. 하여 우리 시대의 강남은 단순히 지리적 의미만을 가리키지 않는다. 이 욕망은, 이를테면 '청담동 며느리 스타일' 같은 문화적 취향뿐만 아니라 심지어 신체적 우월함까지 포괄한다는 점에서 그 집요함을 짐작할 수 있다.

서울시 뉴타운 사업은 '균형발전'을 표방했다. 그 좋은 강남을 강북으로 확장하겠다는 발상이다. 강남의 초고층 아파트가 강북에도 들어선다. 그게 왜 나쁘냐는 것이다. 이 대목에서 도시 재개발 사업의 핵심인 '아파트'를 눈여겨보아야 한다. 오죽하면 여러 주거 형태 가운데 유독 〈아파트〉(1982)라는 제목의 대중가요가 다 등장하고, 또 그것이 국민가요 대접을 받았을까. 심지어 아파트 광고야말로 연예인의 로망인 것을 생각하면, 한국사회에서 아파트는 계급을 가름하는 기준이라는 강준만 교수의 주장에 무게가 실린다.[7] 아파트에 사는지 못 사는지도 중요하지만, 특히 어느 아파트에 사는지가 더 중요한데, 이때의 기준은 오직 '브랜드'로만 승부하는 '고품격' '명품' 아파트다. 우리 사회의 성공은 그러한 아파트를 소유할 능력이 있는가 여부로 판가름된다.

그런데 한양주택 주민들은 '죽어도 아파트에선 못 산다'고 절규한 것이다. 그들이 보기에 아파트는 '집'이 아니다. 모름지기 집은 마을공동체의 하위개념이어야 하는데, 아파트의 생활양식은 도무지 마을을 이룰 수가 없기 때문이다. 여기서 문득 송기숙의 산문집 《마을, 그 아름다운 공화국》[8]에 나오는 마을의 구성요건이 떠오른다. 적어도 근대화 이전 옛날 사람들은 마을 단위로 똘똘 뭉쳐 내 것 네 것 따지지 않고 살붙이처럼 살았다. 사람이 모여서 '더불어' 사는 최소단위인 마을에는 이런 사람들이 있어야 구색이 맞는다고 한다. 첫째는 동네 사람들의 존경을 받는 동네 어른, 둘째는 말썽꾸러기에다가 버릇없는 후레자식, 셋째는 이 집 저 집으로 말을 물어 나르는 입이 잰 여자, 넷째는 틈만 나면 우스갯소리로 사람들을 웃기는 익살꾼, 다섯째는 좀 모자란 반편이나 몸이 부실한 장애인이다. 소위 근대화가 마을의 붕괴를 가져와, 이런 사람들이 더 이상 나름의 '사회적' 기능을 담당하지 못하게 된 것이 비인간화된 현대의 비극이 아닐까.

한양주택이 '아름다운 마을 1호'일 수 있었던 것은 그들의 삶살이가 그야말로 마을을 지향했기 때문이다. 다닥다닥 붙은 214채 단층주택 너머로 서로를 환대할 뿐만 아니라 주변의 자연환경과도 유기적 조화를 이루며 정을 나누고 산다는 건 21세기 서울에서 참으로 희귀한 풍경이 아닐 수 없다. 한양주택은 사실 그 생김새만으로도 역사적 가치가 충분해서 도시재개발이라는 명분 아래 그렇게 하릴없이 사라져버리기에는 실로 아까운 측면이 있다. 1876년 개항 이래 한국의 단독주택은 ㄱ, ㄷ, ㅁ자 형태의 일본식 '영단주택'에서부터 60년대의 ㅋ자 주택을 거쳐 70년대의 새마을주택과 불란서주택으로 이어졌다.[9] 한양주택은 바로 박공지붕을 얹은 불란서주택의 전형인 바, 그 자체가 역사적 기록이었던 셈이다.

한국 주택의 변천사를 연구한 임창복 교수에 따르면, 단독주택과 아파트는 인간과 고릴라처럼 완전히 다른 개념이라고 한다. 아파트는 거주자의 의사가 반영되지 않은 채 공장식으로 획일화된 상품처럼 공급되며, 현관 외에는 출구를 내지 못하는 폐쇄 구조가 겹겹이 쌓인 '것'이다. 수천 가구가 한꺼번에 지어지고 허물어지면서 공동체성이 형성되지 않는 '것'을 두고 '집'과 동일하게 취급하면 안 된다는 것이 그의 주장이다. 그래서 이 땅의 전체 가구 중 47.1퍼센트가 이미 아파트에 거주하고 있는 현실임에도 그는 굳이 아파트를 주택 변천사에 포함하지 않았다. 그에게 아파트는 한국의 근현대사에서 집의 의미가 굴절된 기형적 돌연변이일 뿐이었다.

마을문화의 알짬,
환대

좁은 국토에서 아파트 말고 다른 대안이 있냐고 묻는다면, 뾰족한 답을 찾지 못하겠다. 대도시 집중화 현상이 아파트문화를 불러온 측면이 있지만, 그렇다고 인구를 분산할 묘책은 나라님도 짜내지 못한 터라 답답하기만 하다. 그저 나는 한양주택을 지키기 위해 투쟁한 주민들의 이야기가 계속해서 환기되어야 한다고 느낄 뿐이다. 한양주택이, 그 아름다운 마을이 어쩌다가 흔적도 없이 사라지게 되었는지를 되새기는 일은 불의한 한국사회를 고발하는 일인 동시에 평준화/균일화된 우리의 경제적 욕망을 반성하는 일이기도 하다.

서너 세대를 거쳐오는 동안, 누구나 동일한 욕망을 갖게 되었다는 것은 정말로 슬픈 일이다. 안정된 노후가 '임대사업'으로 표상되고, 어린 아이들의 꿈이 '직업명사'로밖에는 표현되지 않는 현실은 우리에게 경제적 욕망이 얼마나 지배적인지를 방증한다. 한양주택뿐만 아니라 무수한 마을공동체가 무참히 해체되어도, 용산참사 같은 재앙이 바로 우리 곁에서 일어나도 순전히 '남'의 일로만 여겨진다는 건, 우리 역시 개발/재개발 담론에 동화되었다는 뜻이다. 달리 말하면, '성공한 소수'에 들고 싶은 만인의 욕망이 아파트 사업에 불을 지피는 마른 장작 역할을 한다. 그래서 아파트 투기 바람에 세입자들이 쫓겨나고 산이 깎이고 강이 잘려 나가도 아무도 애곡하지 않는 것이다. 가진 자든 못 가진 자든 그의 욕망을 주조하는 건 똑같기 때문이다.

사람의 욕망이 상품으로 환원된다는 것, 특정 브랜드의 상품/명품을 소유하고, 또 그럼으로써 나는 남들과 다르다는 구별 짓기를 하기 위해 안달복달한다는 것, 더 나아가 사람 자체를 평가할 때도 그가 지닌 '상품성'에 초점 맞춘다는 것…. 철학자요 예수회 사제인 존 캐버너의 말을 빌리면, 이것이야말로 "상품이라는 물신주의"[10]의 노예가 되어버렸다는 증거다.

모두들 한통속이 되어 넋을 잃고 맘몬 귀신을 따라가고 있을 때, 한양주택 주민들은 집단적으로 다른 것을 욕망했다. 초고층 아파트 한 채를 갖는 대신에 소박한 마을공동체 안에서 그대로 사는 삶이다. 불편하면 불편한 대로 견디고, 나눌 것이 있으면 서로 나누어가면서 오순도순 살아간다.

마을의 맛을 본 사람들은, 그 안에서 진정한 환대를 경험한 사람들은 아파트 문화에 적응하기가 쉽지 않다. 아파트는 바로 옆 '호'에서 남이 죽어 나가든 말든 알 수도 없고 알려고 하지도 않는 지독한 '칸막이' 문화를 그 특징으로 한다.[11] 나와 남 사이의 경계가 이토록 선명할 수 없다. 생명이 존재하기 위한 기본 조건으로서 유기적 관계망이 아파트 구조에서는 형성되기가 어렵다.

그에 반해 마을은 열린 공간이다. 나의 어린 시절, 그러니까 1970년대 어간만 해도 대문이 열려 있는 집이 태반이었다. 아무리 가난한 집이라도 끼니때 들른 객을 밥상머리로 초대하지 않고 야박하게 내치는 주인이 별로 없었다. 골목을 휘젓고 다니는 어린아이들의 이름을 마을 전체가 불러주었으며, 목줄을 하고 있지 않아도 뉘 집 개인지 금방 분간했다. 어느 집 부엌에서 고소한 기름 냄새가 풍길라치면 이웃집 밥상에도 어김없이 그 음식이 올랐고, 수박 서리에 경찰을 부르는 농민은 인심 사납다는 비난을 감수해야 했다. 그에 비해 이루 말할 수 없이 풍요로워진 지금,

점심을 굶는 아이들이 많다는 사실은 충격이다. 1인당 국민소득이 고작 몇 백 달러밖에 안 되던 시절에도 그리 야박하지는 않았는데, 2만 달러를 훌쩍 넘은 지금, 아이들 무상급식 문제로 온 나라가 시끄러웠던 걸 생각하면 얼굴이 다 화끈거린다.

마을문화가 고수하고 있던 열린 삶의 양식에 나는 '환대'라는 두 글자를 붙여주고 싶다. 환대의 사전적 의미는 반갑게 맞아 정성껏 후하게 대접한다는 뜻이다. 영어로는 'warm welcome'이나 'hospitality'에 해당한다. 환대의 가치는 그 대상이 익숙한 이웃이 아니라 낯선 타인일수록 더 빛난다. 낯선 이는 쉬이 적대의 대상이 되기 때문이다. 행여 내 것을 빼앗아가기라도 할까봐 괜스레 의심의 눈초리로 바라본다. 그러다 보니 자연스레 냉대와 홀대를 하기 마련이다.

낯선 이를 환대하는 풍습 혹은 제도는 오늘날 지구상에서 소수의 원시 부족이나 도시화의 영향을 덜 받은 시골에만 남아 있을 성싶다. 그러지 않은 대다수 도시에서는 오직 돈을 매개한 거래에서나 찾아볼 수 있을 것이다. 백화점이나 호텔, 레스토랑 같은 데를 가보라. 낯선 이가 엄청 환대받는다. 이때의 환대는 물론 손님의 지갑을 열기 위한 전략으로, 어디까지나 '감정노동'에 해당하는 것이지, 순수한 환대일 리가 없다. 경제적 가치로 계산하지 않는, 오로지 낯선 이가 지닌 낯섦 때문에 그를 맞아들이는 진정한 의미의 환대는 실종된 지 오래다.

낯선 이를
환대하라

성서에는 낯선 이가 환대받는 이야기가 수두룩하다.[12] 아예 성서 자체가 낯선 이로 살아간 사람들의 기록인 면도 있다. 인류의 조상이라는 아담과 하와는 태초의 보금자리였던 에덴동산을 떠나 낯선 땅에 기거해야 했다. 믿음의 조상이라는 아브라함 역시 갈대아 우르를 떠나 '약속의 땅'에 들어가기 위해 쉴 새 없이 유랑했다. 요셉은 형들의 질투 때문에 이집트로 팔려가 죽을 때까지 고향으로 돌아가지 못하고 남의 땅에 뼈를 묻었다. 이집트에서 오랫동안 나그네로 살던 이스라엘 자손들은 이집트를 탈출한 뒤에도 40년 동안이나 광야를 떠돌았다. 성서가 묘사하는 하나님 백성의 정체는 낯선 이, 나그네, 떠돌이, 이주민, 난민 같은 단어들이 제격이다.

그렇게 뿌리 없는 삶을 꾸리는 동안 그들은 하나님의 도움은 물론이요, 다른 민족과 부족들로부터 크고 작은 도움을 받았다. 후대의 이스라엘 백성들이 족장들의 이야기와 광야 이야기를 줄기차게 되새김질한 것은 환대를 생활화하기 위함이었다. 그들에게 환대는 단순히 인간이 인간답게 살기 위한 도덕적 의무를 넘어 하나님의 명령이었다.

외국 사람이 나그네가 되어 너희의 땅에서 너희와 함께 살 때에, 너희는 그를 억압해서는 안 된다. 너희와 함께 사는 그 외국인 나그네를 너희의 본토인처럼 여기고, 그를 너희의 몸과 같이 사랑하여라. 너희도 이집트 땅에 살 때에는, 외국인 나그네 신세였다. 내가 주 너희의 하나님이다(레 19:33-34).

구약성서에서 환대의 원형은 단연 아브라함이다. 그는 자신이 나그네요 떠돌이로 지내는 동안 주인 문화host culture로부터 푸짐한 환대를 받곤 했다. 그 경험이 그로 하여금 환대의 달인이 되도록 고무했을 것이다.

때는 바야흐로 한창 더운 대낮, 장막 어귀에 앉아 있던 아브라함은 "웬 [낯선] 사람 셋"이 맞은쪽에 서 있는 것을 보게 된다. 이어지는 그의 행동을 성서는 이렇게 묘사한다. "달려 나가서, 그들을 맞이하며 땅에 엎드려 절을 하였다"(창 18:2). 극진한 환대다. 아브라함은 입을 열어 다음과 같이 말한다. "손님들께서 저를 좋게 보시면, 이 종의 곁을 그냥 지나가지 마시기 바랍니다. 물을 좀 가져오라고 하셔서 발을 씻으시고, 이 나무 아래에서 쉬시기 바랍니다. 손님들께서 잡수실 것을 제가 조금 가져오겠습니다. 이렇게 이 종에게로 오셨으니, 좀 잡수시고, 기분이 상쾌해진 다음에 길을 떠나시기 바랍니다"(창 18:3-5).

그가 차려온 것은 먹을 것 '조금'이 아니라 거의 잔칫상이었다. 고운 밀가루 세 스아(한 스아가 약 7.3리터에 해당하므로, 세 스아면 엄청나게 많은 양이다)를 가져다가 빵을 굽고, 기름진 송아지를 잡고, 엉긴 젖과 우유를 내놓았다. "그들이 나무 아래에서 먹는 동안에, 아브라함은 서서 시중을 들었다"(창 18:8).

완전히 주객이 전도된 그림이 아닌가. 도대체 누가 주인이고 누가 나그네인가. 그런데 환대가 진정한 환대이기 위해서는 정말 그렇게 해야 한다는 게 관건이다. 주인이 여전히 주인으로 남아서 나그네를 불편하게 하거나 그 위에 군림하려고 한다면, 그런 행동은 결코 환대일 수가 없다. 낯선 이를 내 집으로, 나의 사적 영역으로 받아들인다는 것은 그에게 단순히 '머묾'을 허용한다는 것 이상의 의미를 내포한다. 내가 중심이던 삶에서 나를 내려놓고, 그를 중심으로 내 삶을 다시 짜야 한다. 그럴 때 낯선 이는 나/주인에게 하나님의 선물을 전달해주는 천사가 된다. 헨리 나우웬은 이렇게 말했다. "적의가 환대로 바뀌면, 두려워하던 나그네는 … 주인에게 자기가 가지고 온 약속을 드러내는 손님이 된다."[13]

혹자는, 아브라함에게 온 세 사람은 천사가 변장한 것이기 때문에 충분히 그런 대접을 받을 만했다고 말할는지 모르겠다. 그러나 정황상 아브라함이 그들의 정체를 알았던 것 같지는 않다. 또 만에 하나, 알고서 그리했다면 그건 어디까지나 거래일 뿐 참된 환대가 아니다. 환대의 핵심은 조건 없이 이루어져야 한다는 것이다. 상대가 나에게 이로울지 해로울지 따져서는 안 된다. 그저 베풀되, 되받을 것을 고려해도 무효다.

한 생명이 익숙한 모태를 떠나 낯선 세상으로 들어올 때도 마찬가지다. 그를 조건 없이 환대한다는 것은 그에게 부모의 '기대치'를 강요하지 않는다는 뜻이다. 이 낯선 생명의 도래로 인해 변화되어야 할 것은 부모 자신이지, 자녀가 아니다. 부모의 역할은 다만 낯선 세상 속으로 던져진 또 한 생명이 자기 나름의 우주를 어떻게 창조해가는지, 또 그로 인해 자기 삶은 어떻게 달라지는지 '기대감'을 가지고 지켜보는 일이다. 그가 하는 짓이 마음에 들지 않더라도 할 수 없다. 퍼부은 사랑만큼 되돌아오지 않아도 '내가 너한테 어떻게 해줬는데' 소리만큼은 절대 해서는 안 된다. 환대가 거래로 변질되지 않게 하려면 그야말로 초인적인 노력을 기울여야 한다.

273

환대는
도박이다

환대가 일종의 도박일 수 있는 것은 낯섦이 지닌 불예측성 때문이다. 기껏 되받을 것을 계산하지 않고 자신의 전부를 상대방과 공유했는데, 그가 천사는커녕 악마로 판명 나면 어쩌나. 내 영역을 침범하여 약탈하고 파괴하면 어쩌나. 빅토르 위고의 《레 미제라블》에 나오는 미리엘 신부도 낯선 출옥수(장발장)를 환대했다가 은촛대를 도둑맞지 않았던가. 구약성서의 유명한 소돔과 고모라 이야기에서 아브라함의 조카 롯은 낯선 이를 환대했다는 이유로 그 성 주민들에게 생명의 위협까지 당하지 않았나(창 19:1-29 참고).

근대 제국주의가 팽창하던 시절, 아이티 같은 순진무구한 원시문화의 사람들은 낯선 이를 환대했다가 자신들의 '집'을 홀랑 빼앗기는 수모와 치욕을 당했다. 낯선 이의 교활한 의도를 알아차릴 지혜도 없고 자신의 영역을 지킬 능력도 없는 개인이나 집단은 쉽게 착취와 억압의 대상으로 전락한다는 게 역사의 교훈이다.[14]

그렇다고 모든 외부인에 맞서서 자신의 영역을 철저히 봉쇄하는 개인이나 집단이 건강하게 존속할 수 있는가 하면, 그것도 전혀 아니다. 오히려 생물학적·사회적·정치적·경제적·역사적·문화적·영적 측면에서 볼 때, '낯선 것'·'새로운 것'·'외부'·'타자'와의 만남은 개인이나 집단이 활기차고 역동적으로 성장하기 위한 필수조건이다.[15] 박노해의 시 〈희망의 뿌리 여섯〉 가운데 네 번째 뿌리가 바로 그것이다.

생명체는 인브리딩 시스템(Inbreeding System, 동종교배)이 반복될수록 열등해지고/ 아웃브리딩 시스템(Outbreeding System, 이종교배)에서만 강인한 우성이 나타난다고 합니다./ 만나는 사람들이 좁아지고 닫히고 동질화되고 사회성과 세계성이 약해질 때/ 그 삶은 인브리딩 시스템을 반복하고 있는 것입니다./ 창조의 불꽃이 일어나고 시너지 효과(상승 효과)가 일어나는/ 낯설고 새로운 만남을 주저하지 마십시오.[16]

이슬람 신비주의 사상가이자 유네스코 지정 시인인 잘랄루딘 루미도 같은 가르침을 일깨운다. 류시화 시인이 〈여인숙〉으로 번역하고 이문재 시인이 〈여행자의 집〉으로 번역한 루미의 시에서 인간이라는 존재는 '낯선 이들이 드나드는 집'이다. 낯선 이는 때로 기쁨을 가져오기도 하고, 슬픔을 가져오기도 한다. 그러나 그들이 가져오는 게 무엇이든 그 모두를 환영하고 맞아들이는 것이 우리의 의무다. 설령 "그들이 집안을 쑥대밭으로 만들고/ 아끼는 가구를 모두 없애는/ 슬픔의 무리일지라도/ 정성을 다해 환대"하고 누가 들어오든지 감사하게 여겨야 하는 까닭은, "문을 두드리는 낯선 사람은/ 너의 앞길을 밝혀주기 위해 찾아온/ 미래에서 온 안내자"[17]이기 때문이란다.

환대는 일명 '해체' 철학자 자크 데리다에 의해서도 인간성의 최후 보루로 확증된다. 1997년에 행한 강의록에서 그는 인간과 다른 동물 종의 '차이'로 환대, 곧 경계를 초월한 환대를 제시한다. 그가 보기에 동물은 단지 자기와 같은 종류에 대해서만, 그리고 십중팔구 정해진 의식에 따라 환대한다.[18] 만약에 고양이가 자기와 다른 종류의 생물체에게 환대를 베푼다면, 그것은 대개 환대가 아니라 잡아먹기 위한 속임수일 가능성이 농후하다. 그러므로 인간이 단지 동류 인간에게만 환대를 베풀 수 있다고 말하는 것은 인간도 여느 동물 종과 똑같은 종으로 보는 것이 된다. 그와는 달리, "인간의 특징은 환대를 동물들에게 식물들에게 … 그리고 신들에게 베풀 수 있는 데 있지 않을까"[19] 하고 데리다는 조심스레 제안한다.

여기서 강조하는 것도 대상의 '낯섦' 혹은 '타자성'이다. 익숙한 것, 유사한 것, 동일한 것만 환대한다면, 그러한 환대는 주인의 동일성을 고착시킬 뿐, 어떠한 변화도 이루어낼 수가 없다. 그리하여 데리다에 의하면, 주인이 낯선 타자에게 "들어오라, 문지방을 넘으라" 하는 말은 "내 안으로 오라. 요컨대 나를 점령하라, 내 안에 자리를 잡아라"[20] 하는 뜻이다. 마치 그의 손에 나의 구원을 위한 열쇠가 쥐어져 있기라도 한 것처럼 그렇게 환대해야 진정한 환대라는 것이다.

신약성서에서 나그네가 그리스도와 동일시되는 이유가 거기에 있지 않을까. 예수는, 나그네를 영접하지 않는 행위는 곧 자신을 내치는 행위라고 선언한다(마 25:40~45 참고). 고대세계에서 나그네가 어떠한 안전장치나 보호막도 없는 떠돌이로 쉽사리 착취와 폭력의 대상이 될 수 있었던 점을 감안하면, 예수의 이 선언은 특히 '작은 자', '약자', '소수자'를 접대하고 환대하라는 가르침과 일맥상통한다고 하겠다.

달란트 비유의 불편한 진실

초기 기독교 가정들은 '세 가지 보물'을 항상 구비하고 있었다고 한다. 늦은 밤 혹시 방문할지 모를 낯선 손님을 위해 '양초, 마른 빵, 여분의 담요'를 마련해두는 것이 관습이었다. 이러한 환대문화를 오늘날 대도시에서 찾아보기란 거의 불가능에 가까운 일이다. 도시화와 산업화의 세례를 거친 나라들에서 환대는 오로지 상업적인 공간에서만 잔존하는 것으로 보인다. 종교적 가치가 세속적 가치에 완전히 매몰되었음을 말해주는 증거다.

그리하여 나와 남 사이에 높다란 경계선을 긋고 나/우리(나의 동류)와 다른 남/그들에 대해 적의밖에 품지 못하는 현대인들에게 환대는 잃어버린 영성의 이름인 것이다. 거꾸로 말하면, 구원받은 인간의 첫 번째 표징이 바로 환대의 실천일지도 모르겠다. 자기 안의 두려움을 극복하고 낯선 바깥을 향해 자기 집/온 존재를 개방하는 일은 신의 자비에 몸을 던지는 모험이나 다름없다.

이 지점에서 환대는 단순한 나눔이나 친절 베풂이라는 인도적 차원을 훌쩍 뛰어넘어 하나님의 정의에 가 닿는다. 아울러 이 길만이 환대가 거래, 곧 순환적 경제라는 테두리에 갇히지 않는 유일한 길임을 인식할 필요가 있다. 달리 말하면, 권리를 상실한 사람들에게 '무조건' 권리를 회복시켜주는 자비가 환대의 밑절미여야 한다.

세상의 정의는 철저히 형평성과 공정성의 원칙을 따르기 마련이다. 오는 게 있으면 가는 게 있고, 주는 게 있으면 받는 게 있어야 한다. 여기에 더해 능력 있는 사람이 더 많이 갖고, 무능력한 사람이 덜 갖는 것이 자연스러운 질서로 통용된다. 가난한 나라의 유색인 이민자들을 백안시하여 급기야 테러를 감행하기까지 하는 부자 나라의 극우적 광기는 이러한 정의관의 비뚤어진 표출이다.

예수의 달란트 비유에 대한 그간의 해석이 세상의 정의를 지지하는 방식으로 오독되어온 것은 생각할수록 불편하다.[21] 주인이 여행을 떠나면서 자기 재산을 세 종에게 맡기되, '각 사람의 능력에 따라' 다섯 달란트, 두 달란트, 한 달란트를 주고 갔다. 그중 다섯 달란트와 두 달란트를 받은 종은 그것으로 장사를 해서 곱절씩을 남겼다. 그러나 한 달란트를 받은 종은 땅 속에 그대로 묵혀두었다. 나중에 주인이 돌아와 정산할 때, 곱절의 이익을 남긴 두 종은 칭찬을 받지만, 재산을 전혀 불리지 못한 종은 '악하고 게으르다'는 비난도 모자라, 지니고 있던 한 달란트마저 열 달란트 가진 이에게 빼앗겼다는 이야기다. 본문은 "가진 사람에게는 더 주어서 넘치게 하고, 갖지 못한 사람에게서는 있는 것마저 빼앗을 것"(마 25:29)이라는 협박 비슷한 분위기로 끝난다.

사실 한 달란트도 적지 않은 액수다. 당시 노동자의 하루 품삯이 1데나리온이었는데, 6천 데나리온이 있어야 한 달란트가 되니, 15년 노동해야 벌 수 있는 돈이다. 예수의 말에서 달란트를 글자 그대로 '자본'으로 번역하면, 이 본문은 무한경쟁적 자본주의를 뒷받침하기에 딱 알맞다. 부자의 사업 수완과 자본 축적을 신의 축복으로 둔갑시키고, 가난한 자의 빈곤을 그의 무능과 게으름 탓으로 돌리면 그만이다.

하지만 그렇게 되면 "가난한 사람들은 복이 있다. 하나님의 나라가 너희의 것이다"(눅 6:20; 마 5:3)라는 예수의 산상수훈과 아귀가 맞지 않는다. 그래서 나온 해석이 달란트를 '재능'으로 돌려 해석하는 것인데, 그 또한 능력주의·업적주의·성공주의를 부추기기는 마찬가지여서 마뜩잖다.

내가 보기에는 달란트야말로 하나님나라에 들어가기 위한 조건으로서 '깨달음' 정도로 이해하는 게 가장 적절하지 않을까 싶다. 예수의 도道를 많이 깨닫고 또 자신의 깨달음을 남들에게 나누어주어 궁극적으로 하나님의 새로운 질서가 확산되는 데 기여한 사람은 칭찬을 받지만, '오직 믿음'이라는 신화에 갇혀 깨달음을 방치한 사람은 수행을 게을리한 탓에 도통道通할 수가 없다는 선에서 이해하는 게 좋을 것 같다.

그러니까 여기서도 핵심은 예수의 도, 곧 하나님의 정의를 실천하며 사는 도를 얼마나 따랐는가 하는 것이다(마 6:33). 세상의 정의와 달리 하나님의 정의는 자비심에 기댄다. 세속의 눈으로는 불공평해 보여도, 가난한 자·힘없는 자·나그네·떠돌이의 권리가 '우선' 존중되고, 그들의 필요가 '우선' 채워져야 한다. 이 정의는 세상 법의 질서를 벗어난 것으로, 보상적 정의나 분배적 정의가 아닌, 그저 값없이 주어지는 '선물'일 뿐이다.[22]

낯선 곳을 여행하는 중에 예기치 못한 환대를 받으면, 누구나 신의 존재를 긍정하게 된다. 우리의 일상에서 경험하는 크고 작은 환대는 쓸쓸하고 외롭고 두렵기 짝이 없는 삶을 신의 온기로 채운다. 삶의 양식으로서 혹은 세상을 바라보는 프레임으로서 환대가 어찌 시대나 주거환경에 좌우될 수 있을까. 용산참사를 기억하며 촛불 하나 밝히는 행위, 한양주택을 기억하며 우리의 삶터를 마을로 가꾸는 행위, 이런 작은 몸짓들이 모여 각박한 일상이 환대의 공간으로 거듭나게 되지 않을까.

나부터 당장 삶에 찌든 우거지상을 펴고 모든 낯선 이를, 우주만물을 환대하는 얼굴이 되어야지. 성형수술 따로 있나, 보시가 별건가. 눈길 하나, 말투 하나, 손짓 하나, 발길 하나에 남을 뜨겁게 환대하는 마음이 담길 때, 하나님이 지상에 다녀가신다. 나를 도구 삼아 기적을 행하신다.

바보

바보란 대개 왕국 중앙에서 가장 먼 곳에서 태어난다. 혜택을 적게 받는 계층이다. 교육을 받지
못하고 재산도 물려받지 못한다. 그래서 기존의 가치나 틀에 예속되지 않는 절대 순수가 이들
안에서 보호된다. _고혜경

'바보'라고
욕하지 말라

사전적 의미로 바보는 "지능이 부족하여 정상적으로 판단하지 못하는 사람을 낮잡아 이르는 말" 또는 "어리석고 멍청하거나 못난 사람을 욕하거나 비난하여 이르는 말"이다.[1] 다시 말하면, 어떤 사람의 상태를 묘사하는 서술적 언어라기보다는 그 상태에 대한 느낌이나 생각을 드러내는 평가적 언어라는 뜻이다. 그러므로 남을 '바보'라 말하는 건 분명 욕이 된다. 욕 중에서도 상욕이다. 최소한 예수의 가르침에 따르면 그렇다. "자기 형제나 자매에게 바보라고 말하는 사람은 지옥불 속에 던져질 것이다"(마 5:22).

살면서 단 한 번도 누군가를 향해 '바보' 소리를 한 적이 없는 사람이라면, 다행이다, 하면서 안도의 한숨을 내쉬겠지만, 내 경우는 아니다. 근친관계는 물론, 나와 아무 상관도 없는 사람들을 향해서도 필경 그 단어를 무수히 내뱉었을 것이다. 그러니 큰일 아닌가. 불타는 지옥행은 따놓은 당상이겠다.

새번역 성서에서 '바보'로 표현된 단어가 개정한글 성서와 개정개역 성서에서는 '라가raga'로 나온다. 예수 시대 기층 민중의 공용어였던 아람어를 그대로 표기한 것인데, 아마도 당시 유대사회의 대표적인 욕설이었던 모양이다. 다소 생뚱맞아 보이는 이 문장은 오직 마태복음에만 등장한다. 그것도 율법과 복음의 관계를 설명하는 맥락에 자리하고 있다.

잘 알려져 있다시피, 마태복음은 유대인들을 주요 독자로 삼는 책이다. 그러니 유대인들이 금과옥조로 여기는 율법을 사사건건 위반하는 예수의 언행을 해명할 필요가 있었을 것이다. 하여 마태복음 저자는 예수가 율법을 "폐하러 온 것이 아니라 완성하러 왔다"(마 5:17)고 힘주어 말한다(이 구절도 유독 마태복음에만 등장한다). 그러니까 마태복음 저자는 이른바 산상수훈으로 집약된 복음의 알짬을 소개한 뒤에, 그것이 율법과 전혀 상반된 이단사설이 아니라 오히려 율법을 완성하는 연속선상에 있음을 강조하기 위해, 문제의 구절을 보기로 들고 있는 것이다.

모세의 율법에서는 '살인하지 말라'고 했다. 말하자면 특정 행위에 대한 금지가 율법의 밑절미다. 한데 행위란 결국 마음이 빚어낸 결과이므로, 일일이 행위를 규제하기보다는 마음을 다스리는 게 바른 순서다. 하여 예수는 마음속으로 형제자매를 미워하기만 해도 살인에 버금가는 죄라고 말한다. 하물며 형제자매를 향해 바보라고 욕을 하는 것은 더 말해 무엇할까. 제단에 제물을 바치려고 하다가 혹시라도 누가 나에게 어떤 원한을 품고 있다는 생각이 들거든, 먼저 가서 그 사람과 화해부터 하고 난 다음에 다시 와서 제물을 바치라는(마 5:23-24) 말씀은 이런 맥락에서 나왔다. 겉으로 드러난 행위가 제아무리 거룩하고 경건한들, 그 마음에 때가 잔뜩 끼어 있으면 무슨 소용이란 말인가. 하나님이 눈여겨보시는 건 마음이다. 깨끗한 마음으로 이웃과 온전한 관계를 맺고 살아가는 것이 참 예배다.

그리고 보면, 살면서 단 한 번도 '바보'는 물론, 그보다 더하거나 덜한 욕도 입 밖으로 발설한 적이 없다고 하여 으스댈 일이 아닌 듯싶다. 핵심은 욕을 했나 안 했나가 아니라, 누군가를 미워하거나 증오하거나 경멸하거나 모욕하는 마음을 품었는가 하는 점이기 때문이다. 마음으로는 골백번 죽여 놓고, 겉으로 말을 하거나 행동에 옮기지 않았으니까 스스로

의롭다고 여기는 발상 자체가 교만이며 위선일 터다.

그렇다면 거꾸로 입으로는 '바보'라고 하면서, 속으로는 도리어 칭찬을 한다면 어떨까. 언제부턴가 결혼하여 자녀를 둔 스타 연예인을 향해 '딸바보', '아들바보'라 부르는 것이 유행이 되었기에 하는 소리다. 이 신조어는 평범한 세인들이 도저히 닿을 수 없는 먼 데 있던 스타를 보통 사람과 똑같은 존재로 끌어내리며 스타의 인간미를 부각시키는 데 기여한다. 당사자들도 듣기 싫어하기는커녕 은근히 그 소리가 듣고 싶어 '인증샷'까지 올리는 걸 보면, 그 말을 입에 담았다고 하여 지옥불 속에 떨어질 것 같지는 않다.

그런가 하면, 작년에 세상을 뜬 스티브 잡스는 "항상 배고프게 갈망하고, 바보같이 우직하게 살아라Stay hungry, Stay foolish!"라는 명언을 남겼다. 2005년 스탠퍼드 대학교 졸업식 축사에서 한 말이란다. 여기 사용된 '바보같이'라는 표현 또한 결코 욕일 수 없다. 오히려 그 말에는, 자신이 창업한 애플사에서 쫓겨났다가 다시 그 회사의 최고경영자로 복귀하여 전 세계를 놀라게 한 발명품들로 현대인의 생활 혁명을 이끈 그 자신의 인생관이 압축되어 있다. 요컨대 잡스는 '바보같이'라는 말로써 소위 머리 좋다는 인간들이 자주 빠지는 함정, 곧 우직하게 한 길을 가지 못하는 약삭빠름을 경계한 것이다.

이러한 맥락에서 볼 때 바보는 21세기를 살아가는 인류가 지향해야 할 이상적인 인간형이라고 해도 과언이 아니다. 요즘 인기리에 방영 중인 드라마〈굿닥터〉만 해도 그렇다. 서번트증후군을 앓는 주인공 박시온(주원 역) 덕분에 보는 이마다 저절로 '힐링'이 된다고 입을 모은다. 이른바 바보가 드라마의 중심축으로 등장하는 예는〈굿닥터〉만이 아니다. 언뜻 떠오르기로, 〈웃어라 동해야〉[2]와 〈내 마음이 들리니〉[3]처럼 엄청난 시청률을 자랑했던 드라마에서도 영락없이 바보가 등장했다. 안나(도지원 역)와 봉영규(정보석 역)는 몸만 어른이지 정신 연령은 각각 아홉 살, 일곱 살에 멈춘 '지적발달장애인'이다. 순진무구한 동심을 고스란히 간직하고 있는 그들은 드라마의 경이로운 시청률의 일등공신으로서, '나쁜 사회'에 지친 현대인들에게 치유와 정화의 역할을 해주었던 것이다.[4]

바보
예찬

바보 캐릭터의 원형이라 할 〈여로〉(1972)의 영구(장욱제 분)는 어디까지나 조연으로 시청자의 사랑(사실상 동정)을 받았을 뿐, 드라마를 이끌어가는 주요 인물은 아니었다. 하지만 〈굿닥터〉나 〈웃어라 동해야〉, 〈내 마음이 들리니〉에 이르면 박시온과 안나, 영규를 빼놓고는 극의 흐름이 이어지지 않을 정도로 바보의 비중이 크다. 이는 단순히 극의 플롯 때문이라기보다는 바보에 대한 시대적 인식에 기인한다는 것이 내 생각이다.

영구(또는 그 아류인 맹구) 캐릭터는 어눌한 말투나 굼뜬 행동 등 이른바 바보의 외적 행동을 재현하는 데 치중했다. 장애인을 타자화하는 이런 설정은 장애인들에게는 수치심과 모욕감을 안겨주고, 비장애인들에게는 차별의식과 우월의식을 심어주는 위험한 전략이다. 반면에 안나와 영규 캐릭터에서는 때 묻지 않은 순수한 내면이 돋보인다. 온갖 권모술수를 써서 악착같이 이룬 것이 한순간에 무너질까봐 아등바등하는 윤새와(박정아 분)와 자신을 속이거나 해치려는 사람까지도 속절없이 믿어버리는 안나의 극명한 대비는 윤새와스럽게 사는 현대인들에게 잃어버린 인간성을 반성케 한다. 또 돈이 없다는 작은 미숙(김새론 분)에게 주머니에 있는 동전을 몽땅 털어주는 영규를 보노라면, 어떻게든 손해 보지 않으려고 이리저리 머리 굴리느라 피곤한 현대인들이 도리어 부끄러워진다.

바보 캐릭터가 지나치게 경쟁적이며 물신숭배적인 사회를 비판하고 그에 물든 인간들의 집단무의식을 치유하는 보기로는 인도 영화 〈세 얼간이〉도 빼놓을 수 없다. 극의 배경이 되는 임페리얼 공대Imperial College of Engineering는 사실상 1등만이 살아남는다는 약육강식·무한경쟁 신자유주의 지구 시장의 축소판이다. 거기에 적응하지 못한 채 부유하는 란초·파주·파르한이 학장과 교수들의 눈에는 영락없이 '얼간이'로 보이지만, 거꾸로 라지쿠마르 히라니 감독은 반문하는 것이다. 모두가 미친 질서에 포획되어 함께 미쳐 돌아갈 때, 홀로 미치지 않고 인간의 본성을 유지하는 게 얼간이라면, 차라리 얼간이로 남는 쪽이 더 지혜로운 사람 아니냐고.

중세의 끝자락에 태어나 르네상스기를 대표하는 인문학자로 우뚝 선 에라스무스의 《바보 예찬》[5]이 설파하는 메시지가 정확히 그것이다. 풍자와 익살이 넘치는 이 책은 우신愚神 모리아Moria가 소위 똑똑하다는 지식인들을 신랄하게 꾸짖는 연설조로 되어 있는데, 여기 나오는 모리아는 절친한 벗이자 《유토피아》[6]로 유명한 토머스 모어의 이름에서 힌트를 얻었다고 한다. 모리아의 고발에 따르면, 지식인은 "어린 시절과 젊은 시절을 학문 연구에 다 소진해버리고, 가장 아름다운 시절을 밤샘과 근심 걱정과 끝없는 노고로 다 날려 버리고, 남은 삶마저 조금도 즐겁지 않게 보내버린, 그런 사람"[7]이다.

그는 늘 인색하고 난처해하고 침울하고 우울하며, 자기 자신에 대해서는 엄격하고 가혹하며 남에 대해서는 귀찮아하고 지긋지긋해하는, 창백하고 수척하고 병약하고 눈곱이 끼어 비틀어지고 늙기도 전에 머리가 벗어진, 요절할 운명을 타고난 사람이다. 하지만 그런 사람은 죽어도 상관없다. 여태껏 한 번도 제대로 살아본 적이 없지 않은가! 바로 이것이 현자의 한심한 초상이다.[8]

오, 갑자기 공부를 잘하고 산 게 부끄러워진다. 아니 공부 잘하는 모범생이라는 허위의식에 갇혀, 그 잘난 박사학위 받는답시고 청춘을 홀라당 날려버린 내 지난날이 불쌍해진다. 안 그래도 원형탈모에 흰머리가 장난아니다 했더니만, 요절할 운명이라니! 대체 무엇을 위한 학문이며, 누구를 위한 인생이었더란 말이냐.

일찍이 고아가 되어 수도원에서 살면서 독서와 공부를 통해 살 길을 찾은 뒤, 방년 19세에 벌써 묵직한 책을 쓰기 시작한 에라스무스를 생각하면, 바보 여신 모리아가 그 자신의 분신이 아닌가 싶기도 하다. 신학자요 신부로 이름난 저술가였지만, 그는 당시 자신이 속한 사제 집단의 속물스런 겉치레에 신물을 내고 있었다. 자신의 사적 욕망을 채우기 위해 신의 이름으로 전쟁을 축성하며 세상을 피로 물들이는 사제계급과 그 정점에 선 교황이야말로 그의 눈에는 인간의 어리석음을 대변하는 전형이었던 것이다.

신앙의 고갱이가 빠진 성례전의 외식주의를 비판하며 종교의 내면성을 강조하고 신의 자비를 힘주어 외친 그에게 소위 정통주의자들이 이단의 혐의를 뒤집어씌운 것만 보더라도, 그가 왜《바보 예찬》을 썼는지를 단박에 짐작할 수 있다. 그러니까 그이만큼 바울의 다음 권면을 잘 이해한 이가 없는 것이다. "어느 누구도 자기기만에 빠져서는 안 됩니다. 여러분 중에 혹시 자기가 세속적인 면에서 지혜로운 자라고 생각하는 사람이 있을지도 모릅니다. 그러나 정말 지혜로운 사람이 되려면 바보가 되어야 합니다. 이 세상의 지혜는 하나님이 보시기에는 어리석은 것입니다"(고전 3:18–19, 공동번역).

바보 성인
애태타

바보 예찬은 에라스무스나 바울 같은 내로라하는 서양 지식인들만의 전유물이 아니다. 동양의 대표적인 지식인인 노자와 장자 역시 같은 관점을 취한다.

배우는 일을 그만두면 근심이 없어질 것입니다.
'예'라는 대답과 '응'이라는 대답의 차이가 얼마이겠습니까?
선하다는 것과 악하다는 것의 차이가 얼마이겠습니까? (…)
나 홀로 멍청하여 무슨 기미조차 보이지 않고,
아직 웃을 줄도 모르는 갓난아이 같기만 합니다. (…)
내 마음 바보의 마음인가 흐리멍덩하기만 합니다.
세상 사람 모두 총명한데 나 홀로 아리송하고,
세상 사람 모두 똑똑한데 나 홀로 맹맹합니다.

노자의《도덕경》20장에 나오는 말이다.[9] 여기서 바보는 "물들이지 않은 명주의 순박함"을 드러내고 "다듬지 않은 통나무의 질박함"을 품은 사람,[10] 사람이나 사물을 바라볼 때 고정된 선입견 없이 있는 그대로 받아들이는 사람으로, 노자에 따르면 그가 곧 '성인聖人'이 틀림없다.

> 성인에겐 고정된 마음이 없습니다.
> 백성의 마음을 자기 마음으로 삼습니다.
> 선한 사람에게 나도 선으로 대하지만,
> 선하지 않은 사람에게도 선으로 대합니다.
> 그리하여 선이 이루어집니다.
> 신의 있는 사람에게 나도 신의로 대하지만,
> 신의 없는 사람에게도 신의로 대합니다.
> 그리하여 신의가 이루어집니다.
> 성인은 세상에 임할 때 모든 것을 포용하고,
> 그의 마음에는 일체의 분별심이 없습니다.[11]

한편, 이러한 바보 성인을 구현한 인물로 장자는 애태타哀駘它를 소개한다. 이름 그대로 슬플 만큼 어리석은 추남醜男이다. 그 인물됨에서 두드러진 점 역시 분별심이 없다는 것이다.

애태타가 어떤 주장을 내세운다는 이야기를 들어본 적이 없다. 그는 항상 타인들과 화합할 따름이기 때문이다. 그에게는 사람을 죽음으로부터 구해낼 수 있는 군주의 지위도 없고, 타인의 배를 채워줄 수 있는 재산도 없으며, 게다가 그의 추함은 이 세상을 놀라게 할 정도다. 타인과 화합할 뿐 자신의 주장을 내세우지 않으며 그가 아는 것도 자신이 살고 있는 지역에 국한된 것인데도, 남녀들이 그의 앞에 모여들고 있다.[12]

한마디로 애태타는 자신의 생각이나 판단을 남에게 강요하지 않는, '자기 비움'을 이룬 사람이다. 빈 배가 물결 따라 흐르다가 다른 무엇에 부딪혔다고 화내거나 성내지 않는 것처럼, 애태타 역시 자신의 '에고 ego'를 내려놓았기 때문에 남과 쉬이 화합할 수 있었다. 남을 지배하고자 하는 의지가 아예 없으므로 타인이 발산하는 모든 미세한 기호들에 자유로이 마음을 열어둘 수 있었던 것이다. 장자 전공자인 대중철학자 강신주는 이러한 애태타야말로 장자가 강조하는 소통의 진리를 구현한 사람으로서, 그에게는 "자유의 공간을 마련하기 위하여 자기 앞을 비워 두려는 힘과 의지"가 있었기에 다중 남녀와의 '자발적 연대'가 가능했다고 평한다.[13]

장자 자신의 표현을 빌리면, 자발적 연대가 구성되기 위한 내적 조건은 무엇보다도 고요한 마음가짐이다.

사람은 누구나 흐르는 물을 거울로 삼지 않고 고요한 물을 거울로 삼는다. 단지 고요한 것만이 고요해지려는 모든 것을 고요하게 할 수 있다.[14]

사는 것과 죽는 것, 아는 것과 모르는 것, 추위와 더위, 성공과 실패, 가난과 풍요, 비난과 칭찬 등 외적 조건들에 휘둘리지 않고 내면의 고요함을 간직하기란 여간 어려운 일이 아니다. 그런데 애태타는 하늘이 내려준 본바탕才을 온전히水 간직하고 있기에 어떤 외부 자극에도 전혀 마음에 파문이 일지 않았던 것이다. 그 명경지수明鏡止水를 통해 사람들은 자잘한 바람에도 일렁대는 자신의 모습을 비춰볼 수 있었다. 끊임없이 남의 장단에 놀아나며 허상을 쫓아 이리저리 흔들리는 줏대 없는 모습을.

바보
예수

그러니까 사람들이 애태타에게서 본 것은 인간의 어떤 표준이나 전형이 아니라, 자기 자신의 '꼴'이었던 셈이다. 먼지 하나 끼지 않은 투명한 거울로 보니, 그 '꼴'이 심각하게 일그러져 있다. "무엇과도 환원 불가능한 자신의 단독적인 삶"[15]을 살아내지 못하고, '나처럼 살라'며 미혹하는 거짓 교사의 세 치 혀와 세속의 온갖 마법에 속아 거짓 가면을 쓰고 살았다. 그러므로 그 가면부터 벗지 않으면 본래의 자기 모습을 영 찾을 수가 없는 것이다.

어떤 특이한 이론이나 주의ism를 내세운 것도 아니고, 부나 권력이나 명예에 대한 욕심도 전혀 없으며, 드는 예화라고 해봐야 고작 자기 주변의 일상사가 전부인데도, 사람들이 구름 떼처럼 몰려들었다는 애태타! 한데 내 눈에는 이 묘사야말로 딱 예수를 가리키는 것처럼 보이니, 아무래도 직업병이 중한 모양이다. 예수에 대한 성서의 묘사를 보라. 애태타를 쏙 빼닮지 않았는가. "늠름한 풍채도, 멋진 모습도 그에게는 없었다. 눈길을 끌 만한 볼품도 없었다. 사람들에게 멸시를 당하고 퇴박을 맞았다"(사 53:2-3, 공동번역).

최초의 복음서인 마가복음 4장을 보면, 예수와 제자들이 탄 배가 '거센 바람'을 만나 난파 직전에 놓인 상황이 나온다. 파도가 배 안까지 덮쳐서 배에 물이 가득 찰 지경인데, 혼비백산한 제자들과 달리 예수는 뱃고물을 베개 삼아 주무시고 계시더란다. 이 묘사를 물리적 실제로 받아들이면 예수는 그야말로 사람이 아니다. (이 대목에서 그는 당연히 사람이 아니라고, 사람의 모습을 하고는 있지만 원래부터 신이라고 생각할 독자가 있을까봐 한마디 덧붙인다. 그런 생각이 곧 초대교회를 혼탁하게 휘저은 영지주의자들의 '가현설'이다.) 억지로 자는 척하거나 강력한 멀미약에 취해 널브러진 게 아니라면, 그렇게 흔들리는 배 안에서, 그렇게 시끄러운 소음 속에서, 게다가 물이 가득 차오르는데 어찌 잠을 잘 수 있단 말인가.

여기 사용된 '바람'이라는 단어는 그리스어 '아네모스anemos'로, 성서의 다른 곳에서는 '풍조'(엡 4:14)라 번역되었다.[16] 그렇다면 예수의 제자들은 세상의 '거센 풍조'에 마음이 흔들린 반면, 예수는 하등 연연하지 않고 늘 태연자약했다는 뜻으로 받아들일 수 있다. 이 본문이 등장하는 바로 앞의 상황이 이를 뒷받침한다. 유명한 '씨 뿌리는 비유'를 말씀할 때, "군중이 너무나 많이 모여들었기 때문에"(막 4:1, 공동번역) 예수는 배에 올라 바다 쪽에 앉고, 무리는 뭍에 그대로 있었다. 이 엄청난 인기를 뒤로 한 채, 뜬금없이 "바다 저쪽으로 건너가자"(막 4:35)는 예수의 말씀이 제자들에게는 '거센 바람'으로 들렸을 것이다. 바다 저쪽이라 함은 이방인들의 땅, 거라사 지역을 가리키기 때문이다. 유대인 선민사상은 어떻게 하고 이방인에게까지 구원을 베풀겠단 것인가. 자민족우월주의에 사로잡혀 있던 제자들로서는 건너야 할 바다가 따로 있었다. 유대인과 이방인 사이에 가로놓여 있는 거대한 불통不通의 바다, 불화不和의 바다가 그것이다.

요컨대 제자들은 예수라는 맑은 거울에 제 모습을 비춰보면서 세상의 작은 풍조에도 심하게 요동치는 자신들의 어리석음을 반성할 수 있었다. 이른바 공생애에 들어가기 전, 홀로 광야의 시간을 보내며 스스로 마음을 비워 '재전才全'을 이룬 예수와 달리, 자신들의 몰골은 한심하기 짝이 없어 사사건건 분별심에 휘둘리곤 했던 것이다. 바보를 흔히 '숙맥菽麥'이라고도 하던가. 이 말은 숙맥불변菽麥不辨의 줄임말로, 콩과 보리도 분별하지 못한다는 뜻이다. 말하자면 남들이 죄다 귀중하게 여기는 것을 우습게 보고 남들이 천하게 보는 것을 귀하게 여기는 사람이 숙맥이다. 의인과 죄인을 가르던 밥상에 세리와 창녀를 기꺼이 초대한 예수의 위험한 행태에서 이미 숙맥의 진수를 맛본 제자들이 아니던가. 그렇다면 그들 또한 자발적으로 숙맥이 되어야 마땅한 것 아닌가.

한데 세상을 둘러보면, 잘난 사람, 머리 좋은 사람, 돈 많은 사람, 힘 있는 사람들이 상전 노릇을 한다. 그것이 성공한 삶이라 말하는 세상의 질서를 연어처럼 거슬러 올라간다는 게 어디 말처럼 쉬운 일이어야 말이지! 바보 숙맥인 스승은 물처럼 살라신다.[17] 어느 모양의 그릇에 담기든지 고집 부리지 않고 응하는 물처럼 그리 화합하며 살라신다. 1도만 기울어져 있어도 항상 낮은 쪽으로 흐르는 물처럼 그리 아래를 향해 살라신다. 가장 높은 하늘을 만나는 길은 가장 낮은 땅에 있는 법이다. 이 스승의 가르침 앞에 번번이 무너져내리는 제자들의 모습이 바로 우리의 자화상이구나.

나라마다 민족마다 구전과 민담에 바보 이야기가 많은 까닭을 새삼 곱씹어본다. 톨스토이 덕분에 세계적인 유명세를 얻게 된 러시아의 바보

이반까지 갈 것도 없다. 우리나라만 하더라도 바보 온달이나 서동 왕자, 주몽의 이야기가 모두 바보의 원형을 공유한다. 그밖에 《반지의 제왕》에 나오는 프로도도 바보고, 《콩쥐팥쥐》의 콩쥐도 바보다. 신화학자 고혜경의 분석에 따르면, 각종 이야기에 등장하는 바보는 "한 시대를 바꾸고 새로운 시대를 여는 빛이 되며 그 힘의 빛으로 미래가 전개"[18]되는 영웅이나 다름없다.

아아, 십자가

바보 이야기가 갖춰야 하는 공통된 골격이 있단다.

바보란 대개 왕국 중앙에서 가장 먼 곳에서 태어난다. 혜택을 적게 받는 계층이다. 교육을 받지 못하고 재산도 물려받지 못한다. 그래서 기존의 가치나 틀에 예속되지 않는 절대 순수가 이들 안에서 보호된다. 이들은 운명적으로 무에서 유를 창조하되, 온전히 자기만의 방식으로 창조해야 한다. 자연히 인간의 한계를 넘는 시련은 예외 없이 뒤따른다. 마지막에는 영웅이 되든 왕이 되든 새 왕국을 건설하고 새 시대를 연다. 이들을 바보라 부르는 이유는 기존의 틀에 갇힌 사람들이 이들의 천재성을 몰라보기 때문이다.[19]

어찌 이리도 딱딱 들어맞는가. 바보 예수의 삶하고 말이다. 기껏 유대 땅에 태어나시려면 예루살렘에서 나실 일이지 변방의 갈릴리, 그것도 마구간이 웬 말인가. 게다가 직업 역시 그제나 지금이나 천직으로 여겨지는 목수였으니, 사람들에게 멸시를 당하고 퇴박을 맞는 것이 당연지사겠다.

바보 이야기에서 주인공이 두드러지려면 선남선녀가 등장해야 한단다.[20] 그들은 소위 '있는 집' 자제이거나 적자嫡子로, 부와 영예를 독차지하며 남부러울 것 없이 살면서 바보를 해치거나 죽이는 데 혈안이 된 캐릭터다. 하지만 바보가 영웅으로 탄생할 때는 역사의 뒤안길로 사라질 운명에 처하므로, 그들이 누리는 걸 부러워할 이유가 손톱만큼도 없다.

정통 유대교의 수호자를 자처한 바리새파 사람들과 당시 예루살렘 교권을 장악한 산헤드린 종교지도자들에게 예수가 얼마나 위협을 당했는지는 두말하면 잔소리다. 로마제국에 빌붙어 제한적인 한줌 권력이나마 빼앗기지 않으려고 발버둥을 친 헤롯에게도 예수는 눈엣가시였다. 십자가가 기다리는 줄 뻔히 알면서 예루살렘을 향하여 생애 마지막 여행을 하는 예수의 발걸음이 얼마나 무거웠겠나. 그래도 돌이키지 않는다. 바보같이 우직하게 십자가를 향해 나아간다.

동고동락한 제자들에게 처음으로 죽음을 예고했을 때의 일이다. 자신이 반드시 예루살렘에 올라가야 하며, 장로들과 대제사장들과 율법학자들에게 많은 고난을 받고 죽임을 당해야 한다고 밝히자(마 16:21; 막 8:31; 눅 9:22) 베드로가 앞을 가로막는다. "주님, 안 됩니다. 결코 이런 일이 주님께 일어나서는 안 됩니다." 이토록 스승의 안위를 염려해주는 제자가 또 있을까 싶은데, 예수의 태도는 의외다. "사탄아, 내 뒤로 물러가라. 너는 나에게 장애물이다. 너는 하나님의 일을 생각하지 않고, 사람의 일만 생각하는구나"(마 16:23).

베드로가 누군가. 이 일이 있기 바로 전에 "너희는 나를 누구라고 생

296

각하느냐?"는 예수의 물음에 "선생님은 살아 계신 하나님의 아들 그리스도십니다"(마 16:16)라고 옳은 답을 한 수제자가 아닌가. 그러나 말만 바로 했지, 그 말이 뜻하는 바는 바르지 않았던 게다. 베드로가 생각하는 '하나님의 아들 그리스도'는 절대로 그렇게 바보같이 죽으면 안 되었다. 그런 허망한 끝을 보자고 스승을 따라다닌 게 아니었기 때문이다.

한데 스승은 미동조차 없다. 엄청난 몰락과 실패에도 여전히 태연자약하니, 누가 혹은 무엇이 그를 파멸시킬 수 있으랴. 아무도 없다. 하나도 없다. 흔들려야 그걸 노리고 유혹하지, 흔들림이 없는데 어찌 쓰러뜨릴 수 있는가. 무덤마저도 그를 토해냈다는 것은 죽음조차 요동시키지 못했다는 뜻이다. 죽고 사는 것에 전혀 얽매이지 않기에, 이를 일컬어 영원한 생명이라 말하는 것이 아닌가.

자고로 예수를 따르는 일이란 그렇게 머리 굴리지 않고, 꼼수 부리지 않고, 바보스럽게 걷는 일이리라.[21] 도마복음에 나오는 다음 이야기가 이를 방증한다.

> 예수께서 이르시되, "아버지의 나라는 곡식이 가득한 항아리를 이고 가는 여인과 같으니, 저가 먼 길을 가는 동안 항아리 손잡이가 깨어져 곡식이 흘러내렸으되 저는 이를 알지 못하니라. 저가 집에 이르러 항아리를 내려 놓으매 그것이 비었음을 알더라."[22]

얼마나 바보 같은 여인네인가. 어디에 정신이 팔렸으면, 항아리 손잡이가 깨진 줄도 모르고, 곡식이 흘러내리는 것도 모른 채 길을 간단 말인가. 하나님의 나라를 빈 항아리에 비유하는 이 이야기는 종교생활에 대한 우리의 통상적인 이해를 전복한다. 대다수 사람들에게 종교란 사렙다(혹은 사르밧) 과부의 뒤주(왕상 17:8-16)이기 때문이다. 먹을 것이 가득 차서 결코 줄어들지 않는 '화수분' 같은 뒤주! 이른바 종교적 열심을 내는 이유는 오로지 그걸 소유하기 위함이 아닌가.

처음에는 가득했지만 가면 갈수록 비워지더라는 고백은 우리 안의 헛된 욕심을 향한 말이리라. 이렇게 마음을 굶겨心齋 깨끗해지지 않고서야 어찌 하나님을 볼 수 있으랴(마 5:8 참고). 바보는 풍요 대신에 상실을 택한다. 그게 상실이라는 의식조차 없이, 다만 예수의 기별에 취해 미쁘게 '자기 십자가'를 지고 골고다 언덕을 오른다.

가장 큰 바보이며 진정한 바보인 예수를 따라 자기 삶에서도 바보를 구현한 인물들이 많이 있다. 성경 인물로는 모세와 바울이 단연 으뜸일 것이다. 역사상으로는 마하트마 간디가 그렇고, 체 게바라가 그러하며, 디트리히 본회퍼가 그렇다. "뉴욕의 지하철역에서 모든 그리스 신을 만난다"[23]는 신화학자 조셉 캠벨의 말을 패러디하면, 모든 시대, 모든 역사 안에서 우리는 바보 예수를 만난다.

이런 바보들이 있어 그나마 세상이 바로 돌아가는 것이다. 바보는 제 밥그릇 지키는 술수만 발달한 먹물 든 식자들을 부끄럽게 한다. 덧없는 세상에 목을 매며 끝 모를 탐욕에 끌려다니는 세인들을 부끄럽게 한다. 부끄러움이야말로 윤리의 출발이고 보면, 인간 구원의 첫걸음이 바로 수오지심羞惡之心이겠다.

하여 "유대 사람은 기적을 요구하고 그리스 사람은 지혜를 찾으나, 우리는 십자가에 달리신 그리스도를 전[할 뿐]"(고전 1:22-23)이라는 바울의 고백은 얼마나 아름다운가. 오늘도 마음을 닦으며 기도한다. 바보 예수를 온전히 따를 수 있기를!

소리에 놀라지 않는 사자와 같이,
그물에 걸리지 않는 바람과 같이,
흙탕물에 더럽히지 않는 연꽃과 같이,
무소의 뿔처럼 혼자서 가라.[24]

신학은 놀이다

 이 책은 〈주간기독교〉에 2011년부터 2012년까지 꼬박 2년간 매주 한 꼭지씩 연재한 글들을 엮은 것이다. 《한 글자로 신학하기》와 달라진 것이 있다면, 아무래도 글자 수가 하나 더 늘어나다보니, 글의 분량도 조금 늘었다는 점과 글의 소재 가운데 문학의 비중이 훨씬 더 많아졌다는 점을 들 수 있다. 연재의 고통은 겪어본 사람만이 안다. 게다가 월간지도 아니고 주간지에 실리는 연재 글은 그 자체가 피를 말리는 고통이다. 어찌어찌 한 주를 때우면 벌써 다음 주를 걱정해야 하는 것이, 삼시 세끼 거르지 않고 시부모님 밥상을 차려야 하는 며느리 짝이다. 거기에 더해 그 무렵에는 매주 CBS TV에서 방영하는 〈CBS 성서학당〉이라는 프로그램에도 출연했었다. 학교 강의는 강의대로 꾸려가면서 방송 강의까지 겹친 마당에 매주 글을 뽑아내야 했으니, 그 고됨이 오죽하랴.

 달리기든 등산이든, 숨이 턱턱 막히는 한계점까지 자신을 밀고 가본 사람은 깨닫는다. 여기까지가 끝이다, 더 이상은 못하겠다 싶은데도 용케 버틸 힘이 남아 있다. 그 기이한 힘은 이전에는 전혀 알지도 못하고 나타나지도 않던 것이다. 마치 초 안에 이미 촛불이 있는데도, 성냥불을 만나야 비로소 커지는 것처럼.

우리의 삶이 무덤 속에 봉쇄된 듯 보이는 순간에도 언제나 '다시 일어설 힘'을 주시는 하나님께 감사드린다. 부활신앙이 없다면 이 질곡의 시간들을 어찌 견딜 수 있을까. 이 책이 가장 힘든 시기에 도망가거나 숨지 않고 버텨낸 기록이어서 애정이 간다. 글을 쓰며 내가 새 힘을 얻었듯이, 부디 곁님들께서도 동일한 경험을 하셨으면 좋겠다.

"성경 속 핑크 리더십"[1]에 이어 또 다시 귀한 지면을 허락해주신 〈주간기독교〉 식구들께 감사드린다. 김민홍 이사장님과 이성숙 부장님을 비롯, 여러 기자님과의 인연이 새삼 고맙다. "두 글자로 신학하기"가 연재되는 동안 관심 어린 응원을 아끼지 않은 곁님들은, 늘 고백하지만, 이 책의 또 다른 저자다. 얼마 전 강남 새길교회에서 만난 한완상 선생님이 요즘은 "두 글자 신학" 안 쓰냐고 물으셔서 화들짝 놀란 기억이 난다. 내 글을 기억해주시고 기다려주시는 곁님들이 계신 게 여간 고맙지 않다.

기쁘게 출판을 맡아주신 포이에마의 김도완 대표님께 감사드린다. 뚝심 있는 출판인을 만난 것이 참 고맙다. 중간에서 다리를 놓아주신 신우인 목사님께도 감사의 인사를 생략할 수 없다. 〈CBS 성서학당〉에 출연하는 동안, 줄곧 보내주신 격려가 든든한 힘이 되었음은 물론이다.

어느 세월인들 마음 놓고 편안하겠는가마는, 지난 몇 년간은 유별나게 곤욕스러웠다. 그 지독한 어둠을 함께 견뎌준 그분께 감사드린다. 내가 좋으신 하나님의 딸이자 연인이자 친구라는 사실이 자랑스럽다.

아직 손을 대지 못한 '두 글자'들이 너무나 많다. 괜스레 '12'라는 숫자에 집착하여 더 쓰지 않은 것이 살짝 아쉽기도 하다. 하지만 부족하다 싶을 때 숟가락을 놓아야 건강에 좋다지 않은가. 프롤로그에서 밝혔듯이, 신학은 놀이다. 여태껏 살면서 이렇게 재미나고 흥미진진한 학문을 만나본 적이 없다. 그러므로 여기에 다루지 않은 '두 글자'는 곁님들의 몫으로 남긴다. 두 글자로 하는 신학놀이는 곁님들과 더불어 계속될 것이다. 동서고금을 막론하고 가장 가슴 떨리는 한마디는 바로 이것이라고 믿는다.

"나랑 같이 놀자!"

주

프롤로그

1. 김상일, 《동학과 신서학》(서울: 지식산업사, 2000), p. 256.
2. 구미정, 《한 글자로 신학하기》(서울: 대한기독교서회, 2007), p. 31.
3. 언어학자이며 시인인 오동환의 책 제목이다. 오동환, 《세상에서 가장 소중한 것은 모두 한 글자로 되어 있다》(서울: 세시, 2000).

1. 놀이

1. 런던올림픽은 2012년 7월 28일부터 8월 13일까지 열렸다.
2. 국립국어원 표준국어대사전 참고.
3. 이를테면, 〈문화일보〉, 2013년 1월 29일자에 실린 "OECD 자살률 감소하는데 한국은 10년 새 2배 늘어" 같은 기사를 보라.
4. 엘랑비탈은 흔히 '생(生)의 철학자' 혹은 '생기론자'로 불리는 프랑스 철학자 앙리 베르그송(1859-1941)이 자신의 저서 《창조적 진화》(1907)에서 사용한 말로, '생명의 비약'으로 번역된다. 쉽게 말해 그는 '기계적 진화'에 반대하여, 모든 진화의 밑바탕에는 끊임없이 유동하며 예측 불가능한 내적 충동, 곧 엘랑비탈의 분출이 있다고 보았다. 우리말 번역본은 앙리 베르그송, 《창조적 진화》(서울: 아카넷, 2005) 참고. 한편 과정사상에 기대어 유기적 생명론을 펼치는 생물학자 찰스 버치와 신학자 존 캅에 따르면, 발생과 진화를 모두 엘랑비탈 덕으로 돌리는 생기론의 설명은, 마치 증기기관의 운동을 설명하기 위해 엘랑로코모티브(élan locomotif)를 끌어들이는 것만큼이나 생명의 역사를 설명하지 못한다고 한다. 생기론보다는 생태학이 좀 더 적합한 설명 모델이라는 것이다. 찰스 버치 · 존 캅, 《생명의 해방》(서울: 나남, 2012), 제3장, 특히 p. 137 참고.
5. 요한 하위징아, 《호모 루덴스: 놀이하는 인간》(서울: 연암서가, 2010). 이 책을 쉽게 풀어쓴 교양입문서로는 노명우, 《호모 루덴스, 놀이하는 인간을 꿈꾸다》(서울: 사계절, 2011)가 있다.
6. 요한 하위징아, 《중세의 가을》(서울: 연암서가, 2012).
7. 1957년에 스위스의 소설가 막스 프리쉬(1911-1991)는 《호모 파베르》라는 제목의 소설을 발표했다. 소설 속 주인공 '발터 파베르'는 기계문명의 노예로 전락한 근대인의 전형으로, 매사 기계와도 같은 정확성을 신봉하는 인물이다. 영화 〈양철북〉(1988)을 만든 거장 폴커 슐렌도르프 감독이 〈사랑과 슬픔의

여로)(1992)라는 제목으로 영화화했다. 이 원작소설의 우리말 번역본으로는 막스 프리쉬, 《호모 파버》(서울: 생각의나무, 2003)가 있다.

8. 소마는 인도에서 그것을 마시는 자에게 영생을 가져다준다는 천상의 음료로 알려져 있지만, 올더스 헉슬리가 1932년에 쓴 소설 《멋진 신세계》에서는 일종의 항우울제로, 체제에 대해 불만을 품거나 비판을 하지 못하도록 정신을 마취시키는 배급 음료로 나온다.

9. 천상병(1930-1993)은 살아서 유고시집을 내게 된 불운한 시인이다. 1967년 간첩 혐의로 기소된 대학 친구의 수첩에서 우연히 그의 이름이 발견되었다는 이유로 중앙정보부에 끌려가 6개월 동안 붙잡혀 고문을 당한 것이 불운의 시초였다. 그 후유증으로 거리를 헤매다 행려병자로 실종되어 마침내 친구들이 유고시집을 낸 것이다. 이후에도 그의 삶은 고통의 연속이었으나, 그는 스스로 세상에서 제일 행복한 사나이라고 고백한다. "아내가 찻집을 경영해서/ 생활의 걱정이 없고/ 대학을 다녔으니/ 배움의 부족도 없고/ 시인이니/ 명예욕도 충분하고/ 이쁜 아내니/ 여자 생각도 없고/ 아이가 없으니/ 뒤를 걱정할 필요도 없고/ 집도 있으니/ 얼마나 편안한가./ 막걸리를 좋아하는데/ 아내가 다 사주니/ 무슨 불평이 있겠는가./ 더구나/ 하나님을 굳게 믿으니/ 이 우주에서/ 가장 강력한 분이/ 나의 빽이시니/ 무슨 불행이 온단 말인가!" 그의 시 〈행복〉에 나오는 구절이다. 한 세상 사는 일을 '소풍놀이'에 비유한 〈귀천〉이라는 시 제목을 따라 아내의 찻집 이름을 지었다. 이 시들은 천상병, 《귀천》(서울: 답게, 2001)에 실려 있다.

10. 예수의 출생 설화와 모친 마리아를 '성모'이자 '처녀'로 부르는 전통적 부름말에 대해서는 구미정, 《성경 속 세상을 바꾼 여인들》, pp. 260-288 참고.

11. 정치 고수인 다윗의 면모에 대해서는 위의 책, pp. 158-182 참고.

12. 다른 글에서 나는 예수에게 '어린이'는 노자에게 '갓난아기'와 비슷한 의미라고 보고, 자의식을 비운 상태, 곧 인위적인 분별지가 생겨나기 이전의 상태야말로 '도'와 통하는 경지라고 쓴 적이 있다. 구미정, 《호모 심비우스》, p. 133 이하를 보라.

13. 세속화된 현대사회에서 신의 개연성 혹은 신학적 가능성을 타진하는 '귀납법적' 작업을 시도하며 종교사회학자 피터 버거는 흥미롭게도 '놀이로부터의 논증'을 이끌어낸다. "놀이에서 우리는 일상적인 시간 기준과는 다른 시간 기준에로 옮겨간다. … 놀이의 시간은 영원이 된다. … 즐거운 놀이는 우리가 '죽음을 향해서 살고 있는' 현실을 중단시키고 괄호 안에 넣어두는 것 같다." 피터 L. 버거, 《현대사회와 신》(서울: 대한기독교서회, 1979), pp. 96-101.

2. 희망

1. 〈문화일보〉, 2011년 1월 1일자에 실린 노대원의 "이색직업의 탄생: 최근 소설에 나타난 노동의 변화와 유동적 불안에 대하여" 참고.

2. 우석훈·박권일, 《88만원 세대: 절망의 시대에 쓰는 희망의 경제학》(서울: 레디앙, 2007). 여기서 저자들이 말하는 88만원 세대란 만성 고용불안에 시달리는 한국의 20대를 지칭하는 말로, 당시 비정규직 평균 급여 119만원에다 20대 평균 급여인 73퍼센트를 곱한 값이 바로 88만원이라고 한다. 이 책에서

저자들은 2007년 전후 20대의 상위 5퍼센트 정도만이 5급 사무원 이상의 탄탄한 직장을 가질 수 있고, 나머지 95퍼센트는 평균 임금 88만원을 받는 비정규직에 머물게 될 것이라고 예견했다.

3. 위의 주 1을 보라.

4. 〈문화일보〉, 2011년 1월 1일 자에 실린 "신춘문예 평론 당선소감"에서 따옴.

5. 덴마크 코펜하겐에서 1849년에 나온 《죽음에 이르는 병》은 여러 출판사에서 우리말로 옮겼다. 최근의 번역서로는 《죽음에 이르는 병》(서울: 비전북, 2012)이 있다.

6. 〈쇼생크 탈출〉은 미국 프랭크 다라본트 감독의 1995년 작품으로, 팀 로빈스와 모건 프리먼이 주연을 맡았다.

7. 사사 삼손의 이야기는 구약성서 사사기 13-16장에 걸쳐 제법 길게 나온다.

8. 키르케고르도 '죽음에 이르는 병', 곧 절망의 치료약은 희망이라고 보았다. 그가 생각한 절망이란 신을 상실한 자아의 상태를 가리킨다. 위의 주 5를 보라.

9. 위경인 《욥의 유언》을 보면, 욥의 아내는 이름이 '시티데스'다. 그녀는 욥을 먹여 살리기 위해 자신의 머리카락을 잘라 팔기까지 했다고 한다. Louis Ginzberg, *Legends of the Jews* (Philadelphia: The Jewish publication society of America Year: 1909), Vol. V, pp. 386-387; Robert Gordis, *The Book of God and Man: A Study of Job* (Chicago: The University of Chicago Press, 1965), p. 314; 민영진, 《설교자와 함께 읽는 욥기》(서울: 한국성서학연구소, 2002), pp. 47-58 참고.

10. 장 메종뇌브, 《감정》(서울: 한길사, 1999), p. 172.

11. 에른스트 블로흐, 《희망의 원리》(서울: 열린책들, 2004).

12. 블로흐에게 희망은 '배워야' 하는 개념이다. 이런 점에서 희망을 찾아내려는 작업은 특정한 인간형을 필요로 하는데, 그것은 곧 "고유의 자신을 되찾으려고 스스로 변모시키며 고유의 자신을 투영하려는 인간형"이자 "낮꿈을 계속 인식하고, 이로써 조금도 거짓됨 없이, 유용하게 정의를 추구하려는 태도를 견지하는" 인간형이다. 위의 책, 제1권, pp. 16-17.

13. 위의 책, 제1권, pp. 157-231에 밤꿈과 낮꿈의 차이가 상세하게 기술되어 있다.

14. 박노해, 〈다시〉, 《사람만이 희망이다》(서울: 해냄, 1997).

15. 사실 푸시킨(1799-1837)은 당시 러시아 차르 체제를 신랄하게 풍자하여 유형 길에 오르기까지 한 진보적인 시인이다. 이런 내막을 알고 나면, "삶이 그대를 속일지라도"로 시작되는 그의 시어가 예사롭지 않다. 알렉산드르 푸시킨, 《삶이 그대를 속일지라도: 푸쉬킨 탄생 210주년 기념 서정시 모음》(서울: 써네스트, 2009).

3. 용서

1. 이해인, 〈용서의 꽃〉, 《작은 위로》(서울: 열림원, 2008).

2. 윌리엄 폴 영, 《오두막》(서울: 세계사, 2009).

3. 위의 책, p. 35.

4. 위의 책, p. 36.

5. 위의 책, p. 81.

6. 위의 책, p. 22.

7. 위의 책, p. 99.

8. 제레미 테일러, 《사람이 날아다니고 물이 거꾸로 흐르는 곳》(서울: 동연, 2007)을 보라. 꿈의 의미와 상징, 그리고 꿈 작업을 통한 무의식의 지혜를 탐구하는 데 도움이 되는 책이다.

9. 류시화 엮음, 《사랑하라 한번도 상처받지 않은 것처럼》(파주: 오래된미래, 2005), p. 19.

10. 윌리엄 폴 영, 《오두막》, p. 261.

11. 이 대목은 독일의 유명한 조직신학자 몰트만의 명제를 떠올린다. 그는 삼위일체론에 근거하여 십자가 사건을 하나님의 '자기 폐기'로 해석한다. 위르겐 몰트만, 《십자가에 달리신 하나님》(서울: 한국신학연구소, 1979).

12. 윌리엄 폴 영, 《오두막》, p. 368.

13. 위의 책, pp. 369-370.

14. 위의 책, p. 270.

15. 위의 책, pp. 401-402.

16. 위의 책, p. 408.

17. 위의 책, p. 407.

18. 위의 책, p. 409.

19. 이해인, 〈용서를 위한 기도〉, 《다른 옷은 입을 수가 없네》(서울: 열림원, 2007).

20. 위의 시 일부.

21. 류근, 《상처적 체질》(서울: 문학과 지성사, 2010).

22. 영화 〈밀양〉에 대해서는 월간 〈기독교사상〉이 2007년 7월호 특집으로 다루었는데, 나도 "참을 수 없는 진실의 버거움에 대하여"라는 제목의 글을 써서 참여했다. 이 글은 나의 책, 《호모 심비우스: 더불어 삶의 지혜를 위한 기독교윤리》(서울: 북코리아, 2009), pp. 311-324에도 실려 있다.

23. 신약학자 권연경 역시 "아직 천사보다 못한 우리들에게 회개와 용서는 우리를 절망에서 지켜주는 불가결한 재생 장치"임에 틀림없지만, 용서의 남용 혹은 편리함은 자칫 죄에 대한 불감증으로 이어질 수 있다고 경고한다. 하여 그는 "거듭거듭 하나님의 수직적 용서는 우리의 수평적 용서를 전제한다"고 강조한다. 권연경, 《네가 읽는 것을 깨닫느뇨?》(서울: SFC, 2008), pp. 181-182, p. 185 참고.

24. 이러한 통찰은 민영진의 설교에서 얻은 것이다. 민영진, "광주에서 나올 진혼의 사제 나훔", 《하느님의 기쁨 사람의 희망》(서울: 허원미디어, 1991 초판, 2009 재판), p. 38.

4. 가족

1. 국립국어원 표준국어대사전 참고.

2. 이 문제에 대해 나는 "떠나는 자와 남는 자"라는 제목으로 칼럼을 쓴 일이 있다. 구미정, 《야이로, 원숭이를 만나다》(서울: 꿈꾸는터, 2008), pp. 115-119.

3. 하와의 창조 과정과 특히 갈비뼈에 대한 신학적 해석에 대해서는 나의 책, 《성경 속 세상을 바꾼 여인들》(서울: 옥당, 2012), pp. 26-44 참고.

4. 여성학자이며 아동심리학자인 문은회는 한국 여성의 자아 개념이 분리와 독립보다도 '포함' 개념과 밀접하다고 분석한다. 문은회, 《한국여성의 심리구조: 포함이라는 행동단위로 보다》(서울: 도서출판 니, 2011).

5. 구미정, "마르다의 추석", 《야이로, 원숭이를 만나다》, pp. 68-72 참고.

6. 인류 역사에 존재했던 복잡하고 다양한 가족제도와 그 특징에 대해서는, 프리드리히 엥겔스, 《가족, 사유재산, 국가의 기원》(서울: 아침, 1995), 특히 2장, pp. 36-111을 보라.

7. 《동아일보》, 2005년 2월 9일자. 이 가사는 나의 책, 《호모 심비우스》, pp. 182-183에도 실려 있다.

8. 정현종, 〈부엌을 기리는 노래〉, 《세상의 나무들》(서울: 문학과 지성사, 1995).

9. 시몬 드 보부아르는 전업주부에게 가사노동이란 반복적이고 단조롭고 기계적이고 소모적인 노동에 불과한 것으로 신경증의 원인이라고 밝힌다. 시몬 드 보부아르, 《제2의 성》 하(서울: 을유문화사, 1996), p. 127, pp. 130-138.

10. 구미정, 《호모 심비우스》, p. 182 참고.

11. 인류 역사에서 이러한 부르주아 가족 개념이 확립된 것은 근대 산업혁명 이후 가정과 일터가 분리되면서부터다. 그 이전까지 오랜 세월 동안 가정은 주거와 일을 겸하는 생계노동의 중심지였다. 위의 책, pp. 184-185 참고.

12. 구미정, "곰 세 마리에 딴지를 거는 이유", 《야이로, 원숭이를 만나다》, pp. 108-110 참고.

13. 구약학자 차정식은 다말의 이러한 결단과 행위에 대해 "당시의 가부장제 내에서 여자가 자손을 보지 못한 채 과부로 혼자 산다는 것은 사회적 죽음을 의미"했기 때문에, "결과적으로 당대의 관습법에 비추어 어그러진 현실을 교정하여 정의를 세우는 과감한 행위"였으며, 동시에 "자신의 살 길을 스스로 결단하여 개척하고자 하는 담대하고 급진적인 위반"이었다고 평가한다. 차정식, 《성서의 에로티시즘》(서울: 꽃자리, 2013), pp. 64-65.

14. 구미정, 《성경 속 세상을 바꾼 여인들》, 제5장 "가나안 시대의 물꼬를 튼 라합", pp. 94-108 참고.

15. 위의 책, 제7장 "이주노동자에서 다윗 왕의 조상이 된 룻", pp. 130-156 참고.

16. 밧세바와 다윗의 결합을 둘러싼 궁중 암투와 다윗 왕조의 여성사를 보려면, 위의 책, 제8장 "왕의 권력에 도전한 미갈", pp. 158-182 참고.

17. 가로 8센티미터, 세로 4센티미터 크기의 《예수 아내의 서》가 발견되었다는 기사로(〈문화일보〉, 2012년 9월 19일자; 〈경향신문〉, 2012년 9월 19일자 등 참고) 전 세계가 들썩였던 적이 있었다. 그러나 나는 개인적으로 예수의 혼인 여부와 그에 대한 신앙은 별개라고 생각한다. 아마도 복음서 저자들이 그 부분을 진지하게 다루지 않은 이유 역시 마찬가지일 것이다.

18. 위의 각주에 나오는 기사에 따르면, 미국 하버드 대학 신학부의 캐런 킹 교수는 《예수 아내의 서》에 언급된 문제의 여인이 바로 막달라 마리아라고 해독했다. 그러나 이때도 예수는 그녀를 '제자'로 호칭한

다는 점이 중요해 보인다. 한편 1896년에 발견된 《막달라 마리아 복음서》는 우리말로도 번역되어 있는 데, 여기서 마리아는 예수의 연인이자 사도 중의 사도로 칭송된다. 장 이브 를루, 《막달라 마리아 복음서》(서울: 루비박스, 2006); 일레인 페이절스, 《숨겨진 복음서 영지주의》(서울: 루비박스 2006) 등 참고.

19. 댄 브라운, 《다빈치 코드》(서울: 대교베텔스만, 2007).

20. 그런데 '라훌라'는 일식이나 월식 때 해 또는 달을 잡아먹는 신의 이름이기도 하다. 그러니까 아기가 일식이나 월식 때 태어나서 이 이름을 붙였다는 설도 있다. 오강남, 《불교, 이웃종교로 읽다》(서울: 현암사, 2006), p. 45.

21. 나의 칼럼, "웬수를 사랑하려면", 〈서울신문〉, 2012년 5월 12일자 참고.

22. 요셉에 대한 평가는 마태복음과 누가복음이 판이하게 다르다. 예수의 출생 설화와 관련하여, 또 예수의 어머니를 '동정녀'로 명명하는 교리와 관련하여, 구미정, 《성경 속 세상을 바꾼 여인들》, 제12장 "영원한 처녀 마리아", pp. 260-288 참고.

23. 나의 논문, "한국 교회의 생명 회복을 위한 제언: 한 여성의 관점", 《생명연구》 24집(서강대학교 생명문화연구소, 2012 여름), pp. 191-193 참고.

24. 피오렌자 역시 예수 운동의 성격을 평등한 제자공동체로 본다. 엘리자벳 S. 피오렌자, 《크리스찬 기원의 여성 신학적 재건》(서울: 종로서적, 1986). Elisabeth S. Fiorenza, *Discipleship of Equals: A Critical Feminist Ekklesialogy of Liberation* (New York: Crossroad, 1993).

25. 아시시의 성 프란체스코가 바로 그랬다. 특히 그가 임종하기 전에 지은 시 "태양의 노래"에는 그의 우주-가족관이 잘 나타나 있다. 레오나르드 보프, 《정 그리고 힘: 가난한 이의 눈으로 본 아씨시의 프란치스꼬》(왜관: 분도출판사, 1987).

5. 생명

1. Albert Szent-Györgyi, *The Living State: With Observations on Cancer* (New York: Academic Press, 1971), p. 1. 찰스 버치·존 캅, 《생명의 해방: 세포에서 공동체까지》(서울: 나남, 2010), p. 35에서 재인용.

2. 위의 책, p. 119에서 재인용.

3. 위의 책, p. 157.

4. 장회익, 《삶과 온생명》(서울: 솔, 1998).

5. 위의 책, pp. 176-194 참고.

6. 윌리엄 블레이크(1757-1827)의 이 시는 〈순수의 전조Auguries of Innocence〉라는 시의 일부로, 내가 사역한 것이다. 원문 전체 번역은 다음을 볼 것. 윌리엄 블레이크, 《천국과 지옥의 결혼》(서울: 민음사, 1990), pp. 50-51.

7. 장일순, 《나락 한 알 속의 우주》(서울: 녹색평론사, 1997).

8. 다석은 이렇게 말한다. "우리 입이란 열린 무덤이다. 식물, 동물의 시체가 들어가는 문이다. 식사는 장

사다."《다석어록: 죽음에 생명을, 절망에 희망을》(서울: 홍익재, 1993), p. 355. 다석 사상에 대한 친절한 소개와 풀이로는 다음을 볼 것. 이기상,《다석과 함께 여는 우리말 철학》(서울: 지식산업사, 2003).

9. 이기상,《다석과 함께 여는 우리말 철학》, p. 39, 376.

10. 박영호 풀이,《다석 류영모 명상록: 진리와 참 나》(서울: 두레, 2000), p. 93.

11. 이에 대해서는 "치료용 배아복제를 바라보는 불편한 시선",《호모 심비우스》, pp. 235-261 참고.

12. 이에 대해서는 "여성의 눈으로 생명공학 영화 보기",《호모 심비우스》, pp. 205-232 참고.

13. 이에 대해서는 "통(通)하였느냐 도덕경과 생태여성신학의 대화",《호모 심비우스》, pp. 121-149 참고.

14. 당시 죄인들은 하루 벌어 하루 먹는 '하루살이' 인생들, 그래서 안식일에 일하지 말라는 규정을 지킬 수조차 없는 가난한 사람들, 불결한 일을 직업으로 삼은 탓에 정결법과는 거리가 먼 사람들이 주를 이루었다. 어떤 기록에서는 나귀몰이, 낙타몰이, 배꾼, 수레꾼, 목동, 잡상인, 의료행위자(돌팔이 의사), 백정 등을, 또 다른 기록에서는 쓰레기(넝마)주이, 동장(銅匠), 피혁가공인 등도 천직(賤職)에 분류해놓았는데, 그 이유는 이들이 정결법이나 안식일법을 지킬 수 없었기 때문이다. 안병무,《갈릴래아의 예수》(천안: 한국신학연구소, 1998 제5판), p. 132.

15. 마이너스 프리미엄이란 경제 용어로서, 어떤 상품이 원가 이하로 평가되거나, 노력한 것 이하로 결과를 거두게 되는 상황을 말한다.

16. 쿰란 공동체에서는 심지어 왼손을 사용하여 제스처를 할 경우 공동체에서 쫓겨나 열흘 동안 참회하는 벌을 받아야 했다.《사해사본》1QS 7. 월터 윙크,《예수와 비폭력 저항》(서울: 한국기독교연구소, 2003), p. 32에서 재인용.

17. 노자,《도덕경》, 오강남 풀이(서울: 현암사, 1995), p. 320.

18. 완고한 사람들은 결코 하나님나라의 백성이 될 수 없다. "완고한 사람은 자신의 편견과 우월감에 사로잡혀 오로지 자신만의 잣대로 세상을 재고 판단한다." 김경집,《눈먼 종교를 위한 인문학》(서울: 시공사, 2013), p. 59.

6. 잉여

1. 이시하라 신타로는 당시 어느 대학 교수의 발언을 전하는 형식으로 2001년 11월에 발매된 모 주간지를 통해 그런 말을 했다.

2. 도쿄 지방법원은 지난 2005년 2월 24일에 이들의 청구를 기각했다. 법원은 "부적절한 표현이 사용돼 많은 여성들이 불쾌감을 느꼈을 것으로 추측된다"며 문제의 발언을 비판했으나, "개개인의 권리와 이익에 미치는 영향은 미미하다"고 밝혔다.〈연합뉴스〉, 2005년 2월 25일자.

3. 변화순,《한국 가족의 변화와 여성의 역할 및 지위에 관한 연구》(서울: 한국여성개발원, 2001) 참고.

4. 사실 '잉여'는 이 시대의 청춘을 파악하는 열쇠말이다. 정규직 취업이 보장되지 않는 신자유주의 체제의 청춘들은, 자의든 타의든, 잉여인간으로 불린다. 이에 대한 분석과 전망이 담긴 책으로는, 백소영 외,《잉여의 시선으로 본 공공성의 인문학》(서울: 이파르, 2012); 엄기호,《이것은 왜 청춘이 아니란 말

인가》(서울: 푸른숲, 2010) 등을 보라. 나 역시 "김예슬 선언에 나타난 엑소시즘: 지구화 시대의 시장 귀신 내몰기"라는 제목의 소논문을 써서 《잉여의 시선으로 본 공공성의 인문학》을 엮는 데 일부 기여 했지만, 이 글에서는 '잉여' 개념을 폭넓게 사용하되, 창조적 변혁의 관점에서 재개념화하고자 한다.

5. 강일상, 《마가복음의 기적 이야기》(서울: 대한기독교서회, 2007), p. 48.

6. "안식일을 기억하여 그 날을 거룩하게 지켜라. 너희는 엿새 동안 모든 일을 힘써 하여라. 그러나 이렛 날은 주 너희 하나님의 안식일이니, 너희는 어떤 일도 해서는 안 된다. 너희나, 너희의 아들이나 딸이 나, 너희의 남종이나 여종만이 아니라, 너희 집짐승이나, 너희 집에 머무르는 나그네라도 일을 해서 는 안 된다"(출 20:8-10).

7. 조태연, 《예수 이야기 마가 1》 (서울: 대한기독교서회, 2002), p. 68.

8. 강일상도 '열병'으로 번역된 그리스어 '퓌렛수사 piressusa'를 '열이 나고 불이 난 상태'로 본다. 강일 상, 《마가복음의 기적 이야기》, p. 77.

9. 신약학자 조태연은 몸소 '섬김'을 행한 시몬의 장모야말로 "자신의 집안에 그(하나님) 나라의 친교를 이루는 주체"였다고 평한다. 주 7의 책, p. 69. 강일상, 《마가복음의 기적이야기》, pp. 82-83도 보라.

10. 2002년 10월 29일자 정군의 일기장 내용이다. 당시 많은 언론이 연일 초등학생의 학업 스트레스로 인 한 자살 문제를 다루었다. 〈연합뉴스〉, 2002년 11월 11일자; 〈문화일보〉, 2002년 11월 11일자; 〈한겨 레〉, 2002년 11월 13일자 등 참고.

11. 고건혁, "창의성의 원천", 〈한겨레〉, 2011년 7월 27일자.

7. 공감

1. 공지영, 《도가니》(서울: 창비, 2009).

2. 국립국어원 표준국어대사전 참고.

3. 마더 테레사, 〈한 번에 한 사람〉, 《지금 알고 있는 걸 그때도 알았더라면》(서울: 열림원, 1998), p. 51.

4. 구미정, 《한 글자로 신학하기》(서울: 대한기독교서회, 2007), "정의 신학", pp. 27-42 참고.

5. 공지영, 《도가니》, "작가의 말" 참고.

6. 모리오카 마사히로, 《무통문명》(서울: 모멘토, 2005).

7. 옥성호, 《심리학에 물든 부족한 기독교》(서울: 부흥과개혁사, 2007) 참고.

8. 〈한겨레〉, 2011년 9월 18일자.

9. 위의 기사.

10. 스티브 테일러, 《자아폭발》(서울: 다른 세상, 2011).

11. '차축시대'란 야스퍼스(1883-1969)가 《역사의 기원과 목표》에서 제시한 용어로, 세계사의 정신적 기 점이 되는 중요한 시기를 가리킨다. 그는 소크라테스가 태어날 즈음인 기원전 500년을 전후한 600년 동안에 인류 정신문화사의 거대한 수레바퀴가 움직였다 하여 '차축시대'라 이름 붙였다. 실로 그 시기 동안에 페르시아에서는 차라투스트라가, 인도에서는 부처가, 중국에서는 공자가, 이스라엘에서는 예

언자들이 나타났다. 칼 야스퍼스,《역사의 기원과 목표》(서울: 이화여대출판부, 1986).

12. 역사적 예수 연구 분야에서 탁월한 업적을 낸 존 도미닉 크로산은 이 비유야말로 성서의 대표적인 '도전하는 비유challenge parable'라고 말한다. 이에 대해서는 그의 책,《비유의 위력》(고양: 한국기독교연구소, 2012), pp. 69-97 참고.

13. 잡스러운 것들을 두려워하여 순수성의 보존이라는 논리로 차별하는 문제에 대해서는, 나의 졸고, "무덤에서 모태로: 한국 교회의 환골탈태를 위한 대안적 상상력",〈신학사상〉 145호 (서울: 한국신학연구소, 2009 여름), pp. 245-270 참고.

14. Emmanuel Levinas, *Otherwise than Being or Beyond Essence*, trans. by Alphonso Lingis (Marinus Nijhoff, 1981), p. 158

15. 강영안, "책임으로서의 윤리: 레비나스의 윤리적 주체 개념",《철학》 제81집 (한국철학회, 2004 겨울), pp. 51-85 참고.

16. 오강남,《불교, 이웃종교로 읽다》, pp. 32-33 참고.

17. 엄기호는, 신자유주의 체제의 정언명령은 한마디로 "아무도 남을 돌보지 마라"라는 명제로 함축된다고 폭로한다. 신자유주의를 비판하는 그의 책 제목은 그래서 역설적이고 도발적이다. 엄기호,《아무도 남을 돌보지 마라: 인문학의 눈으로 본 신자유주의의 맨얼굴》(서울: 낮은산, 2009).

18. 2011년 10월 28일 자 〈연합뉴스〉 등 여러 신문을 참고하라.

19. 김영민,《동무와 연인: 말, 혹은 살로 맺은 동행의 풍경》(서울: 한겨레출판, 2008), p. 32.

20. 위의 책, 같은 쪽.

21. 맹문재,〈그리움이 먼 길을 움직인다〉,《먼 길을 움직인다》(서울: 실천문학사, 1997).

8. 불안

1. 구미정, "대박 권하는 사회",《야이로, 원숭이를 만나다》, pp. 142-145 참고.

2. 독일에서는 1960년대부터 원전 반대운동이 있었고, 1977년에는 민간 차원에서 에너지 전환을 연구하는 생태연구소가 생겨났으며, 1980년에는 '탈핵'을 강령으로 내건 녹색당이 출범했다. 그러다가 보수 정당인 자민련이 집권하면서 수명이 다한 원전의 수명을 연장하여, 당초 2022년으로 계획되어 있던 원전 졸업연도를 14년 연장하도록 결정하는 등 퇴행적인 움직임을 보이다가, 후쿠시마 사고가 일어나고 또 2011년 지방선거에서 자민련이 참패하자, 2022년까지 원자력 발전소를 완전 폐쇄하는 내용의 '탈원전'을 선언하게 된 것이다. 반면 일본에서는 원전 폭발이 일어나고 약 한 달 뒤 도쿄에서만 4500명이 참가하는 등 대규모 시위대가 '원전 반대'를 요구하며 정부를 압박했지만, 때마침 치러진 지방선거에서 '원전 유지' 정책을 내세운 이시하라 신타로 도쿄 지사가 네 번째 연임에 성공하는 등 아이러니한 상황이 연출되었다. 지영선, "원전, 독일·일본·한국의 길", 내일신문, 2011년 5월 3일 자 참고. 한편 독일은 탈원전을 선언하자마자 가동 중이던 17기 가운데 8기를 멈추었지만, 2012년 2월 유럽에 몰아닥친 지독한 한파로 프랑스에서 전기사용량이 급증하여 블랙아웃 직전까지 갔을 때 오히려 프랑

스에 전기를 수출하기까지 했다. 당시 프랑스에는 원전 58기와 다른 발전시설이 모두 가동되고 있었다. 〈경향신문〉, 2012년 3월 20일자.

3. 마르틴 하이데거(1889-1976)는 무엇에 대하여 혹은 무엇 때문에 야기되는 '공포'의 감정과 달리, '불안'은 그처럼 대상 규정성을 지니지 않는다고 한다. 불안은 어차피 죽음을 향해 사는 존재로 세상 속에 내던져진 현존재의 본래적 기분이다. 마르틴 하이데거, 《존재와 시간》(서울: 까치, 1998).

4. 우리에게는 '찰리 브라운'으로 더 유명하지만, 원제는 〈피너츠 Peanuts〉다. 찰스 M. 슐츠의 대표적인 만화로, 처음 연재된 1950년 10월 2일부터 전 세계적으로 사랑받는 만화가 되었다. 강아지 '스누피'의 주인인 '찰리 브라운', 항상 담요를 들고 다니는 '라이너스', 찰리를 매일 놀려대는 '루시' 등 개성 넘치는 캐릭터들이 등장한다.

5. 모성의 신화를 밝히면서, 제도화된 모성을 넘어 다양한 모성 경험을 존중하자는 내용의 탁월한 인문학적 분석과 통찰로는 다음을 보라. 아드리엔느 리치, 《더 이상 어머니는 없다》(서울: 평민사, 1995).

6. '숨은 신 Deus absconditus'이라는 개념은 구약성서 이사야 45:15에도 나오지만, 프랑스 철학자 루시앙 골드만(1913-1970)으로 인해 널리 알려졌다. 루시앙 골드만, 《숨은 신》(서울: 연구사, 1986).

7. 독일의 구약학자 클라우스 베스터만은 뱀을 사탄으로 해석할 때 이야기가 더 미궁에 빠진다고 지적한다. 왜냐하면 꾀를 지닌 뱀 또한 하나님의 피조물이기 때문이다. 요컨대 하나님 자신이 직접 인간을 불순종으로 이끌어가도록 유인하는 생물을 창조하신 셈이 된다. 하여 그는, 뱀의 유혹을 그저 인간이란 본래 생명과 지식에 대한 강한 충동을 띤 존재로 창조되었기 마련이라고 풀이하는 선에서 그친다. 클라우스 베스터만, 《창조》(왜관: 분도출판사, 1991), pp. 151-152.

8. 미국의 구약학자 필리스 트리블은 선과 악을 알게 하는 금단의 열매를 따먹은 주체가 왜 남성이 아니고 여성인가에 대해 흥미로운 해석을 내놓는다. 여성이 남성보다 더 지적인 존재, 더 적극적인 존재, 더 민감한 감수성을 가진 존재여서 그렇다는 것이다. 필리스 트리블, "이브와 아담: 창세기 2-3장에 대한 재조명", 이우정 엮음, 《여성들을 위한 신학》(서울: 한국신학연구소, 1990), p. 160.

9. 통상 창세기 12장부터 50장까지를 '족장설화'라고 부른다. 족장설화에는 반(半) 유목민으로서 농경지를 찾아 이곳저곳을 떠돌던 이스라엘 조상들의 이야기가 담겨 있다. 대략 기원전 2000-1200년을 배경으로 한다. 그런데 이 족장설화가 구전으로 전해져 내려오다가 왕국 시대에 이르러 비로소 문자화되었기 때문에, 사실상 기원전 1000-900년경의 야훼 기자는 물론, 기원전 800-700년경의 엘로힘 기자의 신학도 담겨 있다고 봐야 한다. 즉, 족장설화 속에는 기원전 2000-700년경의 이야기와 신학이 모두 들어 있으며, 따라서 이스라엘의 역사와 그 조상들의 삶을 이해하는 데 매우 중요하다. 이경숙, "이스라엘의 조상 사라와 베두인의 조상 하갈 이야기", 〈기독교사상〉 410호 (1993년 2월호), p. 159 참고.

10. 고대 도시국가 우르에 대한 설명은, 존 드레인, 《성경의 탄생》(서울: 옥당, 2011), pp. 74-81을 보라.

11. 아브라함의 '떠남'에 담긴 종교사적 의미에 대해서는 구미정, 《성경 속 세상을 바꾼 여인들》, 제3장 "이스라엘 민족의 조상이 된 사라", 특히 p. 50을 보라.

12. MBC에서 만든 시사교양 프로그램으로 2008년 12월 7일부터 12월 28일까지 총 3부작으로 방영되었다.

13. 마크 라이너스, 《지구의 미래로 떠난 여행: 투발루에서 알래스카까지 지구온난화의 최전선을 가다》(서울: 돌베개, 2006).

14. 마크 라이너스,《6도의 악몽》(서울: 세종서적, 2008).

15. 탄소발자국(carbon footprint)이란 인간이나 동물이 걸을 때 자신의 발자국을 남기는 것처럼, 개인이나 집단 혹은 기업 등 어떤 주체가 무엇이든 생산, 유통, 소비, 폐기하는 과정에서 발생시키는 이산화탄소의 총량을 가리킨다.

16. 일례로, 녹색교회 운동에 앞장서고 있는 청파감리교회(서울 청파동 소재)는 출장이나 장거리 여행을 다녀온 교인들이 자발적으로 '탄소발생부담금'을 헌금으로 바꾸어 내는 전통을 만들었다. 최근에는 이를 확대해 생일이나 결혼일, 장례일 등 교인들이 기념될 만한 날에 낸 헌금을 모아 '녹색 꿈 헌금'으로 기금을 적립하여 몽골 사막화 방지를 위한 '은총의 숲' 기금 마련에 보태고 있다. 〈국민일보〉, 2011년 6월 27일자 참고.

17. 왜냐하면 아내 사래가 '불임'이기 때문이다. 히브리어 성경은 사래의 이름에 '아카라'(awkawra, 불임의)라는 형용사를 나란히 붙임으로써, 하나님의 약속을 신뢰하기 어려운 불길한 조짐을 강조하고 있다. 구미정,《성경 속 세상을 바꾼 사람들》, p. 47, 51.

18. 구미정,《한 글자로 신학하기》, "길의 신학", pp. 133-150 참고.

19. 하갈이라는 이름은 히브리어로 '이주하다', '도망가다'라는 뜻을 지닌다. 이름에서부터 그리 순탄치 않은 운명이 예고된다. 처음에 노예였다가 씨받이로 이용당하고 쫓겨나는 하갈은 민족과 계급과 성적 차별로 고통당하는 희생자를 대변한다. 필리스 트리블,《성서에 나타난 여성의 희생》(서울: 전망사, 1989), pp. 13-52; 구미정,《성경 속 세상을 바꾼 여인들》, pp. 51-54, 60-63 참고.

20. 이런 생각과 궤를 나란히 하는 작품으로, 1986년 노벨 평화상 수상자인 엘리 비젤의 희곡《하나님에 대한 재판》이 있다. 열다섯 살에 아우슈비츠에 끌려가 가족 모두를 잃고 홀로 살아남은 엘리 비젤의 이 작품은 흔히 '현대판 욥기'로 일컬어진다. 죽음의 수용소 안에서 유대인 학자 세 사람이 '전능하신 하나님'에 대해 며칠 동안 밤을 지새우며 재판을 벌이는 내용으로, 유대인들의 부림절 축제를 위해 만든 희곡이다. Elie Wiesel, *The Trial of God* (New York: Random House, 1979).

21. 키르케고르는 아브라함의 불안을 이렇게 설명한다. "아브라함이 한 일은 윤리적으로 표현한다면 이삭을 죽이려고 한 것이고, 종교적으로 표현한다면 이삭을 바치려고 한 것이다. 그런데 바로 이 모순 속에 사람들이 잠을 이루지 못하게 할 수 있는 불안이 있는 것이다. 그리고 이 불안이 없으면 아브라함은 저 아브라함이 아닐 것이다." 쇠렌 키르케고르,《공포와 전율》(서울: 치우, 2011), p. 55.

22. 김민웅은 그의 설교집에서 이 질문이 바로 "아브라함의 법정에 하나님을 몰아세웠던 것"이라고 해석한다. 김민웅, "하나님의 준비",《물 위에 던진 떡》(천안: 한국신학연구소, 1995), p. 17.

23. 키르케고르는 위의 책에서 "믿음이란 사유가 끝나는 곳 바로 거기서부터 시작된다"고 말한다. 키르케고르,《공포와 전율》, 107. '예수 세미나'의 대표적인 성서학자인 마커스 보그에 따르면, 신앙이란 동의(assenss)가 아니라 신뢰(fiducia)이며 충실함(fidelitas)이고 보는 방식(visio)이라고 한다. 마커스 보그,《기독교의 심장》(고양: 한국기독교연구소, 2009), pp. 49-71 참고.

24. 이 글에서는 주제와 문맥상 이삭의 내면 풍경은 생략했다. 성서에조차 생략되어 있는 이삭의 공백기에 대해서는 다음을 보라. 왕대일, "이삭을 위한 변증: 창세기 25장 19-21절", 〈기독교사상〉 534호 (2003년 6월호), pp. 102-109.

25. 도종환, 〈님은 더 깊이 사랑하는데〉, 《흔들리며 피는 꽃》(서울: 문학동네, 2012).

9. 질투

1. 〈조선일보〉, 2012년 2월 11일자.
2. 위의 기사.
3. 김정운, 《남자의 물건》(서울: 21세기북스, 2012).
4. 신원하, 《죽음에 이르는 7가지 죄》(서울: IVP, 2012) 참고.
5. 제프리 초서, 《캔터베리 이야기》(서울: 책이있는마을, 2003), 제10부 "본당 신부의 이야기" 중에서.
6. Melanie Klein, "Envy and Gratitude", *Envy and Gratitude and Other Works: The Writings of Melanie Klein*, Vol. 3, ed. by R. E. Money-Kyrle (New York: Free Press, 1975), p. 189.
7. 탐욕은 다른 사람이 소유한 것을 빼앗으려는 만족할 줄 모르는 욕망이다. 탐욕스러운 자는 자신이 원하는 것이 좋고 가치 있는 것이라고 받아들인다. 반면에 시기하는 자는 자신이 소유하는 것에 관심을 갖지 않고, 남이 소유하는 것을 막는 데 관심을 쏟는다. 시기의 관점에서 보면, 선은 보존되기는커녕 공격받고 파괴당할 뿐이다. 그러므로 시기는 '순수한' 악의 요소다. 이러한 클라인의 견해에 대해서는, R. D. Hinselwood, *Clinical Klein* (London: Free Association Books, 1996), pp. 135-143 참고.
8. 엘리야는 기원전 9세기 북이스라엘 왕국의 가장 보수적인 야훼주의자들의 본거지인 길르앗 지역(갓 지파와 므낫세 지파의 변경)에서 일어난 예언자로, 가나안의 바알 신앙에 기울어져버린 나라를 구하는 데 전심전력했다. 그의 활약상과 그가 벌인 부흥운동의 의미에 대한 흥미진진한 글로는, 김회권, 《청년 설교 1》(서울: 복있는사람, 2005), 1강 "엘리야의 부흥운동과 예언자적 영성", pp. 17-53 참고.
9. 이연철, 《엘리사의 질투》(서울: 홍성사, 2006).
10. 위의 책, p. 16.
11. 위의 책, p. 141.
12. 위의 책, p. 142.
13. 위의 책, pp. 187-188.
14. 위의 책, p. 198.
15. 위의 책, 같은 쪽.
16. 기형도, 〈질투는 나의 힘〉, 《기형도 전집》(서울: 문학과 지성사, 1999).
17. 이연철, 《엘리사의 질투》, p. 204.
18. 특히 마가복음에 재현된 제자들의 모습은 실패와 무능으로 점철되어 있다. 이를 민중신학자 안병무는 예수 사후 강화된 예루살렘 중심의 사도권을 비판하는 민중 전승의 특징으로 이해한다. 안병무, 《민중신학 이야기》(서울: 한국신학연구소, 1991), p. 159.
19. 안셀름 그륀과 린다 야로슈는 마르다를 '손님을 환대하는 여주인'의 원형으로, 마리아를 '예술가'의 원형으로 설명한다. 이들은, 중세 신비주의 신학자 마이스터 엑카르트가 마르다를 편들면서, 마르다

없는 마리아는 나르시시즘에 빠질 수 있다고 말한 것을 인용하여, "마리아 없는 마르다는 맹목적이고, 마르다 없는 마리아는 행동하지 않는다"며 둘 사이의 상호 보완성을 강조한다. 안셀름 그륀 · 린다 야로슈, 《여왕과 야성녀》(왜관: 분도출판사, 2008), pp. 183-192.

20. 신약학자 김호경은 마르다가 집주인이지만 자신의 집안에서 기존의 집주인이 갖고 있는 권위를 행하지 못한다는 측면에서, 이 본문은 "새로운 집의 풍조"를 강조하려는 누가의 전략이라고 해석한다. 즉 예수는 마르다와 마리아를 이분법적으로 선택하지 않으며 그들에게 우열을 두는 어떠한 암시도 없이 다만 그 두 사람의 선택권을 보증하면서 둘을 "진정한 파트너"로 세우고 있다는 것이다. 김호경, 《여자, 성서 밖으로 나오다》(서울: 대한기독교서회, 2006), pp. 150-152 참고.

21. 시몬 베유, 《중력과 은총》(서울: 이제이북스, 2008), p. 12.

22. 시몬 베유가 말한, "정신의 중력은 우리를 높은 쪽으로 떨어지게 한다"(위의 책, p. 14)는 문장을 살짝 다듬은 것이다.

10. 저항

1. "여자 2호, '희망고문' 때문에 성희롱도 참았다", 〈한겨레〉, 2012년 5월 3일자.

2. 마이클 샌델, 《정의란 무엇인가》(서울: 김영사, 2010).

3. 나만 이런 생각을 하는 게 아닌 모양이다. 최근의 두드러진 인문학 열풍에 대해 쓴소리를 하는 책이 나왔다. 이들은 인문학의 대중화와 저변화에 힘써온 수유+너머에서 분화한 수유너머N에 소속된 연구자들로, '기업의 성장'을 위해, '경제 발전'을 위해, 그리고 더 나은 '국가'를 위해 쓰여야 한다는 실용적인 목적에서 통조림처럼 유통되고 소비되는 인문학이 오히려 인문학의 위기라고 비판한다. 최진석 외, 《불온한 인문학: 인문학과 싸우는 인문학》(서울: 휴머니스트, 2011).

4. 위의 주 1 참고.

5. 프란츠 카프카, 《변신》(서울: 문학동네, 2005).

6. 조르조 아감벤, 《호모 사케르 : 주권 권력과 벌거벗은 생명》(서울: 새물결, 2008).

7. 위의 책, p. 45.

8. 일례로 김정한은 '김예슬 선언'에 함축적으로 나타난 바, 우리 시대의 대학생이야말로 '호모 사케르'의 전형이라고 꼬집는다. 김정한, "벌거벗은 생명의 윤리", 《생명연구》 16집(서울: 서강대학교 생명문화연구소, 2010), pp. 91-111.

9. 제레미 리프킨, 《생명권 정치학》(서울: 대화출판사, 1996), 5장 참고.

10. 사회복지 분야에서는 이런 분석이 널리 알려져 있는데, 일례로 다음 책을 참고하라. 양점도 외, 《사회복지학 개론》(서울: 광문각, 2008), pp. 95-96.

11. 미셸 푸코, 《감시와 처벌: 감옥의 역사》(서울: 나남출판, 2003).

12. 허먼 멜빌, 《필경사 바틀비》(서울: 문학동네, 2011).

13. 허먼 멜빌, 《모비 딕》(서울: 푸른숲, 2007).

14. 황인숙, 〈파두-비바, 알파마!〉, 《리스본行 야간열차》(서울: 문학과 지성사, 2007).

15. 허먼 멜빌, 《필경사 바틀비》, p. 27.

16. 위의 책, pp. 29-30.

17. 위의 책, p. 43.

18. 위의 책, p. 42.

19. 위의 책, p. 90.

20. 위의 책의 옮긴이는 개역개정판을 인용하여 "세상 임금들과 모사들과 함께"로 번역했는데, 그 부분이 새번역에는 "세상의 왕들과 고관들과 함께"로 되어 있다.

21. 알베르 까뮈, 《시지프 신화: 부조리에 관한 시론》(서울: 책세상, 1997).

22. 조르조 아감벤 역시 바틀비가 "주권의 원리에 대한 가장 강력한 거부"를 행사하고 있다고 본다. 아감벤, 《호모 사케르》, p. 117.

23. 최근 이 땅의 인문학계에 돌풍을 일으킨 재독 철학자 한병철은, 바틀비의 습관적 거부를 '신경쇠약의 특정적인 증상'으로 파악한다. 그것은 "아무런 의욕도 없는 무감각 상태의 징후"로서, "바틀비는 결국 그러한 의욕 상실과 무감각으로 몰락하고 만다"는 것이 그의 생각이다. 한병철, 《피로사회》(서울: 문학과지성사, 2012), p. 56. 반면에 지젝은 바틀비의 반복적 거부에 대해 '그렇게 하지 않는 것을 선호한다'이지 '나는 선호하지(상관하지) 않는다'가 아니라고 말한다. 즉, 그저 아무것도 안 하겠다는 소극적이고 부정적인 저항이 아니라, '안 하는 것을 하겠다'는 적극적인 저항이라는 것이다. 이러한 태도는 새로운 사회를 만들어가는 과정에서 내내 견지해야 하는 "일종의 아르케(arche), 전체 움직임을 지탱하는 근본적인 원리"로서, 소위 "수동적인 공격성"의 전형이라고 한다. 슬라보예 지젝, 《시차적 관점》(서울: 마티, 2009), p. 670, 747.

24. 김예슬, 《김예슬 선언: 나는 대학을 그만둔다, 아니 거부한다》(서울: 느린걸음, 2010). 그녀의 '선언'에 대한 응답으로 체제옹호적 교육제도에 대해 비판한 글로는, 박정신, "체제의 교육, 삶의 교육: 백년 전 베어드 그리고 백년 후 김예슬", 《현상과 인식》 제37권 1/2호 통권 119호(2013년 봄/여름), pp. 15-29를 보라.

25. 김예슬, 《김예슬 선언》, p.123.

26. 위의 책, 같은 쪽.

27. 위의 책, 같은 쪽.

28. 김정한, "벌거벗은 생명의 윤리", 《생면연구》 16집, 특히 p. 92 참고.

29. 출애굽기 1장 11절에서 히브리 노예들이 강제 동원된 공사 현장의 이름이 '라암셋'으로 나오는 것이 그러한 추정에 힘을 실어준다. 라암셋은 람세스 2세의 이름을 딴 국고성이기 때문이다.

30. 상세한 설명은 구미정, 《성경 속 세상을 바꾼 여인들》, 제4장 "히브리 노예 해방의 공동주역 미리암", p. 69을 보라.

31. 위의 책, p. 70.

32. 나의 논문, "평화의 카이로스: 일상의 폭력 극복을 위한 기독교윤리학적 성찰", 《신학논단》 제65집 (2011), p. 23.

33. 월터 윙크, 《예수와 비폭력 저항》(서울: 한국기독교연구소, 2003), p. 29.

34. 위의 책, pp. 28-32 참고.

35. 이하의 풀이는 주 32의 논문, "평화의 카이로스", pp. 25-27에 상세히 나온다.

36. 월터 윙크, 《예수와 비폭력 저항》, pp. 33-34.

37. 주 32의 논문, "평화의 카이로스", p. 27.

38. Vaclav Havel, et.al., *Power of the Powerless* (New York: M. E. Sharpe, 1985). 바츨라프 하벨의 생애와 사상에 대한 탁월한 안내서로는, 박영신, 《실천 도덕으로서의 정치: 바츨라프 하벨의 역사 참여》(서울: 연세대학교 출판부, 2000)를 보라.

39. 위의 책, pp. 28-29.

40. 위의 책, p. 38.

41. 현실 정치의 수준은 순전히 제도화된 권력 자원의 규모로 가늠된다. 반면에 하벨이 말하는 '전혀 다른 수준'이란 곧 "인간의 의식과 양심의 수준, 실존의 수준"인 것이다. 위의 책, p. 40.

42. 아웅 산 수 지·엘런 클레멘츠, 《아웅 산 수 지, 희망을 말하다》(서울: 북코리아, 2011), p. 256.

43. 체제의 지식인이라는 용어와 그에 대한 비판적 분석은 박영신에게서 배운 것이다. 박영신, "지배 지식, 그 너머의 지식", 〈현상과 인식〉 31권 3호 (2007), pp. 13-33.

44. 도종환, 〈담쟁이〉, 《담쟁이》(서울: 시인생각, 2012).

11. 환 대

1. 〈여성신문〉, 2012년 7월 20일자, 〈두 개의 문〉에 대한 정태인의 특별기고문 참고.

2. 나의 논문, "환대의 회복: 목하 '재개발' 중인 한국사회에서 정의를 말한다는 것", 《생명연구》 25집 (2012년 가을), p. 64 이하 참고.

3. 〈한겨레〉, 2005년 8월 22일자.

4. 2006년 1월 11일의 일이다.

5. 주 2의 논문, "환대의 회복", p. 72.

6. 강준만, 《강남, 낯선 대한민국의 자화상: 말죽거리에서 타워팰리스까지》(서울: 인물과사상사, 2006).

7. 강준만, "'아파트 공화국'의 미스테리", 〈한겨레 21〉, 2005. 12. 21. 민주노총 정책국장을 지낸 손낙구에 따르면, 서울대 합격은 아파트 가격 순이라고 한다. 9억 원대 아파트에 살면 서울대에 1천 명당 28명이 합격하고, 7억 원대 아파트에 살면 22명, 5억 원대 아파트에 살면 12명이 합격한다. 4억 원대는 9명, 3억 원대는 8명이 합격한다. 이는 2004-2006년도에 '서울 시내 일반계 고등학교 졸업생 1천 명당 서울대 합격자 수'와 2007년 1월 1일 국토해양부 공시 가격 기준 '서울시 구별 공동주택 평균 가격' 통계를 비교해 얻은 결론이다. 좀 더 구체적으로 그는 이렇게 분석한다. "아파트 등 집값이 7억 이상인 강남구·서초구에서는 고3 졸업생 1,000명당 평균 25명을 서울대에 합격시켰다. 집값이 평균 8억8천만 원인 강남구는 3년 동안 총 634명을 서울대에 입학시켜 졸업생 1,000명당 28명이 합격하는 가장 높

은 진학률을 보였다. 집 1채당 평균 가격이 7억7천만 원인 서초구는 312명을 합격시켜 1,000명당 22명 꼴로 뒤를 이었다. 집값이 나란히 5억6천-5억7천만 원인 송파·용산구의 1,000명당 서울대 합격자 수도 나란히 12.1명과 12.5명으로 평균 12명이었다." 손낙구, 《부동산 계급사회》(서울: 후마니타스, 2008), p. 163. 여기서 아파트 가격이 문제가 되는 것은 실질적으로 사교육비 조달 능력에 대한 근거가 되기 때문으로, 이에 대해서는 다음을 보라. 손낙구, "부동산 재산 순으로 일류대학 가는 나라", 〈가톨릭뉴스 지금여기〉, 2009. 7. 25.

8. 송기숙, 《마을, 그 아름다운 공화국》(서울: 화남출판사, 2005).

9. 임창복, 《한국의 주택, 그 유형과 변천사》(서울: 돌베개, 2011).

10. John F. Kavanaugh, *Following Christ in a Consumer Society* (New York: Orbis Books, 1992), p. 26. 존 캐버너, 《소비사회를 사는 그리스도인》(서울: IVP, 2011).

11. '칸막이' 문화에 대한 통찰은 역사학자 박정신에게서 배운 것이다. 그에 따르면, 인류 역사는 기성사회에서 "수많은 다름 사이에 놓여 있는 칸막이를 허무는" 방향으로 전개되어 왔다. 박정신, "역사의 반동-종교근본주의", 〈기독교사상〉 635호(2011년 11월), pp. 30-39을 보라.

12. 주 2의 논문, "환대의 회복", p. 80 이하 참고.

13. Henri Nouwen, *Reaching Out: The Three Movements of the Spiritual Life* (Garden City, New York: Doubleday & Co., 1975), p. 47.

14. 버나드 T. 오드니, 《낯선 덕: 다문화 시대의 윤리》(서울: 아카넷, 2012), pp. 254-255 참고.

15. 위의 책, pp. 262-267 참고.

16. 박노해, 〈희망의 뿌리 여섯〉, 《사람만이 희망이다》(서울: 해냄, 1997).

17. 대니얼 고틀립, 《샘에게 보내는 편지》(서울: 문학동네, 2007), p. 232.

18. 자끄 데리다, 《환대에 대하여》(서울: 동문선, 2004), p. 49.

19. 위의 책, p. 50.

20. 위의 책, p. 134.

21. 존 도미닉 크로산의 문제 제기도 나의 생각에 잇닿아 있다. 그는 우리가 예수의 이 비유를 들을 때는 "오늘날 월스트리트라는 금융가에 맞춰진 미국인 귀를 갖고 들을 것이 아니라, 율법에 맞춰진 고대 유대인들의 귀를 갖고 들어야만 한다"고 옳게 지적한 뒤, 이 비유를 '도전하는 비유'로 재해석한다. 즉 예수의 요점은, 거칠게 표현한다면, "당신은 탐욕스러운 자 편에 설 것인가, 아니면 궁핍한 자의 편에 설 것인가" 하는 도전이라는 것이다. 존 도미닉 크로산, 《비유의 위력》, pp. 150-162.

22. 주 2의 논문, "환대의 회복", p. 89.

12. 바보

1. 국립국어원 표준국어대사전 참고.

2. 2010년 10월 4일부터 2011년 5월 13일까지 KBS1 TV에서 방영되었던 일일드라마.

3. 2011년 4월 2일부터 7월 10일까지 MBC TV에서 방영되었던 수목드라마.

4. 〈한겨레〉, 2011년 4월 18일자, "나쁜 사회에 지친 시청자 착한 바보를 사랑하다" 기사 참고.

5. 데시데리우스 에라스무스, 《바보 예찬》(서울: 랜덤하우스코리아, 2006).

6. 토마스 모어, 《유토피아》(서울: 을유문화사, 2007).

7. 에라스무스, 《바보 예찬》, p. 93.

8. 위의 책, pp. 93-94.

9. 오강남 풀이, 《도덕경》(서울: 현암사, 1995)에서 인용.

10. 《도덕경》 19장에 나오는 글귀다.

11. 《도덕경》 49장.

12. 원래는 《장자》 덕충부에 나오는 글이다. 인용문은 강신주, 《장자, 차이를 횡단하는 즐거운 모험》(서울: 그린비, 2007), p. 225를 참고했다. 오강남 풀이, 《장자》(서울: 현암사, 1998)에는 추남 애태타 이야기가 pp. 241-245에 나온다.

13. 강신주, 《장자, 차이를 횡단하는 즐거운 모험》, p. 226.

14. 이 역시 《장자》 덕충부에 나오는 글로, 인용문은 위의 책, p. 227을 참고했다.

15. 위의 책, p. 227.

16. 강일상, 《마가복음의 기적 이야기》, p. 202.

17. 여기 나오는 물의 이미지는 "나는 물이다" 하신 예수의 말씀(요 4:10, 14 참고)을 염두에 둔 것이지만, 또한 노자의 《도덕경》 8장에 나오는 '상선약수'(上善若水)를 참고했다.

18. 고혜경, 《선녀는 왜 나무꾼을 떠났을까》(서울: 한겨레출판, 2006), p. 157.

19. 위의 책, p. 158.

20. 위의 책, 같은 쪽.

21. 한완상, 《바보 예수》(서울: 삼인, 2012), p. 27-28 참고.

22. 인용문은 오강남이 풀이한 도마복음인 《또 다른 예수》(서울: 예담, 2009), p. 381을 참고했다. 이 비유에 대한 주해로는 버나드 브랜든 스캇, 《예수의 비유 새로 듣기》(서울: 한국기독교연구소, 2006), pp. 75-83도 보라.

23. 인용문은 고혜경, 위의 책, p. 173에서 재인용한 것이다. 조셉 캠벨은 신화학 분야에서 탁월한 업적을 세운 비교신화학자로, 그의 사상에 대해서는 다음의 책들을 참고할 것. 조셉 캠벨, 《네가 바로 그것이다》(서울: 해바라기, 2004); 조셉 캠벨 · 빌 모이어스 대담, 《신화의 힘》(서울: 이끌리오, 2002).

24. 불교 최초의 경전으로 알려진 숫타니파타 71편이다. 《숫타니파타》(서울: 이레, 1999), p. 34.

프롤로그

1. 2008년부터 2010년까지 3년에 걸쳐 격주로 연재한 이 글들은 《핑크 리더십: 성경을 통해 깨닫는 여성주의 리더십》(서울: 생각의나무, 2010)이라는 제목으로 엮어 나왔다.